本書を読むための 深志用語集

応援練習【おうえんれんしゅう】 毎年4月初めに新入生を対象に行われる應管主催の歌唱指導。入学時に配布される『歌集』から校歌や応援歌、記念祭歌などの指定曲を完璧に覚えて臨み、1週間にわたって「正しい」歌唱法と身体動作を仕込まれる。竹刀を振り回すことはない。練習の後
「楽しく」歌う機会

應管【おうかん】
とともに旧字体で
在。生徒会とは独
委員は各ホームルームから選出する。全校生徒の直接選挙で選ばれた應援團長が應管の委員長を兼ねる。應管の正装は学ラン、学帽または鉢巻き、マント、高下駄であり、これをバンカラ(野蛮な感じ)に着こなすことで伝統へのリスペクトを表現する。

岡田甫【おかだ・はじめ】 戦後の深志の基礎をつくった第2代校長。1902年東京に生まれ、松本中学校(松中43回生)、松本高等学校、東京帝国大学文学部教育学科で学び、東京帝国大学助手を経て、長野県の会田小学校実科中学教論、師範学校教論、視学、須坂中学校長などを歴任。その後、広島高等学校教授のときにアメリカの原爆投下により妻と三女を失い、帰郷。松本中学の小西謙校長から要請され、46年2月に同校教頭に就任。48年11月には松本深志高等学校第2代校長となり、62(昭和37)年3月まで務めた。1990(平成2)年死去。現在の生徒通用門は、岡田校長が松本城にあった松中の赤門を移設して「登竜門」と名付けた。

回【かい】 同窓生の卒業年次を識別するための数字。○回生、○回卒などの表記も。松本中学校について1885(明治18)年卒業を「松中1回」として、1948(昭和23)年卒業の「松中69回」まで、松本深志高等学校については1949年卒業を「深志1回」として数える。なお1944(昭和19)年の松中入学者は大部分が4年修了で新制深志2年に編入したが、深志同窓会では、在学中に死亡、4年修了で就職または旧制高校への進学などで松中も深志も「卒業」していない者についても同窓生と認め「松中70回」として会員名簿に記載。

歌集【かしゅう】 入学時に生徒手帳とともに配布。松中時代から増補改訂を重ね現在全203曲283ページ(2021年度版)。校歌は現在の校歌(1922年成立)のほか松本中学校旧校歌(02年)、松本夜間中学校校歌(33年)も掲載。応援歌、記念祭歌、旧寮歌など計39曲が松中深志関係。旧制高校大学関係が計69曲。その他、みんなの歌、山の歌、デカンショ名吟など。

旧制中学校【きゅうせいちゅうがっこう】 戦前における男子の高等普通教育を目的とした5年制の中等教育機関。旧制中学ともいう。ここを卒業(または4年修了)
ば旧制高等学校、旧制専門学校、大学予科、陸軍
学校、海軍兵学校などの上級学校への受験資格が
れた。当時の義務教育は尋常小学校までで、旧制
や高等女学校への進学率は2割程度であった。現
伝統校」と呼ばれる高校の多くは、明治・大正期創
旧制中学や高等女学校を前身としている。

九十年史【きゅうじゅうねんし】『長野県松本中学校長野県松本深志高等学校九十年史』。深志同窓会によって1969(昭和44)年に刊行。明治期の松本中学の前史から戦後の松本深志高校(69年頃まで)に至る歴史が、日本近代史の研究者である有賀義人、上条宏之、山田貞光らを中心に実証的に編さんされており、最も信頼できる深志の沿革誌。特筆すべきは職員会議「会議録」からの引用もあること。職員会議議事録は部外秘扱いされることが多く、史料に用いた学校沿革誌は珍しい(西形久司「戦後教育改革期の東海中学校職員会議議事録」『東海近代史研究』第28号/2006年)。

郷友会【きょうゆうかい】 出身中学を同じくする者同士の親睦団体。生徒会とは独立の関係。試胆会、夜行軍、とんぼ祭の灯籠作りや宵祭の出し物など、語るべきことは多いのだが、時代や地域による偏り、穏当を欠く内容などを鑑みて、本書で取り上げることは断念した。同窓生の記憶の中にのみ生き続けている。

檄【げき】 全深志生に向けて問題を提起し決起を促す意見表明文。檄文ともいう。模造紙に墨書(または黒マジックで大書)して昇降口に貼り出すのが習わし。松中以来の伝統的な作法に訴えることで、己の問題意識を「自分たち」の問題として捉え直すよう迫る。生徒手帳には〈生徒が檄文を掲示しようとするときは生徒部長に届け出てください〉とある。

校友【こうゆう】 1895(明治28)年に創刊した長野県尋常中学校の校内雑誌。内容は「論説」「文苑」「雑録」「雑報」などが中心で、校内の行事や生徒の活動もここからわかる。1898年に廃刊となり、1900年9月に改めて第1号として創刊した。戦時中の中断を経て47(昭和22)年に復活し、50年3月の第91号を改めて第1号

深志の自治

地方公立伝統校の危機と挑戦

井上義和・加藤善子 編

信濃毎日新聞社

はじめに

伝統校に眠る「隠れ資産」を掘り起こす

井上義和

本書は、長野県松本深志高等学校（以下、深志）をフィールドにした共同研究の成果である。教育学や教育史、社会学など異なる分野の研究者が集まり、さまざまな角度から「深志の自治」にアプローチしている。プロジェクトの背景と経緯については「おわりに」を参照していただくとして、ここでは本書を貫く問題関心を述べておきたい。

それは、ひとことでいうなら——伝統校の危機と挑戦、である。

バンカラか、パワハラか

まず、「伝統校の危機」について、２０２１年５月に交流サイト（ＳＮＳ）で話題になった記事を例に、説明してみよう。

《東北の超名門高校で「パワハラ応援歌練習」元生徒が告発「絶叫強制された」》（写真週刊誌『ＦＬＡＳＨ』６月１日号）という記事だ。ウェブ上のニュースサイトに転載されて拡散した。「告発」したのは岩手県のある公立高校のＯＢ。１８８０年に創立されたその学校は、深志（１８７６年創立）と同程度の歴史をもつ地方公立伝統校である。

「応援歌練習」とは、同校で長年続けられてきた伝統行事。〝バンカラ〟な学生服に身を包んだ応援団の生徒が中心となり、入学直後の新入生に応援歌を覚えさせ、在校生としての自覚を促すというものだ。県内随一の進学校である同校をはじめ、東北の名門高校の多くでおこなわれている。

同記事では、上級生が竹刀(しない)を振り回しながら新入生に応援歌を絶叫させる「恐怖の1週間」の様子が紹介され、こうした指導のあり方に疑問を呈している。

高校側は「受け継がれてきた伝統を継承し伝えていかなければならないと考えている生徒も多くいます」と伝統擁護の観点からコメント。それに対して記事は、教育社会学者・内田良の次のコメントを引用して「バンカラ文化継承のために、パワハラが許されるはずはない」と結んでいる。

部活と同じで、そもそも朝早い時間や、放課後の活動を生徒に強制してはいけません。授業ではないのに、生徒に応援歌練習を強制するのは大問題です。そのうえ、練習は暴力的な管理方法で、明らかなパワハラ。淘汰されてしかるべき伝統です。

ヤフーニュースに寄せられたコメントは10日間で500件を超え、その多くがこの告発側に同調するものだった。その後、それ以上には燃え広がらなかったようだが、これは決して個別的な、一過性の炎上事例として片付けることはできない。

かつてはバンカラで済まされた伝統行事が、いまやパワハラと告発糾弾される時代になっているのだ。ブラック部活動、ブラック校則に続いて「ブラック伝統行事」が社会問題化するのは時間の問題なのかもしれない。入学直後の応援練習用語を懐かしく思い出す深志の卒業生としては、こうした時代の変化に複雑な思いを抱かざるをえない。

市民派と伝統派の対話可能性

この告発記事に対するネット上の反響から見えてくるのは、応援練習の捉え方をめぐる対立である。代々受け継がれてきた行事を大事にしたいという伝統派と、強制参加や暴力的指導はけしからんと糾弾する市民派。もちろん、市民派の声のほうが圧倒的に大きく、伝統派の劣勢は火を見るより明らかである。

ここで、市民派に同調して、伝統校を改革しようと訴えることは容易だ。

けれどもその前に、ちょっと立ちどまって考えてみてはどうか。

ここには「東北の超名門高校」だけでなく、明治時代に各府県に設立された旧制中学校用語（男子校）を前身とする——多かれ少なかれバンカラ文化を継承する——全国の地方公立伝統校が抱える共通の課題があらわれているように思われるからだ。

もちろん、伝統派には、大いに反省の余地がある。こうしたバンカラ系の行事を「伝統だから」と居直り、市民社会との意識のズレに無頓着なまま、他者に通じる言葉での説明を怠ってこなかったか、と。この反省がないところでいくら「改革」しても、それは「苦情対策」にとどまり、市民派のせいで伝統が潰されたという恨みを残しかねない。

そのうえで、市民派にも反省を求めてみたい。

いまどきの主流の価値規範の高みから、その学校が大事にしてきた行事を一方的に断罪してよいのか。そもそも教育という営みには、意味や理由の理解が「後から遅れてやってくる」という時間のズレはつきものである。言葉や理性に「先立って」身体や感情に働きかける場面もある。強制や暴力を肯定せよというのではない。物事の一面だけをみて、強い言葉でレッテルを貼る前に、その行事がその学校の教育や生徒の文化に対してどのような意味をもっているのかを丁寧に多面的にみるべきではないか。

こうした反省のうえに立つならば、両者の対話は十分可能だと考える。

しかも、それは単に「時代錯誤」の伝統行事をどうするか、という市民派優位のワンサイドゲームにとどまらない。市民派には見えていなかった、伝統のなかに埋め込まれた教育的な意義が再発見されるのであれば、伝統派にとっては反転攻勢のチャンスでもある。

とはいえ、問題は勝ち負けではない。

そうした対話を通じて、市民派も伝統派も、地方公立伝統校の教育実践のなかに埋もれている「隠れ資産」に気づき、一緒に掘り起こして、その価値を吟味していくこと。そして何より、その学校の生徒と教師たち自身がその資産を大事に手入れしながら未来に継承していくことである。もしかしたら、資産の本質はバンカラにはないかもしれないのだ。

これが「伝統校の逆襲」、もとい「挑戦」である。私たちが大事に思う伝統とは何だったのか。それを市民派と一緒に考えるための共通の土俵を作ることである。

《中の人》と《外の人》の複眼で捉える

本書は、深志の伝統とされる自治の精神（以下、深志の自治）に焦点を当てて、そこに埋め込まれた教育的な意義を明らかにしようとするものである。

とはいえ、深志の自治そのものを、市民社会に通じる言葉で説明する、というのは容易ではない。現役の深志生では視野も言葉も限られている。卒業生の記憶は都合よく美化されている。いちばん正確に語りうるのは深志の教師たちだと思うが、自らの言葉で外部に発信することには遠慮がある。また、いくら「通じる言葉」といっても、文部科学省の政策文書や学習指導要領にあるような平板なワーディングに頼ると、各学校が長い時間をかけて積み上げてきた教育的・文化的な営みの、大事な部分が抜け落ちてしまう。国策の教育用語には翻訳できない実践が、ここにはあるはずなのだ。

では、どうすればいいか。

本書が工夫した方法は二つある。

ひとつは、《中の人》に見える世界と《外の人》に見える世界を組み合わせることで、複眼的に対象を浮かび上がらせる、ということだ。

《中の人》とは深志に3年間どっぷり浸りながら自己形成したネイティブ（native）であり、《外の人》とはよその高校で自己形成してから深志を訪れた異邦人（stranger）である。同じ場所に立っても、両者には世界の見え方がまったく異なる。

《中の人》には当たり前のことが、《外の人》にはそうではない。そのことに、《中の人》は気づかないことが多い。自分が馴染（なじ）んできた言葉が、他所（よそ）の地域の人から指摘されるまで「方言」だと気づかないのと似ている。

実際、本書の執筆メンバーの多数派は《中の人》であるが、彼らは自分たちが深志について語る言葉が、少数派である《外の人》に通じていないという事実が全く見えていなかった。その通じなさは、言葉の使い方だけでなく、ものの見え方や考え方におよぶ。それほどまでに《中の人》が自分に見えている世界を相対化することは容易ではない。

執筆メンバーの《外の人》は、都市、私立、中高一貫、女子校など、地方公立とは異なるタイプの伝統校を背景に、「伝統」という言葉の使い方もそれぞれ異なっていた。さらに、そうしたお互いの違いをはっきり認識して言語化するのにも、相当な時間を費やした。

執筆メンバーの立ち位置

	《中の人》	《外の人》
伝統派	●井上	
↑	林・仙石	水村
	浅川・片瀬	堤・冨岡
↓	西村・田中	
市民派		●加藤

そこでたどり着いたのは、《中の人》と《外の人》の異なる視点を無理にすり合わせてひとつの視点に統一するのではなく、《中の人》と《外の人》の捉え方の違いと、対話の努力を見えるようにすることだった。それが、先に述べた伝統派と市民派の対話可能性につながっていくと考える。

読者の便宜のために、執筆メンバーの立ち位置を上表に示しておく。2人の編者（●）が左上の《中の人》＝伝統派と、《外の人》＝市民派の両極に位置し、ほかのメンバーはそのあいだに分布している。調査データを扱う浅川、片瀬と、歴史資料を扱う堤、冨岡は、中立的である。

映像作品を手がかりに重層的に読み解く

深志の教育に通底する自治の精神をどのように取り出し、捉えたらよいか。

生徒募集のパンフレットに踊る「謳い文句」、テストやアンケートで測定される「効果」、難関大学に進学した「実績」などは、わかりやすいエビデンス（証拠）ではあるが、それは豊かな教育成果のごく一面をあらわすにすぎない。

その学校における教育の意義や成果というのは、本来、そこに入学した者が学校生活を通して「できるようになったこと」や「やり遂げたこと」だけではない。当時は「できなかったこと」「わからなかったこと」がその後の人生において大きな意味をもつことがある。在学中に見えていなかったことが、その後、人生経験を重ねるなかで見えてくることもある。

つまり、一面的ではなく多面的でもある、即時的ではなく遅延的でもある、そんなアプローチができないだろうか。

そこで、本書が工夫したもうひとつの方法は、同じ対象を異なるレイヤー（階層）で捉えたうえで、重ね合わせる、というものである。

深志の自治を考えるうえで重要な手がかりが、現代の深志生自身が作った映像コンテンツにある。放送委員会制作班によってコンクール用に制作されたので、短い時間で《外の人》に伝わるよう編集に工夫が凝らされている。

そして、先輩が制作した映像作品を基に、現役の深志生が小説化する。さらに、映像作品にもあら

映像作品を重層的に読み解く

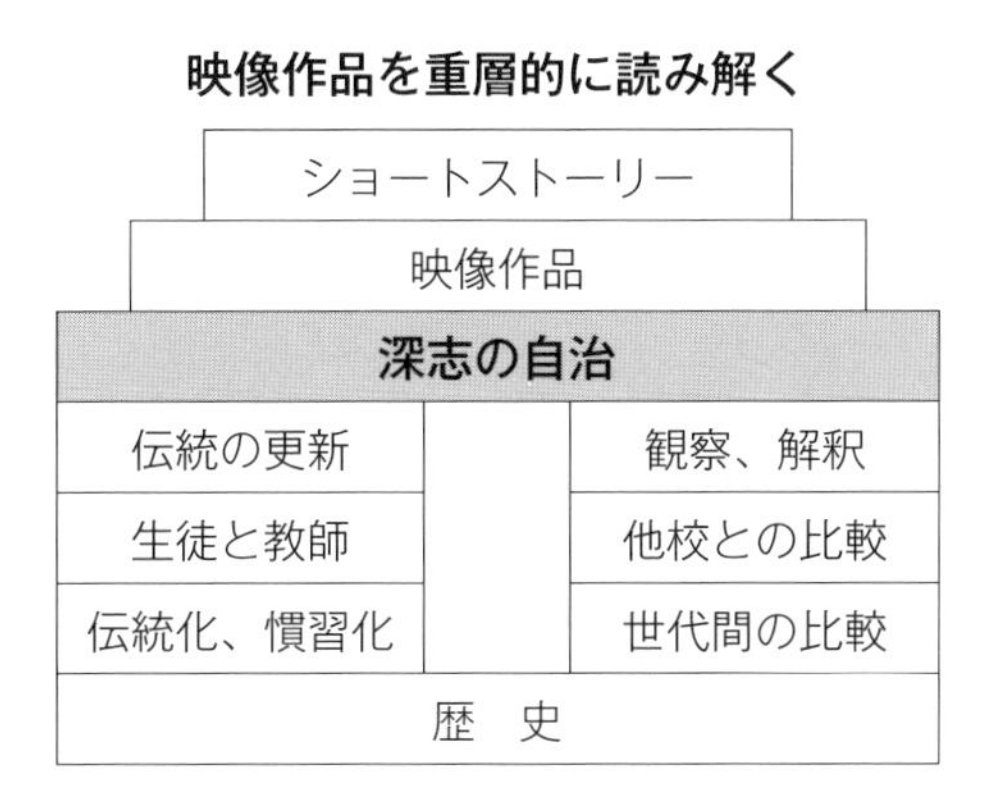

われた自治の姿を、異なる世代により、《中の人》から《外の人》まで、歴史的資料から参与観察や質問紙調査まで、さまざまな視点と方法で、読み解いていく。

それをレイヤー（階層）と呼ぶのは、映像作品とショートストーリーからなる「いまどきの深志」の層は、歴史の層のうえに、伝統化や慣習化、生徒と教師の関係性、世代間や他校との比較……などを積み上げた層のうえに置くことで、初めて意味をなすと考えるからである【上図】。

また、「いまどきの深志」の姿は、自治や伝統というテーマの性格ゆえに拡散しがちな議論を、つなぎとめておくアンカーの役割を果たしてくれる。上からと下から、両方の層で挟み込むことで、深志の自治を捉えたい。

本書の構成

本書は3部から成り立っている。

第Ⅰ部（小説・映像編）「深志生がとらえた自治の現在」は、4編のショートストーリーと6編の映像作品からなる。

ショートストーリーは、次に述べる映像作品のうち三編（『鼎談（ていだん）深志』『折衝会』『舞装』）からインスパイアされた、現役の深志生による青春小説である。自治とは何かを抽象的に考えるのではなく、具体的な実践のただなかで何をどう感じているのかを、ユーモアをまじえながら精確に言語化している。

映像作品は、深志の放送委員会制作班がコンクール用に制作したものから選んだ。まず鼎談深志[用語]と折衝会[用語]という比較的新しくてわかりやすい活動、ついで舞装（舞台装置設置委員会[用語]）と應管（應援團管理委員會[用語]）という自治を裏で支える団体、最後にホームルーム[用語]という、長い時間軸のなかでの深志共同体、という順番で並べた。全て動画共有サービスYouTubeで公開されている。

いずれも、教育プログラムではなく、伝統行事そのものでもない。けれども、伝統の中から「自治の精神」を生徒なりに、教師なりに解釈して、目の前の課題に向き合いながら体現しようとしている点で、深志の自治を考えるのにふさわしい題材となっている。

第Ⅱ部（解説編）「深志の自治とは何か」では、映像作品を基にさまざまな角度から深志の自治を読み解いていく。

第1章では、鼎談深志と折衝会を取り上げて、それらに通底する論理を「自治の精神」の観点から再構成する。第2章では、卒業生調査を基に、時代とともに自治の意味がどう変化しているのか（いないのか）を考える。第3章では、自治の伝統がどのように創られてきたのか、旧制松本中学[用語]から新制深志高校までの歴史を振り返る。

第4章では、應管と舞装を取り上げて、自治の担い手のつくり方の秘密に迫る（第1章の姉妹編）。第5章では、深志の自治を陰で支える教師集団の役割に光を当てる。第6章では、とんぼ祭の意味を、アメリカの大学の初年次教育と比較しながら、通過儀礼の総仕上げとして捉え直す。

第Ⅲ部（課題編）「伝統の危機と未来」では、外部の視点を取り入れながら深志の自治を相対化して、課題を見いだし、未来を展望する。

第7章では、東京の私立中高一貫校で「自由の校風」で知られる麻布中学校・高等学校で、どのように自由と自治が実践されているのかを関係者に尋ねる。第8章では、《中の人》の多数派を占める男子卒業生には見えにくい課題を、《外の人》とジェンダーの観点から考える。第9章では、高校受験（入り口）と大学受験（出口）という人の移動から、深志の自治がどのような影響を受けるのかを考える。

最後の第10章では、本書の執筆メンバーが共同研究において提示されたさまざまな論点を振り返りながら、深志の自治は未来の学校のモデルになりうるかを考える。

伝統校の未来をともに考えるための共通の土俵づくりに本書を役立ててもらえるのなら、執筆者一同これに勝る喜びはない。

目次

おことわり

◆本文中（見出し等を含む）のかっこは、原則として以下の使い方とした。

『　　』：出版物名、主要文献名（固有名詞性の高いもの）、映像作品名

《　　》：上記出版物や新聞、文献に属する評論、コラム、章などの名称や見出し。文中で特に言葉を強調する場合

〈　　〉：本文の中での引用部分

「　　」：上記以外の一般的な用法として使用（話し言葉、キーワード・会社名、要約、固有名詞性の低い報告書の名称など）

“　　”：比喩的な表現（自分の言葉でない言葉や本来の意味とは違う言葉など）

◆辞書、年史・年鑑、新聞、報告書などの文献名は初出のみ二重かっこを付し、２度目以降は省略した場合がある。

◆人物にかかわる表現では、文脈上で必要な一部の肩書敬称を除き、引用元、資料提供者を含めて敬称略とした。敬語表現も原則として使用しないこととした。

◆登場する人物の立場・肩書は、執筆当時のものである。

◆年号は原則「西暦」とし、必要に応じて和暦を補った。西暦表記では、文脈上判別が付く場合は上２桁を省略している場合がある。

◆引用部分は出典元に従ったが、漢数字を算用数字にする、旧漢字を新字体にする、ルビを付すなど、読みやすさを補った場合もある。

◆文中用語マークがある直前の言葉は、前見返し「本書を読むための深志用語集」で説明した。

【写真の説明】

表紙：1955（昭和30）年の松本深志高校全景。周辺の宅地化はまだ進んでいない中、れんが壁の校舎（管理普通教室棟）などが並ぶ

本扉：管理普通教室棟の廊下。張り替えられた床板とアーチが絶妙なバランスを見せる（1988年）

第Ⅰ部

小説・映像編

深志生がとらえた自治の現在

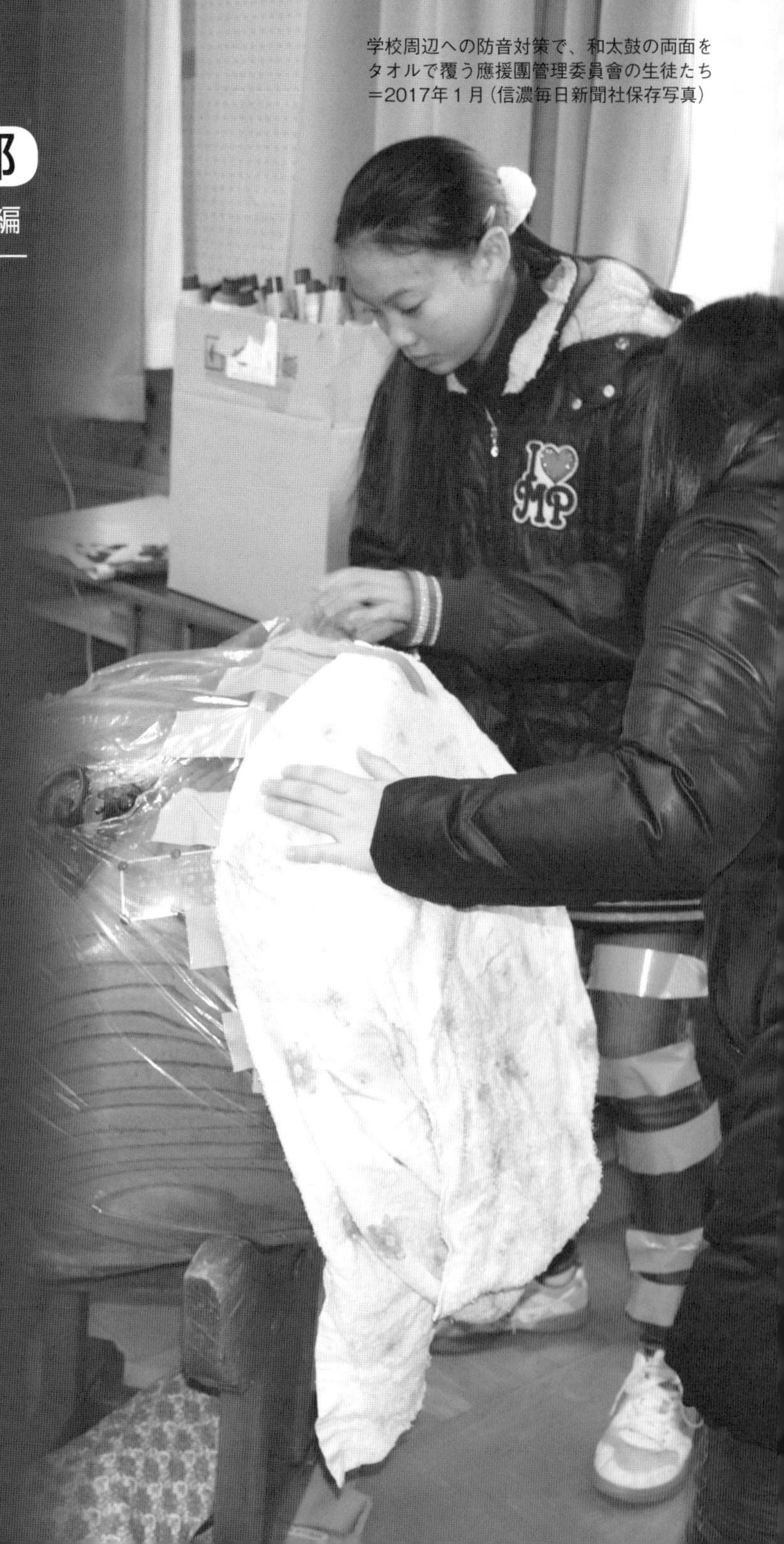

学校周辺への防音対策で、和太鼓の両面をタオルで覆う應援團管理委員會の生徒たち＝2017年1月（信濃毎日新聞社保存写真）

ショートストーリーズ

自治のなかの青春

作品のゲラのチェックに余念がない作家チーム＝2023年3月（林直哉撮影）

「深志の自治」に関する映像作品にインスパイアされた、現役生による４編のショートストーリーをお届けする。

自治とは何かを小難しく考える前に、まずは仲間との活動のなかでどんな感覚が身体を満たし、どんな感情が湧き上がってくるのかを、彼らの言葉で語ってもらおう。映像作品とあわせてお読みいただければ、「深志の自治」のリアルを垣間見ることができるはずだ。

編者（井上）から作家たちへの注文は二つ。

ただ映像を文字に書き起こすのではなく、ライトノベル風の爽やかな青春小説に仕上げてほしい。その際に、主人公からみえる世界（本文）と、外の人向けの解説や筆者からのツッコミ（脚注）を区別して書いてほしい、と。参考文献として田中康夫先輩（27回卒）の『なんとなく、クリスタル』（1980年・文藝賞）を指示した。

本作品を執筆した2022年の時点で、中島碧海（開放）と犬入鹿（とある会計の憂鬱（ゆううつ））は３年生、和田俊太朗（諸刃の剣）と裾花川紅葉（ブソウって、何？）は２年生だった。忙しい高校生活の合間をぬって、編者の無茶ブリに見事に応えてくれた作家たちに、心からの敬意と感謝を表したい。　　（井上義和）

イラスト：猫鯨

開放

中島碧海

窓を開けたい。

全てはそこから始まった。


秋晴れ[1]の放課後。

私は友人のユイと昇降口で待ち合わせをしていた。ユイはまだきていなかったので、先生から送られた戸別訪問のリストに目を落とす。グラウンドから**板にボールをぶつける**[2]音、校舎からはトランペットの**ロングトーン**[3]が聞こえた。

「ワッ」

「ウヒャイ」

思わず変な声が出てしまった。

「ユイ、私が何か読んでいるときは正面から現れてっていつも言っているでしょ」

「ごめん、ごめん。ところで、マコは何みてたん？」

と大して悪びれもせず、この常習犯は私に尋ねた。

「ルートを確認していたの。今日はまわる家の数が多いから」

「さすが、学校から出る音を考える会実行委員長。しっかりしてますなー」

1 台風が通過したあとの快晴。「女心と秋の空」と言うけれど、お菓子を食べないと宣言したその日に家族が買ってきた焼き芋アイスを食べる女心ほど、変わりやすいものはない。
2 主にサッカー部が行う練習法。最近は公園でも「ボール遊び禁止」という場所が多い。
3 一つの音をまっすぐ伸ばすための基本的な練習法。主に吹奏楽部が行う。楽器を演奏しなくても、カラオケで高得点をとりたいときには効果的らしい。

「**意見交換会**[4]のチラシを近隣の家に入れなきゃいけないんだから、効率よくまわらないと」

今日の目的は、チラシを近隣の人に配り、学校の騒音について意見交換会を行う日を知らせること。騒音で苦情が出た他の部長とも協力し、手分けして配るので、量はそこまで多くない。でも、途中にかわいいカフェがあったら大変だ。ユイがそれに吸い込まれて、迷子になり、私が助けにいくというタイムロスは避けないと。

「なんか失礼なこと考えていない？」

「まったく。それより早く配りに行こう。これ持って」

とユイにチラシでパンパンに膨らんだ紙袋を押しつけ、さっさと歩き始めた。


５分ほどして最初の目的地である団地に到着。

本当は二手に分かれてチラシを渡したいけれど、２人一組でまわれという先生からのお達しがあるのでそれはできない。まあ多分すぐに終わるとは思うけど。とりあえず最上階からまわることにした。

「マコ、これ重いー。こんなに配らなくてもいいじゃん」

ユイが**カタツムリ**[5]並みの遅さで階段を上ってきた。

「しょうがないでしょ。この団地全てに配らないといけないんだから。交代する？」

ユイはふてくされたまま、私の後についてきた。

１軒目。チャイムを鳴らすと、**トレーナー**[6]を着た若い女性が出てきた。部屋の中からこん

4　正式名称は「学校と音について意見交換会」。のちの鼎談深志につながるのだった……。
5　アジサイのイラストを探してセットで書かれている生き物ランキングで、カエルと一、二を争う（作者調べ）。
6　ダボッとした服。これ１枚でスーパーに出かけられる。洗濯したときの乾きが悪い。

がりと焼いたベーコンの香りがする。

「松本深志高校の杉原真(まこと)です。実は近々、騒音について意見交換会をやるのですが、もしよかったらいらしてください」

　彼女にチラシを渡す。

「そこの高校か。騒音について何を話すの」

「はい。今まで深志高校では音の出る部活、例えば吹奏楽部では、練習する時間を決めたり、練習場所は窓を閉め切ったうえで段ボールを壁に何重にも貼り付けたりしています。ですが、それだと夏場のエアコンもない中で練習するにはつらいです。だから、窓を開けて練習できるように意見交換会を開くことにしました」

と私は事前に用意していた台詞(せりふ)で説明した。

「多分、参加できなさそうだから今言う。夜勤明けで**応援団**[7]が練習している声が団地の壁に反響してうるさくて眠れないの。頑張っているのは分かるけど。この後も仕事だからもういい？」

　言葉に詰まった。

　彼女の目の下にはクマ。鏡を見ているようだ。彼女は鼻をヒクヒクすると、「ヤベ、焦げてる。じゃあそういうことで」と言って扉を閉めた。

　団地には会社勤めの方や、塾や部活で帰りの遅い子が多い。その7割は夕方のこの時間にはいないため、チラシを**ポスティング**[8]して終わることが多かった。

7　深志高校では全員が入学時に加入する。黒くて長いマントを着ているのは「應援團(おうえんだん)管理委員會」という。２年生以上が着ていて、装束と言うらしい。
8　不動産会社がよくやるイメージ。ちなみにわが家では、『行きたい大学の資料を10校頼んだら1000円分のQUOカードプレゼント』に応募したところ、行きもしない大学のチラシが毎週１、２枚ずつ届く。1000円で個人情報を売ったらダメなんだぜ。

仮にいたとしても……

ピンポーン。

「意見交換会をやるので、よかったらぜひいらっしゃってください」

「部活やっているんだから、音が出るなんてしょうがないもの。まあ、頑張って」

「ありがとうございます」

バタン。

……ということが2割。はじめの女性のように意見をくださる方は少なく、予想通り早く済んだ。

「やっと、終わった！　マコ、この後、**チュロス屋さん**[9]に行かない？　新作が出ているらしいんだよね。閉まる前に行かないと」

機嫌を直したユイが話しかけてきた。

「あー、私はいいや」

「もしかして、1軒目のこと、気にしているの？　別に應管のことを言われたのはマコだけの責任じゃないし、ほとんどの人は気にしていないって言ってたじゃん。應管だって太鼓に**タオル三重巻き**[10]でやっているんでしょ。それで言われるならしょうがないって」

「いや、今日まわるって約束した家があるから……」

ふうん、とユイは黙ってしまった。高校の方からチャイムが聞こえる。

9　松本市内の四柱神社近くにある「タダチヤカフェ　ゲート」というチュロス専門店がモデル。名物はバニラと真っ黒なチョコソフトに、米粉でできたチュロスが合わさった松本城サンデー。カリッ、モチッがたまらない。

10　意見交換会の前からやっていたらしい。いつからかは不明。作り方は①和太鼓にビニール袋をかぶせる。②上にタオルを二重にしてかぶせる。③ラップで巻いて完成！

いたたまれなくなり、

「ユイはチュロス屋さんに行っていいよ。あと1軒だし、私だけでなんとかなるから」

と伝えたら、

「たぶん行っても、今日はもう閉まっている気がする」

「じゃあ、先帰る？」

「ついて行く。2人一組なんでしょ」

ユイは私の隣を歩いた。しばらくして、

「マコは真面目だよね」

とユイは歩きながら言った。

「髪だって、**とんぼ祭**[11]のときも染めなかったし」

「應管が**金髪**[12]にしていたら締まらないでしょ」

それに私はこの黒髪が結構気に入っている。この髪に合うようにクローゼットの中は清楚系で**パステルカラー**[13]の服が多い。背中まで伸びた髪を指でくるくるしながら思う。

「染めている人、見たもん。この意見交換会だって他の部活には時間の無駄だって言う顧問もいるんでしょ。大半は無関心な人ばかりなんだから、苦情言った人にだけまわればいいじゃん。そうすれば、マコだって自分の練習や勉強、寝る時間も増やせるよ」

ユイは叫ぶように言った。

「ちょっとユイ、声が大きいよ」

私は小声でたしなめる。確かに最近、授業でウトウトしてしまうこともあるけど……。

11 深志高校の文化祭。前々日準備のために半日、前日準備には丸一日かけている。さぞや忙しいのかと思われるかもしれないが、作者のいた文學部では発表がなかったため、椅子と机の搬入の待ち時間が大半を占めていた。
12 校則がゆるゆるの深志では、とんぼ祭間近によく見られるヘアスタイル。近年では、金髪以外にも赤やピンクを髪の下半分だけを染めたり、あえて見えない内側を染めるなど多様化。1日だけ染められる染料も人気。
13 友達から誕プレでもらったハンカチの色。パステルカラーのものは作者の持ち物の中でこれだけだが、素敵だと思う。

「練習の時に窓が開けられないと、講堂や**大体や小体**[14]は蒸し風呂状態になるし、あんな場所で集中して練習できるわけない。今の状況を少しでも変えないといけないのはユイだって知っているでしょう」

「それは、そうだけど」

「ここが私の目的地。早く終わらせて駅前のカフェでお茶してこ」

私は、ある一軒家の前で立ち止まった。庭のサザンカの手入れは行き届いている。

ユイと目を合わせないようにしながら、インターホンを押した。

「はい」

「松本深志高校の杉原真です。騒音の意見交換会についてご相談に伺いました」

玄関から出てきたのは上品そうな初老の女性だ。

「わざわざ来てもらって申し訳ないわ。それで、意見交換会についてって、何かしら」

「はい、11月に松本深志高校で、学校から出る騒音についての意見交換会を行います。もし、よければいらっしゃってください」

私は女性に近づき、小声でチラシを渡した。

「ごめんなさい。この日は、病院に行かないといけないから……」

家の奥を見ながら、女性は申し訳なさそうに言った。

「いえいえ、大丈夫です。もし何か決まったら、またお伺いしますし」

私が慌ててそう言うと、女性は胸をなで下ろした様子で、

「応援団の練習はうまくいっている？」

14　大体育館と小体育館。別名「サウナ」。

私の顔を見上げながら言った。

「ええ、なんとか」

「そう……」

うまく笑えただろうか。しかし、彼女の物憂げな表情は晴れなかった。


私たちは彼女に別れを告げた。15分ほど歩いてから、

「あの家だけ何でわざわざ行ったの？」

ユイは私に尋ねた。

「えーとね、あの家のおじいさんが太鼓のような低い音が苦手で、前に練習方法を変えてほしいって連絡をくださったんだよね」

「そんなの引っ越せばいいじゃん」

「昔からこのあたりに住んでいるらしいし、嫌だって思っている全員をここから排除しても、根本的な解決にはならないよ」

ユイは頬を膨らませて、

「多分、私たちの代でタオル三重巻きはやめられないよ」

「知ってる」

「段ボール蒸し風呂で練習してたら集中できないんじゃないの」

「凍ったペットボトルで乗り切ろう！」

「窓だって開けられない」

「みんなで話し合う『窓』がないから、開けられなかったのかな？」

ユイは目を見開き、

「練習場所にある窓のことを言っているんじゃないの？」

……あれ。

「私、窓を開けて快適に練習したかっただけなのに」

「みんなと話し合うための窓口をつくりたくなっていたと」

「うん」

ユイは一瞬さみしそうな顔をしたが、またいつものおどけた調子で、

「そんなに、何事にも全力になれるマコちゃまなら、きっと開けられると思うよ！」

と笑った。私はユイのそのわざとらしい顔が嫌いだ。

「何を言っているの。ユイも本気で手伝ってくれなきゃできないよ」

と言ってしまった。

ユイは笑った。何かが開いたように。今度は、はじけるような笑顔で。

とある会計の憂鬱

犬入鹿

「これから、**折衝会**[1]に向けた作戦会議を始めます！」

5月某日、放課後。部室にて。

われらが**漫画研究会**[2]部長は声高らかに宣言した。

隣の**ホワイトボード**[3]には、でかでかとした字で「折衝会作戦会議」と書かれている。

「……はぁ」

自信満々な彼女とは裏腹に、部員4人の反応はパッとしないものだった。

今年もこの時期が来たかと苦い顔をする、2、3年の上級生組。

状況がのみこめていないのか、入部したばかりの1年生2人はきょとんとした顔で部長を見つめている。その眼差しからは詳しい説明を求めているように見えるが、残念なことに彼女はそれっきり口をつぐんでしまった。

挨拶だけ済ませて、あとは担当者である会計――つまり俺に丸投げらしく、その証拠に彼女の瞳は真っすぐこちらに向いている。なら、せめて話を振るくらいはしてくれ。

しかしそんな願いも虚しく、兎にも角にも俺が動かないことには何も始まらないようだ。期待に満ちた部長からの視線を横目に、取りあえず椅子から立ち上がってホワイトボード前へと

1　1年を通して使う費用を話し合う会（1月）、文化祭で使う費用を話し合う会（5月）と、1年に2回行われる。いま議題に上がっているのは後者。詳細は本文にて。
2　漫画を描いたり読んだりする部活。なぜ漫画研究「部」でなく「会」なのかは不明。部員数は足りているはずなんだけれど。
3　白くてでかい板。黒板同様、文字や絵を描くことができる。だんだんと黒ずんでくる。

移動。さて、何から話そうか。部員全体を見渡したところで、

「……あの」

1年生の七森くんがそっと手を挙げた。

「せっしょうかい……って、なんですか？」

——そうか、まずはそこからだ。

確かにこの折衝会、うちの高校では当たり前かつ伝統的な行事となっているが、どうやら一般的にはそうでないらしい。入学したばかりの1年生なら知らなくて当然である。ここは先輩として、きっちり説明しなくては。

「あー、折衝会ってのは——」

「予算を巡って全ての委員会・部活動の会計が集まって繰り広げられる、血で血を洗う、血なまぐさい戦いのことだよ！」

「ちょっと待て」

俺が口を開いたところに、横からとんでもない回答が飛んできていた。犯人は言わずもがなあの部長。あながち間違ってない気もするが、言い方ってものがあるだろう。ほら見ろ、七森くん怯(おび)えてる。

「簡単に言えば、『赤字を黒字にするために話し合う会』」

この調子だと本題に入るまでに日が暮れると察したのか、唯一の2年生部員である橘(たちばな)さんが助け舟を出してくれていた。副部長ということもあって、さすが、後輩とは思えないほどしっ

かりしている。——ここはありがたく彼女に任せることにしよう。俺は取りあえず部長をなんとかする。

「まず、それぞれの団体が、活動に必要な金額を予算案として本部に申請するの」

俺が部長に構っているあいだに、橘さんは淡々と説明を始めていた。

「でも全体で使える金額、つまり生徒会予算には上限があるわけで……。申請額がそのまま通るとは限らないから、いわゆる**赤字**[4]が生まれちゃう。そこで、それをなくすために団体同士で交渉する——これが折衝会。実際、その交渉の行方は**先輩に懸かってる**[5]んだけど……」

彼女はここでいったん説明を止めると、こちらを一瞥する。

（このくらいでいいですか）

送られてきた**アイコンタクト**[6]に俺が頷きで返すと、橘さんはそそくさと元いた席に戻っていった。

「でもまあ、この話し合いが穏便にいくことはまずないよね。去年なんて、漫画研究会が**標的**[7]にされちゃってさぁ……。ボッコボコに攻められたんだよ」

「え」

「そのとき会計だった私はもちろん、最終的にみんな目から光がなくなってたし。**トラウマ案件**[8]待ったなし！」

「なるほど！　だから先輩方はさっきから覇気がないんですね！」

「うん、君たち一回黙ろうか」

4　支出が収入を上回ること。その金額は100万を超えることも。100万って……。

5　折衝会に参加するのは基本会計のみ。実際に予算を勝ち取れるかどうかは会計のトーク＆アドリブ力に懸かっているのだが、事前準備としての作戦会議は必須。

6　視線を交わして意思疎通を行うこと。テレパシーみたいで格好いいですね。

7　つまり「いけにえ」。

8　心に負う傷のこと。一度目を付けられると、何十もある団体からの集中砲火を食らうことになる。途切れることのない質問にメンタル万死。地獄。

終わった。ほんの少し目を離した隙に、部長は1年生に向かってまた余計なことを吹き込んでいた。

それを聞いた七森くんは恐ろしさのあまりか、顔を真っ青にして完全にフリーズ、もう一人の1年生——久賀さんはぽんと手を叩き、合点がいったとばかりに目を輝かせて俺を見てくる。

おいやめろ。納得しないでくれ。せっかく副部長がマイルドにまとめてくれていたのに、どうしてこいつは余計な口を挟むんだろうか。言い方を考えろ。そんな思いを込めたジト目で部長を見ると目を逸らされてしまった。この確信犯が。

気を取りなおして。

「それで、今回うちが申請した予算が――」

今度こそ余計な口を挟まれないよう、しっかりと部長に釘を刺したうえで役割交代。

俺はひとつ咳払いをし、ホワイトボードに『15000』と書く。

15万円[9]。他団体の予算と比べた中では〝非常に高額〟の部類に入る金額だ。

「思ったより……ですね」

去年の惨劇が脳裏によぎったのだろう。この数字を見て、橘さんは苦虫を噛み潰したような顔をした。

「前回はもっと低額じゃありませんでしたっけ」

「本来なら、こんなに申請する予定はなかったんだけどな。でもほら、あれが壊れたから……」

そう言って、俺は**部室の端に追いやられたコピー機**[10]を親指で差し示す。

つい1カ月前、電源を入れた途端、ヤツは印刷1枚に見合わない大量のインクを吐き出し、それ以降一切動かなくなってしまった。随分と年季も入っていたし、恐らく寿命ではないだろうか。

部誌の印刷をはじめ、俺たち**漫研にとってコピー機は必需品**[11]である。

もしここで予算を確保できなければ、今後の活動に支障をきたす。それに、折衝会の目的はあくまでも赤字をなくすこと。

ただ「交渉」と言えば聞こえはいいが、次第にヒートアップしていく話し合いが、最終的に

9　実話。はじめはこの値段で請求したものの、紆余曲折あって、折衝会終了後にはその半額となった。無念。結局お金は足りなかったので、不足分は部費から出した。あーあ。
10　漫研専用のコピー機などない(2022年現在)。部室にコンセントすらない。電力が欲しい。コンセントがある他の部室がうらやましい。この差って何ですか？
11　普段、部誌の発行には学校のコピー機を使用している。どっちにしろコピー機は必須。

部長が言ったような**惨劇に発展する可能性**[12]だって大いにありうるのだ。

「この申請額だと、確実に他団体から目を付けられる。多少の減額は避けられないとしても、最低限、コピー機は買い替えられるほどの予算は得られるように対策を練りたい」

これこそが今日の作戦会議の本題である。

俺の緊張感が伝わったのか、自然と部室全体が緊迫した空気に包まれるなか、

「つまり……」

と久賀さんが口を開いた。

「他の会計さんから減額を迫られたとき、どう乗り切るかってことですか？」

「そういうこと。どうにかして**まわりを納得**[13]させないと」

「では、もう少し請求する予算を減らすのはどうでしょう？ 金額を他の団体と同額程度、もしくはそれ以下にすれば、私たち漫研が悪目立ちすることもないのでは？」

橘さんが小さく挙手。

確かにその通りなのだが――。

「んー、それなんだけど。うちの部活って人数多くないじゃん？ お金が足りない分は**私たちで補う**[14]ことになるから……。けっこう個人の負担額が増えちゃうんだよね」

部長の言う通り、俺たち漫研は決して部員が多い部活ではない。ここに集まった計5人という少人数で数万円を自己負担というのは、あまりにも厳しいものがある。

「コピー機を買い替えるんじゃなくて、修理するのは難しいんですか？ 新しく買うより修理の方が安い値段で済んだりとか……」

12 涙を流す者もいたそう。容赦がない。折衝会に人の心なんてないに等しいので。
13 折衝会とは“論破ゲー”である。どんなハチャメチャ理論を展開してでも、いかに相手を言いくるめられるかが勝利の鍵。牙を、取り戻せ。
14 予算が足りなくなった場合、基本は部員のポケットマネーから(例外もあり)。高校生はお金がないよ。

「それが、型番が相当古いみたいで部品がもう生産されていないらしい。取り寄せて修理となると、最低でも1~2ヵ月、とんぼ祭には確実に間に合わない」

俺のこの返答に、発言主である七森くんは小さく「あー……」と漏らし、口をつぐんだ。

俺たち漫研にとって日々の活動の集大成である発表の場、**とんぼ祭**[15]。コピー機故障のため今年は不参加……なんて最悪の事態はなんとしても避けたい。

「…………………」

「…………………」

案が出尽くしてしまったのか、俺と七森くんの会話を境に会議は停滞してしまった。

長い長い沈黙が続き、どんよりと重苦しい空気が漂い出した。**壁掛け時計**[16]の秒針が時を刻む音がやけに大きく聞こえる。


「――あ、じゃあ私、いいこと思いついちゃいました!」

突然、この暗い雰囲気を打ち破るように、久賀さんが立ち上がった。

「うちの予算に言及してきた人全員に、漫研の魅力を語るんです! 『こんなにいい部活なら、これ以上追い詰めるのはやめておこう』ってなるはず!」

あっけにとられる俺たち。

どや――そう効果音が付きそうなほどキメ顔の久賀さん。

15 松本深志高校の文化祭。毎年7月に行われている。漫研は毎年夏部誌を発行しているのだが、毎年毎年締め切り間近になると部員が発狂します。徹夜だ徹夜。
16 壁に掛けるタイプの時計。鳩が出てくるのもある。見ていて楽しいので欲しい。

あまりにも突拍子のない提案で、そんなに都合よく事が運ぶとは到底思えないのだが。

今まで部室内に張り巡らされていた緊張の糸が、ぷつりと切れたような気がした。

「……アリかも」

数秒の沈黙の後、部長が出したゴーサイン。

彼女のその一言で、作戦会議は一気に熱を帯び始める！

「――異論はないね、よーし決定！　それじゃ早速プレゼン資料の準備だよ！　いくら積めばいい？」「ちょっと待ってください部長。プレゼンよりもまずは、漫研に注目を集めることから始めませんか。例えば……」「可愛(かわ)い**ゆるキャラ**[17]作りましょう！　猫さんの」「いや、今の流行は**謎解き**[18]ですよ。ここは漫研主催で**脱出ゲーム**[19]でも」「いいよいいよ、どっちも採用！」「それってつまり、可愛い猫さんのミステリー漫画……**ってコト？**[20]」「漫画映えしそうですよね」「アニメ化、からの劇場版……」「これは売れますよ」「取り敢えず主題歌は《**超有名アーティストさん**》[21]にお願いして」「賛成！」「いやそんなお金どこにもねぇわ！」

さっきまでの重苦しい空気が嘘(うそ)のように、どんどん会話が展開されていく。

というより、暴走し始めたというべきか。折衝会に向けた話し合いのつもりが、いつの間にか話題が逸れまくっていた。部長や久賀さんはともかく、あんなに怯えていた七森くん、常識人枠であろうはずの橘さんまでもがノリノリで発言しているし、現に俺の突っ込みも追い付いていない。何言ってんだコイツら。

17　ゆるいマスコットキャラクターの略。企業や自治体でよく見かける。動物や食べ物モチーフの可愛いものから、本気で気持ち悪いものなど多種多様。好きです。
18　ひらめきを必要とする問題。「謎解き」という響きからもう格好いい。
19　閉じ込められた空間から脱出することを目的としたアドベンチャーゲーム。全国各地で参加型イベントが開催されている。やりたいね～。
20　ちいさくてかわいいアイツの口癖。ワ、ワァ……！
21　この《　　》には任意のアーティストの名前を当てはめてお読みください。

だけど。

「じゃああらためて！　これから、折衝会に向けた作戦会議を始めます！」

再び、部長によって声高らかに会議の始まりが宣言される。

ホワイトボードの「折衝会作戦会議」の文字の下には「漫研魅力化大作戦」と書き足されていた。

もしかしたら、今日中にこの会議を終わらせることは難しいかもしれない。それでも、焦る必要なんてない。

俺たちの本当の戦いは、まだ始まってすらいないのだから。

諸刃の剣

和田俊太朗

教室の空気は重々しい。

その雰囲気にのまれまいと、友人と与太話(よた)に興じる者。あるいは単語帳を熱心に眺める者。絶望の淵(ふち)にいるかのように、机に突っ伏して動かない者。烏合(うごう)の衆。

俺は教室の隅の席に座った。この空気感を楽しみにしてきた。誰もが落ち着かない様子で、この会のホストたる**会計経理委員**[1]でさえも息が詰まる張りつめた空気。どこかたまらない。

ふと、隣の席で突っ伏している男が知り合いであることに気づいた。「よう時雨(しぐれ)、調子はどうだ」

時雨は顔を上げると、怪訝(けげん)な顔つきでこちらを向いた。

「藤川じゃないか、どうしてここに」

「**新聞委員会**[2]の取材だ」

「どうりで気楽なワケだ」

時雨は眉をひそめて俺を睨(にら)むと、また伏せた。

時雨は俺の所属する「B部」の会計だ。しかし俺は、こいつが**予算を幾ら落とせるか**[3]には全く興味がない。うちの部はすずめの涙しか申請していないから、それを落とし損なったところで大した影響はない。

興味があるのは全体のことだ。今年の申請総額は、生徒会予算を百万円近くオーバーしてい

1　会計経理委員会の委員。生徒会に所属し、生徒会費管理・折衝会運営等を行う。ハンコを押すだけじゃないのだ。

2　生徒会の一団体。「深志高校新聞」を定期的に発行。藤川のように取材を敢行して記事を書く場合もあり、結構キツイ(委員談)。

3　折衝会内でしばしば「予算を落とす」と表現される。生徒会費を上位に据え、大切に意識している現れだと考えられる。そうであってほしい。

る。これをどう収拾するか。見ものだ。

　折衝会[4]が始まった。さっそく、**運動部**[5]の猛者たちが刃を交える。

　俺がそれを見て笑みをこぼすと、時雨がツチノコかなにかを見るような目を向けてきた。その後、**文化部**[6]や**生徒会**[7]もしばしば発言し、はじめ申請総額は順調に減少した。ところが、しばらくすると、発言が同じ内容の繰り返しになってきた。

　俺は飽きてきた。時雨を見ると、今をつつがなくやり過ごすには存在感を消せばよいとでも思っているのか、身じろぎ一つせず呆(ほう)けている。

　俺は時雨をつついた。

「誰か、もっと面白い意見を出さないかな。例えば時雨が」

「無茶言うな。報復されるぞ。うちの部の予算を危険にさらす」

「なんでそんな弱腰なのかねえ」

　俺は発言が切れるのを待って、ひょいと手を挙げた。「ちょ待ッ」と時雨が止めにかかるが、すぐに会計経理委員に当てられた。

「もっといろんな攻撃を仕掛けていったらどうです」

「えっと、何部か言ってもらって……」

「B部です」

　俺がうちの部の名前を言うと、時雨は頭を抱えた。

「今のところ、この折衝会は面白みに欠けます。同じことの繰り返し。さっきからずっとユニ

4　生徒会費の使途を決める会合。「一般会計」および「とんぼ祭特別予算」の分配のため、1年につき二度開催される。生徒会の予算は実に限られているゆえ、ここで予算を確保できるかは各団体の死活問題であるし、実際、初回は死にそうなくらい緊張する。予算の超過額はしばしば100万円を超え（！）、最終的にはほとんどの出席者が予算変更に踏み切り、意見も出すことになる。
5　ひとまとまりでは「運動協議会」と称する。互いに仲が悪いのかと思っていた。
6　運動協議会に対し「学芸協議会」。二つ合わせて「合同協議会」、縮めて合協(ごうきょう)。略されてもなじみがなくて分からないのである。
7　生徒会に関連する団体。本部のほかに各委員会も含むが、例えば、新聞委員会では経費に当たる印刷代をほぼすべて委員長が決めてしまうように、「会計係」は形だけになりがちである。そして、その職に任ぜられた委員は酷だ。ごめんね（委員長）。

ホームの話ばかりしていますけど、道具代とか施設利用料とか、もっと見直すべきこと、あるんじゃないですかねえ。そこを指摘しなきゃ」

「その通りです」

教室の真ん中あたりに座っていた男が、俺に便乗して発言した。

さっきからやたら発言していたヤツだ。H委員会の戸部と名乗り、眼鏡のブリッジを中指で上げてから話しだした。

「今まで意見を言っていない団体も発言して、議論を広げるべきです」

戸部は周りを見渡した。時雨は戸部と目が合ったようで、気まずそうな顔をする。

「でもB部のあなた」

戸部は俺に向き直った。なんか、どっかで見たことある顔だな。

「聞き違いだったらすみませんが、この折衝会は面白みに欠ける、って言いました？　まさか、どこぞのワイドショーじゃあるまいし、勘違いしてますよね。私たちは**面白くしよう**[8]として折衝会をやっているんじゃない。公平に生徒会費を分配するためにやっていることです」

「はて？」

とぼけてみた。

戸部は「は？」と苛立った様子だ。時雨は両手で耳を塞いでいる。

「何が、はて？」

「公平に生徒会費を——の部分ですよ。どうしてこの場で公平な話し合いが行われていると思われるのかなあ、と」

「発言機会は平等。申請額は自由。小さい団体でもきちんとした理由があれば高額の予算を通せます。こうした意味で公平だと言いました」

「そっすか」

「いや、あんたから聞いといて『そっすか』はないでしょ」

呆れた顔で俺を見る戸部。周りから苦笑が聞こえる。

「すみません、折衝会を進めたいので、ここまでで」

8　戸部はこう言っているが、まあ面白いこともありますよ、そりゃ。ゲームのような駆け引きを少し紹介しよう。最初の申請額は、実際に必要な分より少し多めに見積もっておく。そうすれば、高いと指摘され、申請額を削った場合も、実質的な損害を被らない。あとは「予算削りました」を盾に逃げ切るのだ。ずるいやり方にも思えるが、これはほんの初歩的な常套手段である。

会計経理委員に指示され、俺と戸部は腰を下ろす。

戸部の意見に触発されたのか、あるいは間の抜けたやりとりに緊張がほぐれたのか、これまで発言していなかった団体からいくつか手が上がった。

「本当にひやひやした」

時雨は片手を耳に当てたまま言った。

「で、お前は？　意見ないの」

「……いいよ僕は」

ウザい、と言わんばかりに睨みつけてくる。分からんヤツだな。

「お前、どうして報復されるとか、恨まれるとか考える？」

「だって、指摘された方はイラつくだろうよ」

「じゃあ戸部は今から、俺らに予算をあーせいこーせいと、ねちっこく言ってくるってことか」

時雨はしばし考えるそぶりをして、首を傾いだ。

「……それはないか」

「だろ？　あんなふうに公平を標榜してるもんな。みんなそうだと思う。いや、戸部みたいに崇高な理念をもっているってワケじゃなくて、意趣返しなんてのは、利益がないからやらないんだ」

「そうか……」

納得がいったようないっていないような、半端な表情で時雨は頷く。

「そういや、とぼけたふりして、戸部さんの話ちゃんと分かってたのか。偉いね」

ん、茶化されたのか？　俺は一瞬言葉に詰まる。

直截に褒められるのは苦手だ。見方が独特だよね、君だけの世界観があるよね、など、よく分からんが取りあえず褒めておこうという気が透けてみえる、苦し紛れのおべんちゃらみたいなものを、耳が腐るほど聞いてきたおかげで。

時雨は……自然に発声した。本気で感心して、純粋に褒めてきた。

「戸部の揚げ足を取ってやろうと思ってただけだ」

俺が言うと、時雨は目を細めて「そうなんだ」と流す。

冗談だと言わない。ますます本気くさい。

ふと思う。

時雨が意見を出さないのは、報復が怖いからじゃない。人を傷つけるのが怖いんだ。こんな場、ちょっとぐらい言い合っても恨みっこなしなのに。自分でも気づいていないようだが、こいつは過剰に優しい。

時雨の人となりなど、よく知ろうとしたこともないが、確信した。

「時雨っていいヤツなんだな」

ひとり呟く。

見ると、時雨は天井を見上げ、なにか考えているようだった。俺の声が届いていないようで、安心した。届いていたら恥ずかしい。

俺の期待通り、これまで触れられてこなかった項目についても意見が交わされ、申請総額は再び減少し始めた。他団体の指摘を受けずして、自ら申請額を減額する団体も現れた。申請総額が見る見る減っていくさまは見ていて気持ちが良かった。時雨はというと、発言こそしなかったが、H委員会の予算についてぶつぶつ言っていたので、成長を感じた。

生徒会予算50万オーバーをもって**今日の**[9]折衝会の解散が宣言され、出席者たちは三々五々に帰っていく。

俺も席を立ち、帰り支度をする戸部に声をかける。

「新聞委員会です。さっきの意見について、詳しくお聞きしたい」

「B部って言ってませんでしたっけ」

「B部兼、新聞委員会ですよ」

「さっきの意見でしょ？　折衝会は、申請額や発言機会について団体の大小を問わない。これ以上ないでしょ」

戸部は筆箱をリュックサックにしまいながら言う。

「部活や委員会、生徒会本部、**舞装**（ぶそう）**や応管**（おうかん）[10]までもが、この場で肩を並べていることがその証明……ぐらいに書いておけばいいんじゃないですか」

「は？」

「やかましい、なんで聞いたんですか」

戸部はリュックを背負うと、足早に教室を去ろうとした。

ドアの前で立ち止まって、なにか思いついたように振り返る。

9　折衝会はおよそ5日間続く（2022年度現在）。出席者の負担は計り知れない。5日目とか、皆そこそこおかしくなっている。でも、解散後は皆がやがやと楽しげに帰っていくし、戦々恐々の一時は折衝会の中だけに限られるということも、また真である。「昨日の敵は今日の友」ってね。

10　舞台装置設置委員会は講堂で活動する複数部のユニオン、應援團管理委員會も生徒会という枠組みとは少し異なっている。いずれも「伝統」をもつ特殊な組織であり、委員会と部の中立の立場とみると都合がいい。折衝会にはいる。なぜだ。

「時雨くんもなんか言ってやってください。こいつ、懲りないから」

席をまだ立っていなかった時雨は、驚いた顔で戸部を見た。

こいつ、時雨の名前をいつ覚えたんだ？

「戸部、こいつはH委員会の申請が気に入らないってぐちぐち言ってたぞ」

「え、本当に？」

「いえ、そんな」

時雨が引きつった顔で弁明すると、戸部は笑みを浮かべて言った。

「意見ならいつでもウエルカムですよ。申請した物品はみんなちゃんとした理由があるから」

「なんか怖いんですけどー」

「お前には言ってねえよ、藤川」

戸部はタメ口で言い捨て、いなくなった。

「知り合いなの？」

「よく見りゃ知り合いだった」。確か同じ**講座**[11]だった。

「え、怖ッ」

「ま、そういうこともあるさ。さて、あんな言われ方されたからには、お前も意見を言わなきゃいけなくなったな。ふぁいと」

「要らんことを言いやがって……。墓場まで恨むぞ」

そう言う時雨は、本気ではなさそうだ。

折衝会が始まるときの沈痛な面持ちが、幾分晴れたような気がする。

11　１年次の終わりに決められる、クラスとは異なる教科選択による区分。クラスほど生徒同士のつながりは濃くないので、藤川のように後からピンとくることもある……ハズ。

時雨が戸部にどんな刃を向けるのか、楽しみにしている。

付け焼き刃の批判。それは時雨にとってひどくためらわれるものに違いないが、そんなこと、考えなくていいのが折衝会なのだ。

折衝会がここまで続いているのはなぜか。

自治の現れだとか、社会勉強になるだとか、ごちゃごちゃ言われる。でも、そんなのは「良い子の理屈」だ。

戸部も、時雨も、みんな知っている。

本当の理由は、面白いからだと。

ブソウって、何？

裾花川紅葉

「しばらく休憩なぁ」

先輩の声が響く。

「ふう……」

何時だろうか。作業を始めてから結構たった気がする。

すでに外は暗い。普段ならもう、家で課題を済ませて次の日の用意をしている頃だろうか。

少なくとも、われわれ**舞装**（ぶそう）[1]以外の人間は学校にいない。

自分の鞄（かばん）をあさり、作業が始まる前に買っておいた**コーラ**[2]を取り出す。

座っておもむろに飲む。ぬるい。

ふと見ると、誰か目の前に立っている。

「お疲れィ」

ギター部[3]の穂高だ。

「ああ、お疲れ。お前も休憩？」

「おう。しばらくな」

穂高とは舞装で知り合った。クラスも部活も違うが、今となっては親友に近い。

「お前、何担当だっけ？」

---

1 「舞台装置設置委員会」のこと。運動協議会や学芸協議会と並ぶ生徒会の協議機関の一つ。
2 2022年11月現在、コカ・コーラ社の自動販売機は深志にありません。
3 他校でいう「軽音部」のようなもの。バンドの演奏はとんぼ祭の華。

「**簡易ステージ**[4]おっ立ててるよ。今年も**ミリ単位でそろえる**[5]だのなんだの大変よ」

大変なのはみんな一緒、か。

それにしても、舞装というものはいつからあるのだろうか。

自分たちで使うステージとはいえ、深夜まで学校に滞在する許可をとり、働いている。今夜は顧問の教師も見に来ない。**舞装大将**[6]が皆に指示を出している。

これを始めたのが教師なのか生徒なのかは知らんが、とんでもないものを考えたものである。深志でもかなり異色だろう。真夜中の学校で生徒だけで作業する委員会なんて、いくら自治を大切にしている学校でも、考えてもみなかった。

まあ、そんなこと今考えてもしょうがないし、今後も存在し続けるのだろう、この舞装は。


こんなことを考えているうちに、穂高は戻ろうとしている。

「なあ、ちょっといいか？」

「おう。別にいいが、どした？　恋愛相談か？」

目を輝かせて聞いてくる。

「違うよ。てか、僕は相談するほどの恋愛を深志ではしてないぞ」

「ええ〜。去年あんなに恋バナしたのに。**先輩に恋してた話**[7]はどうなったんだよ？　俺はまだ忘れてないぜ？」

「な……よく覚えていたな……」

「当たり前よ。あんなにアツく語られたら忘れないって！」

4　講堂ステージ前にステージ拡張のために設営するステージのこと。
5　簡易ステージの高さを完璧にそろえることで、通常のステージと遜色ない仕上がりになる。ステージの上で高さの調節の指示を出す人と、ステージ下で高さを調節する人のコンビネーションが試される。
6　舞台装置設置委員会の最高責任者。生徒会執行機関である通常の委員会における委員長に相当する。なぜ舞装だけが「大将」と呼ばれているのか、詳細は不明。
7　先輩に恋をしていたのは作者です。炎嵐（後述10参照）で告白する勇気はありませんでした。

さっきよりも目が輝いている。

去年あんなに恋愛の話をしてしまったのは、一種の黒歴史だ。

いわゆる**深夜テンション**[8]とは少し違う、あの独特な高揚感も相まって、いろいろなことを話してしまった。ここには、黒歴史を生み出す魔力がある。というか、穂高とは去年、この舞装で会ったばかりなのだ。なぜそこまで**アツく**[9]語ってしまったのだろう……。

「先輩への恋はいろんな意味で終わったんだよ。うん」

「え～」

穂高はまだニヤニヤしながら、「ほんとかよ?」と言わんばかりに俺を見つめる。

というか、片思いからその先へ発展する人って、そういるのだろうか? **炎嵐**[10]とかで告白する人たちは、いろいろすごい。

まあ、今僕の恋愛の話をしてもしょうがない。うん。

気を取り直して、本題に入る。

「まぁ、そんなことよりさ、僕らさ、何のためにこんなに夜遅くまで、学校にいるんだろうな」

「そりゃ、俺らが舞装だからだろ」

当然だろと言わんばかりに穂高は答える。

「いや、そりゃそうなんだがね、なんか他にあるんじゃないかなと思うんだよ」

「他に? う～ん……そうねぇ……」

穂高は腕を組み、天井を見上げる。

8　修学旅行の夜の空気みたいなものです。
9　作者は友人に恋愛相談は少ししかしません。
10　とんぼ祭の最後に行われる、應援團管理委員會主催の行事。皆で火を囲みながら應援團長の「何か言いたいことがある者はいるか?」の掛け声に言いたいことがある者が挙手して、大勢の生徒の前で告白や、先輩、後輩、先生や友人に対しての思いを叫ぶ。時にはカップル成立ってことも。

数十秒の沈黙の後、

「うまく言えないし完全に俺の主観なんだけど、俺らさ、あんまり『舞装』について知らないまま部活に入ったじゃん」

と、そっと話し出した。

「でさ、部活入ってみたら、こんな深夜まで働く委員会に半強制加入。はじめは、とんでもねえなって思ったよ。なんだって、かっこよくバンドやりたくてギター部に入部したのに、深夜までこんな地味な作業。でもやってみたらさ、案外苦じゃなかった気がするんだ」

「確かに、第一印象は『ブラック』だったし、なんで僕が？って思ったけど、やってみたら意外と、な」

「ミリ単位で納得するまで作業して、日付またぐまで学校に残る。こんなん舞装でしか経験できないぜ」

確かにそうだなと、納得させられてしまう。

深志に50以上あるクラブの中で、限られた数クラブに在籍するものしかやらない、やれない舞装。そして、演劇部で主役もやれない僕が、ギター部エースの穂高と出会えたのも、舞装のおかげである。

「そいで、皆で造ったステージで演奏してみて気づいたんだよ。あ、舞装って『楽しい』んだって」

いつの間にか、仲間の言葉にうなずきながら聞き入っている。

「こんなもんかなぁ。どうですか？」

少し恥ずかしそうに穂高は話をまとめた。

「楽しい、か」

楽しいからこその舞装なのかもなぁ。

あの、恋バナしてしまう空気、皆が真剣に作業に取り組む空気。これが舞装の魅力。

「ああ。ありがとな。僕らも作業に戻るか」

「そだな。戻ろ」

2人で立ち上がり、ンッと背伸びをして講堂に戻る。

「あっ！　そうだ！」

思い出したように穂高が声を上げた。これでもかというほどの笑顔で、

「**恋人つくるなら2年生まで**[11]だぞ！」

と叫んだ。

「まあ、そうだな。ってことは今年のとんぼ祭はラストチャンスか」

「そそ。だからがんばれよ！」

「……。ほどほどに頑張るよ」

僕も穂高みたいにステージで輝ければ、恋人の1人や2人できるかもしれない。

まあ、「**文化祭マジック**[12]」に期待して、トライしてみてもいいかな……。

すでに皆は真剣な表情で各々の持ち場でミリ単位の作業に取り組んでいる。

楽しいから真剣になれるし、一緒に真剣に造った仲間たちのこの後のステージを想像すると、**もっと楽しくなる**[13]。

深志にしかない舞装。

舞装に対する思いは、ここにいる一人一人違うだろう。それぞれの思いを持って、取り組んでいる。僕は僕の思いを持って取り組む。

さて、仕事仕事。

この後のステージのために。最高の表現をたくさんの人に届けるために。

舞装の皆がステージで輝けるように。

11　作者が友人に教えてもらいました。
12　文化祭における気持ちの高揚によって引き起こされる、文化祭期間限定の恋愛が成就しやすくなる現象。
13　個人差があります。

映像でみる深志の自治

キッセイ文化会館（長野県松本文化会館）で行われた合唱コンクールを収録する放送委員会＝2020年9月（林直哉撮影）

新歓行事「縮小とんぼ祭」での新入生勧誘＝2017年４月（放送愛好会提供）

松本深志高等学校の放送委員会制作班では、毎年各種放送コンテストに出品する映像作品を制作している。そのなかから、特に「深志の自治」のリアルが垣間見られる６編を選んで紹介する。

深志を知らない人が理解できるよう、過不足のない内容が、10分前後の長さに編集されている。当時の制作担当者と委員会顧問による解題とあわせて視聴していただきたい。

この後に続く第Ⅱ部は、映像作品への註釈・解説でもある。それらをお読みいただいた後に、再び映像作品に立ち戻るならば、最初とはまた違った観方ができるはずだ。

また、深志を「知っているつもり」の卒業生にとっても、意外な発見があるかもしれない。

自分が深志生だった時代にはなかった近年の活動（『鼎談深志』『折衝会』）や、深志生にも見えにくい舞台裏の活動（『應管』『舞装』）は、自治の伝統がどのように継承・更新されているのかを教えてくれる。さらに深志での経験がその後の人生にどう生かされているのか、長い時間軸で振り返る機会にもなるだろう（『ホームルーム2019』）。

なお、解題を担当した林直哉は、放送委員会のほかに地域交流委員会（鼎談深志の生徒側窓口）と舞台装置設置委員会の顧問も務めている。　（井上義和）

鼎談深志

～私の新委員会創設物語～

2017年／8分／放送委員会制作班
第64回NHK杯全国高校放送コンテスト
テレビドキュメント部門優勝

太鼓消音の工夫を披露する應援團長＝2017年（映像作品『鼎談深志』より）

冒頭ナレーションより

みなさん、こんにちは。深志高校の栁原です。私は太鼓を叩く応援団と校内放送をする放送委員会に所属しています。この活動で出る音が、出せなくなっているのです。

松本深志高校はこの場所に来て80年。周りの畑は住宅地に変わった。最近、音についての苦情が多い。住宅に面した体育館の東側の扉、真夏もずっと閉まっている。大音量で演奏する軽音楽部は、発表会場を段ボールで三重に目張りをする。音を出す部活はどこも肩身が狭い。学校が先にあったのに、どうすればいいのかな……？

制作意図

一人称で語るドキュメントに

制作担当 柳原真由（70回卒）

私には二つの立ち位置があった。「鼎談深志を立ち上げた地域交流委員会・初代委員長」と、この組織の立ち上げを「一人称で語る映像制作者」だ。

「初代委員長」の立場で得た最も大きな気づきは、生徒自らが目の前の問題に対して疑問を持ち、行動を起こす重要性である。鼎談深志設立のきっかけとなった「部活動で出る音」の問題では、取り組む以前は「音を出すのはダメだと言われたから仕方ない」と、消音対策や活動時間の制限をそのまま受け入れていた。しかし「どこに問題があるのか」「何に困っている人がいるのか」調べてみると、実際は小さい問題が実態以上に大きく扱われていたり、苦情があった問題は解決しているのに、当時の制限がそのままになっていることもあった。

次に「部活動で出る音」の問題は松本深志高校に限った問題なのか、松本市内の高校を調べた。すると、窓に木の板をはめて消音対策をしている学校、地域からの苦情が原因で文化祭の打ち上げ花火が中止になった学校があることもわかった。「部活動で出る音」や地域との関係について悩んでいるのは、私たちだけではなかった。

そこで、鼎談深志設立の経過を発信することで、同様の悩みを抱える高校生の役に立てるのではないかと考えた。放送委員会制作班に所属していた私は、この題材を「私」という一人称の目線でドキュメンタリーとする映像制作をめざした。

二つ目の立ち位置「映像制作者」として伝えたかったことは、取り組みの主人公が高校生だったということだ。生徒が中心となり活動したことは、鼎談深志の取り組みがうまくいった要因の一つだ。主体となる高校生が制作するのだから、視聴者に感情移入しながら観てもらいたかった。生徒が中心に取り組んでいることを視聴者に追体験してもらうために「登場する高校生と同じ視点から取り組みのライブ感やリアリティーを感じてもらう」という点にこだわった。

そこで作品は、実行委員長である私の自撮り映像を中心に展開する手法をとった。また、インタビューのインサートカットとして、実行委員が会場案内やチラシ配りをする様子を挿入し、番組内では取り上げなかった活動内容についても想像しながら観てもらえるよう工夫した。これらが功を奏したのだろう、感情移入しやすく共感が生まれる作品になり、その結果コンテストでも高く評価されたのではないか。

学校内の私たちのまわりにある課題は「先生に言われたから」「もともと決まっていることだから」という理由でそのままにするケースが多い。しかし、鼎談深志のように、生徒が動き出すことが問題解決のきっかけになることもある。この作品を通して、課題に直面する高校生が自ら行動を起こすきっかけになれば幸いである。

解題 高校を地域の孤島としないために

林 直哉

鼎談深志とは

松本深志高校地域フォーラム『鼎談深志』は、2017年5月、生徒が中心となって企画し、発足させた。

部活動で音を出す団体が、「もうこれ以上防音の努力は難しい」と考え、地域に実情を訴え音の問題を地域とともに考えよう、そして妥協点を探ろうと、2回の意見交換会を実施したことから誕生した。この意見交換会で見いだした妥協点を、生徒・職員・地域五町会という三者の取り決めとする機関として発足させたのが、鼎談深志である。生徒側は、鼎談深志の担当部署として生徒会のなかに地域交流委員会を設けた。

会の目的は、要項の冒頭にまとめられている。

私たち松本深志高校、生徒、職員、近隣五町会は、ともに協働し、松本深志高校を取り巻く地域のコミュニティのより良い関係を目指し、広範な対話と工夫を尽くして課題を解決するためにこの要項を定める。

鼎談深志は、学校から出る音の問題に続き、生徒送迎に関わる学校周辺の駐停車問題を解決し、さらに、年1回近隣住民に開かれた文化系クラブ発表会「クリスマスコンサート」を定例化して第1期の5年間を終え、各構成機関の承認を経て２０２１年４月から第２期をスタートさせた。

地域防災を四者で取り組む

第2期は、地域防災がテーマとなった。

２０２１年11月に開かれた第9回鼎談深志の席上で、災害が起こったときに、県営住宅の深志ヶ丘町会から「避難が困難な人の救助を手伝ってほしい」と要請があった。地域防災活動は鼎談深志設立当初からの目標でもあり、この要請に対し後日協議することにした。

翌月「生徒の援助可能な活動」に絞り、蟻ケ崎北町会、深志ヶ丘町会、市職員、教職員による話し合いが行われた。そこで、さまざまな課題が明らかになった。

学校側は「文科省の指針でも生徒の帰宅が最優先だ。学校が地域住民を救出しなければならない法的根拠はあるのか」と要請に応じるのは困難との立場を示した。さらに、想定される震度7の地震が起こったときに、この地区で最も新しい耐震基準で建築されている県営住宅からあえて外に避難することが必要か、各町会は安否確認の方法について申し合わせがあるのか等があげられ、この地区の避難計画自体が非常に曖昧であることが、この協議で明らかになっていった。

そこで、災害発生時から時間を追ってシミュレーションし、それぞれの団体が「できること、できないこと」を確認したらどうかと、地域交流委員会顧

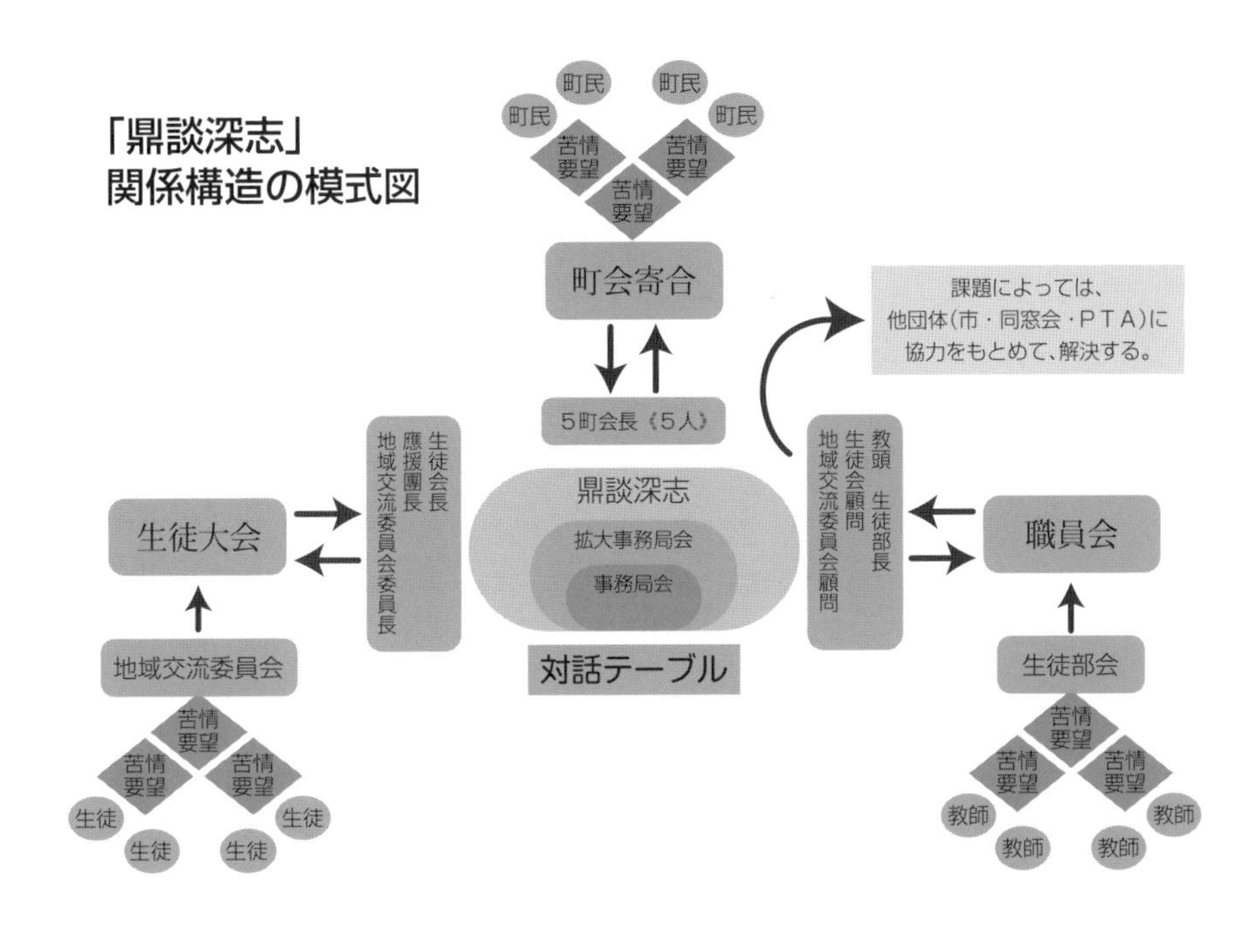

問として同席した私が提案し、参加者の合意を得た。
そして、「生徒中心で行う避難所開設ワークショップ」へ発展できないかと、地域交流委員会に相談することにした。

避難所開設ワークショップ

地域交流委員会は、この依頼を前向きにとらえワークショップの準備会を立ち上げた。準備会には、地域交流委員会のほか、深志高校職員、松本市危機管理課・城北地区地域づくりセンターが参加し、活動を開始したが「災害発生から1週間のシミュレーション」は「初日」からなかなか進まなかった。災害初日の安否確認と避難所開設が一番高いハードルだったのだ。そこで、ここに焦点化したワークショップを実施することとした。そして着地点を、松本深志高校オリジナル「地震発生直後の避難所開設マニュアル製作」に置くことで合意した。
準備会を重ねると、三つの課題が明らかになった。

1 トイレの少なさと防災備品保管場所の問題

外トイレの洋式便座は男女1基ずつしかなく、防災備品保管は校内にある第2休養室内1平方m程度の狭さだった。校内の防災担当は決まっているものの、深夜は学校を開けることができない。

2 開設備品の少なさ

松本市は、集中備蓄方式の方針を基に指定避難所の備品を管理している。90カ所の避難所には、食料・水・防寒具等を24時間以内に配送する事になっている。初日は避難者自身で調達しなければならない。

3 本校の帰宅困難者のための防災備品がない

一番厳しい状況に置かれるのが、遠方から通学する帰宅困難生徒であり、この生徒用の、水・食料・防寒具・トイレキットが全くないことに参加者は驚愕した。

これらの課題を共有するために、避難所を利用す

鼎談深志の立ち上げを町会長と振り返る＝2017年（映像作品『鼎談深志』より）

鼎談深志を生んだ「第２回学校と音について意見交換会」＝2017年（映像作品『鼎談深志』より）

る地域住民・町会・市・学校の4者が共同してワークショップを開催することにした。

当日は、参加者から積極的な発言があり、この地区の防災に対する熱量が伝わる場になった。地域づくりセンター長の佐藤憲明は「普段の避難所開設の会議では一方的に喋（しゃべ）っているだけで町会の参加者からの反応は全くない。こんなに積極的に災害の事について話し合っているところは初めて見た」と感想を述べた。

今回の成果を基に、地域交流委員会が「松本深志高校避難所開設マニュアル」バージョン1・1を作成し、他の防災備品とともに第2休養室に設置した。

生徒の行動が起爆剤に

このワークショップを企画運営した地域交流委員会の大野葉月と放送部の矢野晶は、「全生徒分の水と1食分の非常食、帰宅困難者用の備蓄」を備えるよう他県の事例を示しながら学校長に要請した。学校側は、これに応えて全校分の水・食料に加え500人分のトイレキットと防寒シート等を準備することを決め、この方法を「深志モデル」として他校にも広報することにした。矢野は長野県議会にも請願し、知事、教育長との意見交換の機会も得る。

地域も、災害初日用備蓄に対応する「防災倉庫」を購入し、県の許諾を得て体育館北側裏に設置した。わずか一年で大きな成果を上げた。今後も共同でワークショップを開き、避難所開設までの一連の過程を確認し、開設初日の必要備品確保、避難所開設マニュアルのバージョンアップ等に取り組んでいく。また、この企画を他の避難所でも応用するために「避難所開設ワークショップの開き方」のマニュアル化も目指している。

そして2023年3月末日、彼女たちの要請に応え、長野県教育委員会は全ての県立高校に対し、帰宅困難者用のトイレキットと防寒用アルミシートを配布した。

二代目はつらいよ

2019年制作／5分／放送委員会制作班
第43回全国高等学校総合文化祭
ビデオメッセージ部門　優秀賞

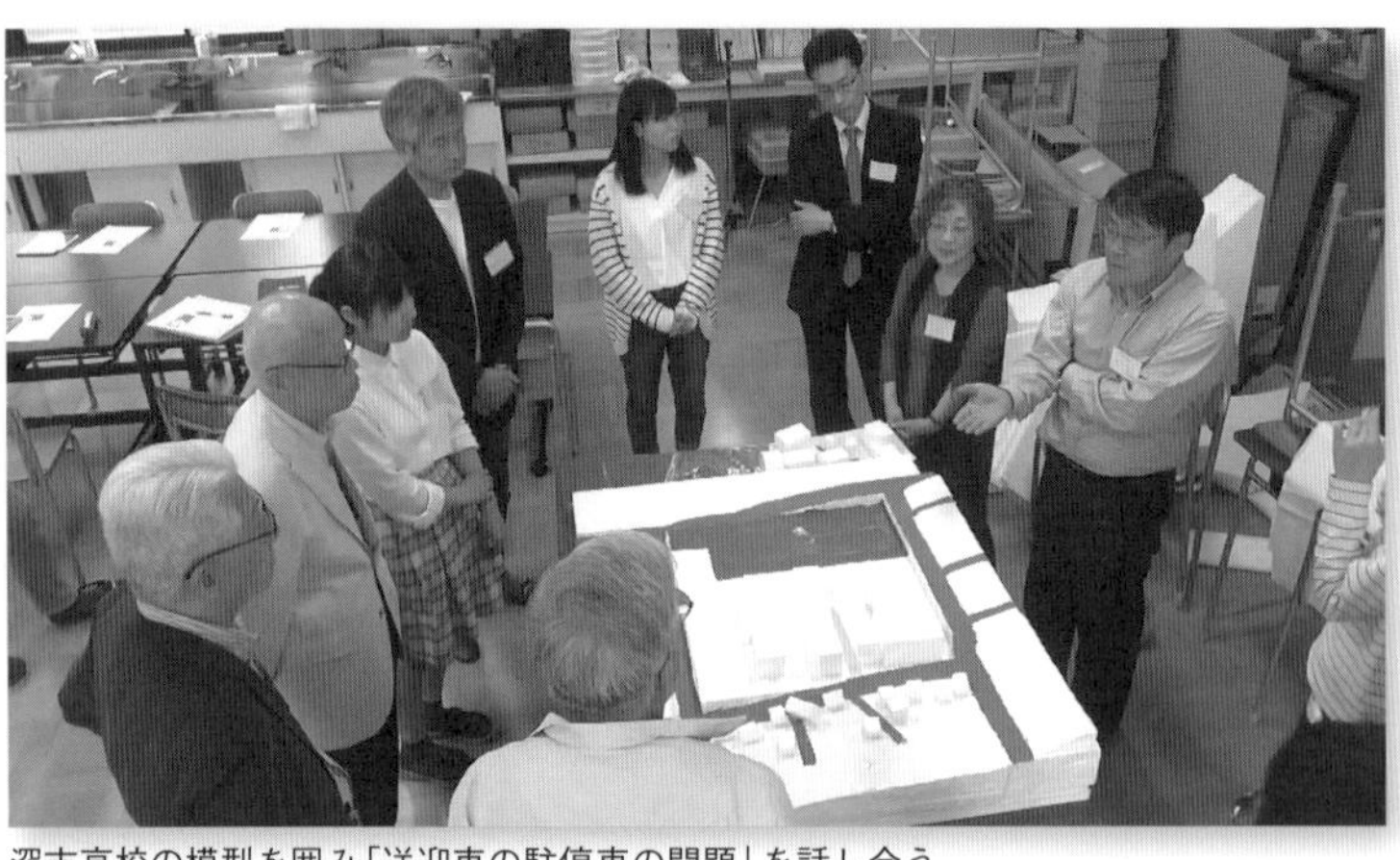
深志高校の模型を囲み「送迎車の駐停車の問題」を話し合う＝2019年（映像作品『二代目はつらいよ』より）

冒頭ナレーションより

「正直なことをいうと、ほんとに、すっごい、つらかった」

彼女は、青柳春佳さん。地域フォーラム鼎談（ていだん）深志を支える地域交流委員会の2代目委員長です。……初代委員長を務めた柳原真由さんは、学校から出る音の問題を地域と協力して解決しました。彼女の熱意に憧れて、青柳さんは2代目委員長に手を挙げたのです。

「生徒と地域が顔を合わせられるのがすごいと思って。絶対面白いと思って」

まず取り組んだのが学校の周りの駐停車問題でした……。

制作意図

地域フォーラムは立ち上がったけれど

制作担当　西尾 遥（72回生）

松本深志高校には新たな組織が誕生して1年。地域住民、生徒、教職員の意見交換の場である「鼎談深志」と、その生徒構成員として運営を担う地域交流委員会は、華々しく設立され、各界から注目を集めました。しかし、次の世代を迎えた地域交流委員会と鼎談深志はどうなったのでしょうか。地域交流委員会の委員長〝二代目〟を自ら手を挙げて務めた青柳春佳の苦悩を追いました。

解題

2代目を襲った逆風「きれいすぎる」

林 直哉

辛抱強く「自治の基本」をつなぐ

〈「鼎談深志ってヤラセでしょ？」。近隣住民や生徒との会話で何度も言われた冷たいコメントである。彼らには全国優勝が鼻につくのか。作品にするために鼎談深志を立ち上げたと言うのだ。もちろんこれは誤解だ、いや曲解だ。しかし、そう言い返したら玄関から締め出された〉。大阪大学で開かれた部活動学会の発表レジュメは、青柳のこの文章から始まる。鼎談深志の成立は、端から見ると「きれいすぎる」。こんな逆風と彼女は戦った。

彼女は近隣住民の話をよく聞いた。その対話のエピソードとして「鼎談の鼎の三本の足の長さが違っている」という主張を採りあげた。生徒の足だけが長く、教師の足は逆向きに生えていて、地域の足は曲がっているように感じる、というのだ。

「生徒会?の人はこんなに頑張っているのに、学校の教師は何をしているんだ。校長や教頭という代表者がいながら、教師陣は誠意がない」。こんな調子で教師や学校批判を展開する。青柳は「何度もこの話を伺った。それでも、こう話す皆さんとも付き合っていかなければ、三者の合意はつくれない」。話を聞き続ける彼女の活動は、次第に地域の雰囲気を柔らかくしていった。ただ、逆風は身内の生徒会からも吹いていた。

鼎談深志での取り決めには、生徒、教師、地域の合意が欠かせない。その合意のためには誰かの妥協や協力が必要になる。この点を危惧した生徒会役員が「鼎談深志の設立によって、地域が学校に要望を押し付けやすくなった。学校は不利になるばかりだ。自転車のマナーだって、鼎談深志が駐停車の問題に取り組まなければ、ここまで問題視されることはなかった」と付け加える。しかし、そんな生徒会役員に対し青柳は「問題であると知りながら、押し隠そうとしているのだ。この姿勢には絶望した。自治をモットーとする私の高校の生徒会がこんなに弱気では、不安しか抱けない」と言い放った。

2代目の青柳が勝ち気で辛抱強かったから、その後の鼎談深志はつながっていった。「対話こそ、自治の基本」を地でいった2代目委員長だった。

5町会長と粘り強く対話を重ねる。継続は力＝2019年（映像作品『二代目はつらいよ』より）

折衝会（せっしょう）

2015年／8分／放送委員会制作班
第62回NHK杯全国高校放送コンテスト
テレビドキュメント部門　準優勝

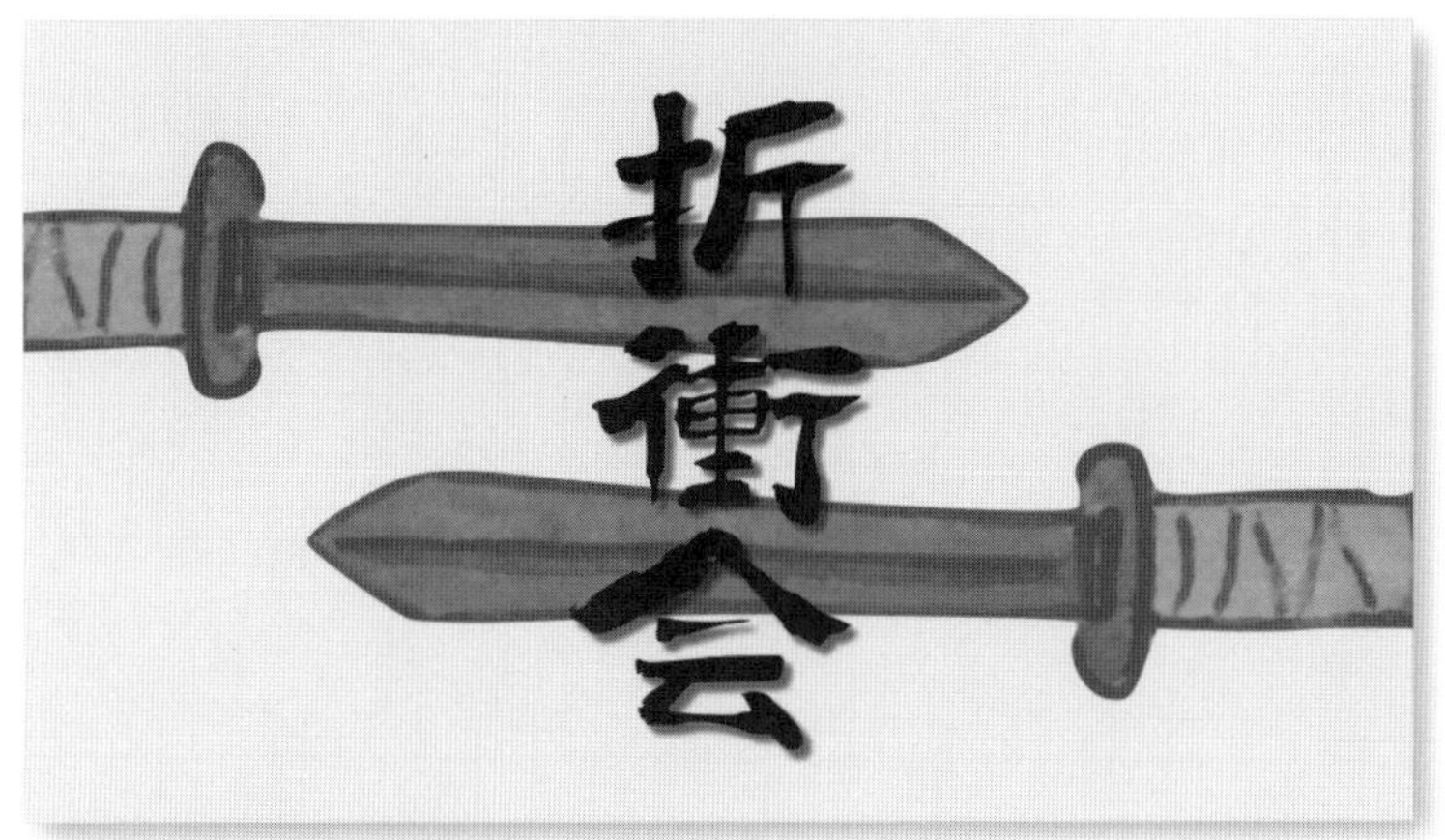

タイトル画面。折衝とは敵の鉾先（ほこさき）をくじくこと
＝2015年（映像作品『折衝会』より）

冒頭ナレーションより

「これ以上減らすことはできません！　以上です」

「今年わざわざ買い替える必要はないと思うんですけど」

生徒会一般会計予算650万円を決定する折衝会が始まった。予算を請求した団体の生徒が集まり、熱い討議で決定する。その激しさは、敵が突いてくる矛先を折る折衝そのものだ……。

制作意図

予算のための真剣勝負に迫る

制作担当　**佐藤　優**（69回生）

2014年から2年間、折衝会に密着し、その討議の厳しさ激しさを目の当たりにして、最終日に訪れる達成感と感動の瞬間に立ち会った。言葉による真剣勝負の場では、泣くことさえ許さない。このような厳しい行事が、予算を決定する手段としてなぜ成立し、続いているのか。2年間続いた女子バスケットボール部の予算申請を事例として、折衝会の本質に迫った。

解題

生徒会予算の使途を生徒自身が決める

林　直哉

650万円――納得するまで徹底討論

生徒会予算650万円をどう使うか――。その予算配分を生徒だけで話し合い決定する場が折衝会である。一般会計と文化祭特別会計の予算案決定のため年2回開催される。予算請求した団体は参加を義務づけられ、毎年約50団体の会計担当者が一つの教室に集まる。全体の請求額が予算枠内に収まるまで徹底討論する。制限時間は、1日3時間×5日間、最終日は深夜に及ぶこともある。

この場では、生徒会本部を含め、すべての団体は対等である。各団体の請求額に上限はなく、どんな物品（謝金も可）でも請求することができる。全団体の請求品目と金額の一覧が大型スクリーンに投影され、討議によって各団体の金額が変化するのを、参加者全員がリアルタイムで確認していく。オーバーしている金額が赤色で表示されるので、「赤字をなくす」がこの1週間の合言葉になる。

折衝会は2000年、膨れ上がった繰越金対策のために始まった。「責任を持って予算請求し決定した予算を有効に使うためにどうしたらいいか、そこから問い直す仕掛けが欲しかった」。当時の生徒会

ユニフォーム購入について厳しい質問に答える女子バスケ部の代表
＝2015年（映像作品『折衝会』より）

顧問、池田昭弘は語る。

折衝会の目的は、単に「各団体の合算金額を予算枠内に収める」ことだけではない。生徒会予算の財源は各家庭から拠出されており、請求内容に生徒が納得することはもちろん、予算の有効利用の意識を高めたい。そのための「合意の形成」の手法として、「長時間の討議」と「関係者の全員の出席」という愚直な方策を編み出していく。

ユニフォーム代をめぐって

近年特に白熱した議論を展開したのが、映像でも取りあげた２０１５年度一般会計予算に申請された女子バスケットボール部の「ユニフォーム購入」だった。本校では、ほとんどの団体がユニフォームを自己負担している。ところが、この年、女子バスケ部はユニフォーム代23万円を申請した。多くの団体が「ユニフォーム代は自己負担するべきだ」と反対したが、女子バスケ部は「高額であり、自己負担するべきではない」と主張し、両者一歩も譲らず5日間が経過した。

最終日「請求額の8割を自己負担する」という回答で、スクリーンに映し出された提示額から「赤字」が消えた。全体予算は枠内に収まり、これで折衝会は幕を閉じるかに思われた。しかし、たとえ少額であっても「ユニフォーム代の申請」そのものを容認できないと議論が再燃。この問題は生徒大会に持ち込まれ、結局「本年度の申請を前例にしない」という議長提案で決着した。

取材した佐藤優は、作品制作のまとめにこう書き残した。

> 議論を重ねるたびに価値観の違いが浮き彫りになった。それでも、互いに納得のできる妥協点を探していくことは、効率的ではないが、この議論のぶつかり合いこそが必要なプロセスだと感じた

「合意のためのルール」と「活きたプロジェクト」

互いに妥協点を探す議論は、生徒会予算の理念の確認のために多くの時間を費やす。一見、非効率な回り道のようであるが、ここには二つの積極的な意義が込められている。

一つは、検討を重ねながら「合意のためのルール」を構築していくことだ。効率性を優先するなら、あらかじめ予算申請のルールを決めておき各団体に周知すればよい。しかし、あえてそれをせず、毎年「合意のためのルール」を手探りでつくりながら会を進める。初めて参加する生徒が「何のためにこのような討議するのか」という折衝会の目的を見失わないための仕掛けでもある。

二つ目は、討議を通じて折衝会を「活きたプロジェクト」につくり上げる点だ。参加者にしてみれば、高校生活で最も大事な特別活動の質がこの予算折衝で決まるが故に、真剣に向き合わざるをえない。厳しい質問攻めにうまく対処できず悔し涙を

流す場面もある。しかし、参加者は「予算内に金額を収める」という目的を共有しているからこそ、本気で攻撃しながらも、妥協点を探るために理解しようと努力する。そして、長い討議の末に予算が枠内に収まると、会場から拍手が湧き上がり参加者は達成感に満ち溢(あふ)れる。

折衝会とは「自治の精神の獲得者」「主体としての人間」を鍛える試練の場であり、成功体験と自信を育む場である。この成長の場が社会において「生きる」実践知・経験知として輝くことを私たち教師は願い、黒衣(くろこ)となって見守る。

コロナ禍の苦労と発見

コロナ禍は折衝会にも大きな影を落とした。2020年折衝会中止、21年度には六つの教室に分散しオンライン会議システム（Zoom）を使用して実施した。これを差配した会計経理委員会の矢嶋愛子は、次のように振り返る。

これが折衝会なのか——。寂しい、みんな冷めてる、というのが率直な気持ちだった。リモート分散型の話し合いでは、司会がただ画面を見つめ、各団体の会計担当者が質問するときも、それぞれの教室で担当者が書画カメラに向かって話すだけで、単調な発言が続いた。翌年一般会計を審議する2月の会では、各団体の会計担当者が各自のスマートフォンでZoomに入り、個人で発言できる様に工夫した。それでも、発言時の音操作が難しく、頻繁に起こる音声トラブルがせっかく良い流れを断ち切り、深い討議を実現するに至らなかった。

この結果は、私には予測できていた。矢嶋は私が顧問を務める書道部の部長を兼務していたので、「できるだけ大きな会場を借りてでも、各団体の会計担当者が対面で一堂に会するほうがいいのでは」とアドバイスした。彼女は各部署を調整し、22年5月の折衝会は200人を収容できる同窓会館で実施した。

正直なところ、大きな会場に会計担当者全員を集めて開催したところで、話し合いの質が高まるか疑心暗鬼になっていた。コロナ禍で、従来の折衝会を知る先輩から、われわれへの引き継ぎが十分にできなかったことが、うまく進まない理由だと思っていた。

しかし、それは違っていた。全員が集まった会場には、Zoom開催の「各会場の温度差がもたらす違和感」はなく、司会としては、全員の表情が見え、参加者が望んでいる今後の話し合いの展開を感じ取ることができた。

リモートとの決定的な違いは「視線の有無」だった。Zoomでは話し手としての話者と聴者の目が合うことも、視線が集まることもない。しかし全員が集まると、話者や意見を受ける団体に視線が向けられ、関心が集中する。減額要求の場合は、説明を求められる団体にとってはその視線は圧力となり、会場の緊張感が一気に高まる。活発な発言が話し合いに流れを生み出し、その討議から具体的な妥協点がつくられていった。そして、ゴール目前になり、発言内容が減額だった場合は、視線は感謝の気持ちに変わり、拍手が起こる。

私は、コロナ禍以前の折衝会を復活できたことに、安堵(あんど)と達成感を感じた。

この感想の中に折衝会の本質が隠れている。同じスクリーンを全員で見ながら、何とか予算額以内に請求額をまとめる討議が成立していく。この「時間と空間の共有が参加者を成長させていく仕掛け」であることをあらためて確認した「2022同窓会館折衝会」だった。

この仕掛けが彼らを成長させていく。自分たちでやりきったという達成感とともに……。

折衝会の詳しい分析については、後の第Ⅱ部第5章を参照してほしい。

應管（おうかん）~自治を叫びて~

2016年／ 10分／放送委員会制作班
長野県学生映像コンクール　グランプリ

応援練習の先頭に立つ應援團長＝2016年（映像作品『應管』より）

冒頭ナレーションより

「自っ治をー叫びてー　アイン、ツヴァーイ、ドラーイ」

今年も校舎の屋上で4日間の応援練習が始まった。新入生はこの応援練習を通して、本校の応援団員となる。指導するのは各クラスから選出された16名の應援團管理委員會、通称「應管」のメンバーだ。

今、應管は女子が半分以上を占めている。そして應管の活動は応援だけではない……。

制作意図

苦難を越えて続く活動

制作担当 **佐藤 優**（69回生）

　松本深志高校は、全校応援団制をとっている。全校生徒が応援団員であり、それを統率するのが應援團管理委員會（應管）である。戦後の歴史とともに自治を掲げ、育てるために應管は誕生した。しかしこの組織は、さまざまな苦難を越えて現在まで継続されている。この流れを追う。

解題

伝わらない苦しさ

林 直哉

「最も深志らしい実践」のはずが

『舞装』『折衝会』『應管』は、松本深志高校を伝える3部作として考えていた。どの話題も長期取材が必要であり、計画的に取材を続けていた。中でも『應管』は、本校の伝統を現在へ継承している点で、最も深志らしい実践と考えていた。存続の危機を含め戦後から現在までの約70年の歩みを整理し、彼らの1年間の活動を追った。「応援練習」「とんぼ祭のアーチ造り」合格発表時に講堂入り口の屋上から送るエール、そしてドブ掃除。どの瞬間も「深志應管」の空気が流れていた。

　前年度に制作した『舞装』は全国大会3位、続いて「折衝会」が準優勝、いずれも500満点中数点の差で優勝を逃していた。担当の佐藤は満を持して『應管』で勝負しようと8分間の作品に仕上げコンテストに臨んだ。

　作品は無事県大会を通過し、各県の予選を勝ち抜いた約200～40作品に絞りこむ全国大会準々決勝に臨んだ。30年間の放送部指導の中で、この準決勝を越えられなかった作品は、顧問になりたての頃の数本だけだ。『應管』もいつもの通り勝負は40作品に絞られた準決勝と考えていた。「できれば後半の発表順になっていてほしい」と既に先のことを

とんぼ祭のクライマックス、ファイヤーストームに点火する應管メンバー
＝2016年（映像作品『應管』より）

祈りながら準決勝進出作品一覧を見た。ところが、そこには松本深志高校『應管』のエントリー番号も名前もなかった。

何度も一覧表を確認していた佐藤が私を見た。「先生、ない」。絞り出すような声だった。応援団や応援練習は、この大会でも頻繁に採り上げられる話題だ。深志の應管は全国でも珍しい組織ではあるが、決して突飛（とっぴ）な話題ではない。私も動揺していた。「何が悪かったのか」「何が伝わらなかったのか」。私の頭の中で全てのカットが早回しで再生され、その理由を探していた。

全校応援団制と自治との関連性

作品講評を読み返すと、作品への共感より、應援團管理委員會の制度等に対する疑問の言葉が並んでいた。「全校応援団制」とはどのようなものか、なぜ応援団がドブ掃除をするのか。伝えたいのは女性応援団長の苦悩だったのか、なぜ応援団が文化祭を仕切るのか——。決定的だったのは「応援団と自治にどのような関係があるのか」。

学校における應管の理念や実践が、深志高校を経験した者以外にイメージするのが難しいのかもしれない。自由と自治を前面に出しながら「どうして応援練習で罵声を浴び、強制的に歌わせるのか」。それが自治と何の関係性を持つのか。確かに、そこには大きな矛盾がある。

その後、佐藤は應管の危機を救った女性メンバーのエピソードと3代目女性団長となった長田莉音を軸に全体構成を組み直し、長野県学生映像コンクールに出品しグランプリを受賞する。作品としては一定の評価を受けることができ、佐藤と共に胸をなで下ろした。ただ、それでも、伝わらないもどかしさと悔しさはずっと私の中に残っている。

熱血指導する應管メンバー（後ろ姿）と、必死に食らいつく新入生
＝2016年（映像作品『應管』より）

舞装

2014年／8分／放送委員会制作班
第61回NHK杯全国高校放送コンテスト
テレビドキュメント部門　第3位

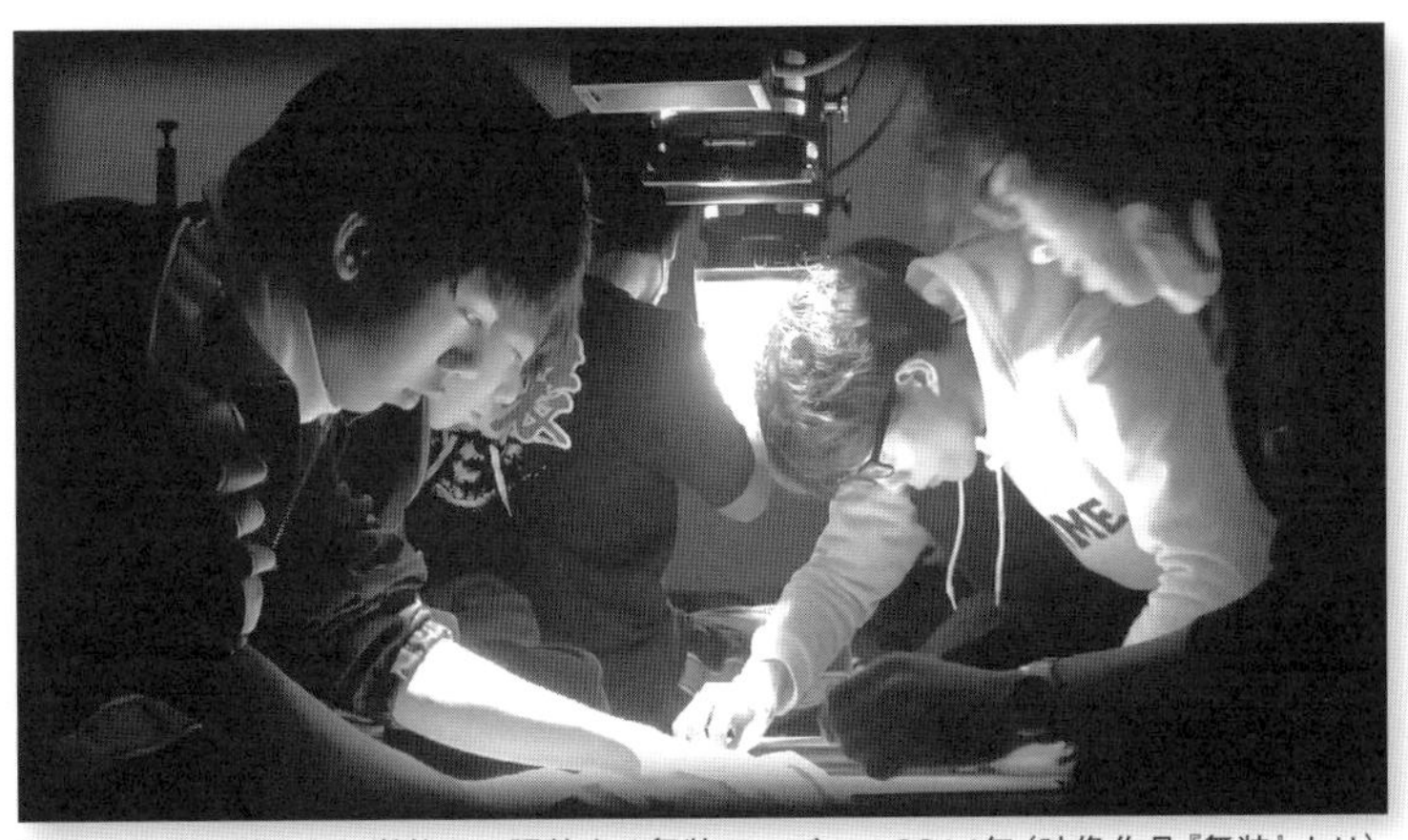

深夜まで光の形をミリ単位まで調整する舞装メンバー＝2014年（映像作品『舞装』より）

冒頭ナレーションより

古い校舎の片隅に、ブソウと呼ばれる集団が棲みついている。戦後からずっといるっていうけど……。

「非合法というか、あってないような委員会だったからね」「だいたいみんな五キロぐらい体重が落ちて」「『千と千尋の神隠し』よりも感動しましたね」

ブソウとは舞台装置設置委員会（舞装）のことだ。一応生徒会の委員会ではある。みんなブソウと呼ぶが、武器を持っているわけではない。年に三回、泊まり込んで、この講堂を舞台に変えているという。だが……。

「謎ですね」「なかなか関わりづらい面があるかなと」

制作意図

過剰なこだわりの秘密を探る

制作担当 **佐野 ちあき**（67回生）

　入学してすぐ行われる縮小とんぼ祭の日、講堂の狭い入り口を抜けると、入学式の時とは全く異なる表情をしたステージが待っていた。立派な緞帳、数多くの照明……。どこかの小劇場に来たようだった。このステージを造り上げるのが舞台装置設置委員会、通称「舞装」だ。應援團管理委員會と並ぶ、深志で圧倒的な存在感を放つ集団だが、新入生の私は当然舞装なんて知らず、ただ「幕、触るな！」と注意され、怯えた思い出だけが残っている。

　彼らへの意識が変わったのは、とんぼ祭だった。生徒自らが設営の指示出しや、舞台設備の設置、舞台のディレクションをする姿を偶然見かけ、衝撃を受けた。「自分たちのステージは自分たちでつくる」というポリシーは、「深志の自治」を具現化していると感じた。

　しかし、彼らの舞台づくりのプロセスはほとんどの一般生徒に共有されていなかった。むしろ、彼らの拠点であるアウトローな雰囲気が漂う講堂裏の独壇場 用語（舞装）や、黒い幕への過剰な配慮が悪目立ちし、舞装は一般生徒にとって怪しい存在として認識され、敬遠されていた部分がある。とはいえ、舞装の暗躍がなければ、とんぼ祭をはじめとした学校行事が成立しないのも事実だ。

　そこで、私たちは舞装の活動に密着することで、彼らの活動の背景やこだわりを伝え、一般生徒に舞装を知ってもらうきっかけをつくろうとした。

　密着してわかったことは、彼らの活動は「職人が弟子へ技術を口頭継承するような方法」によって舞台づくりの質を担保してきたことだ。舞台造りのマニュアルは大将が代々受け継ぐノート1冊のみに記載されていた。各持ち場の詳細な進め方は、班長の経験知に任されていた。このやり方が、1日4時間、土日8時間をかけ、2週間を費やす舞台造りをする所以だ。下級生へ技術を継承する数少ない機会として、徒労に思われる多くの時間を必要とした。

また、彼ら独自の舞台造りのルールは非効率なことが多い。わざわざ段ボールを重ねて窓の明かりを遮断したり、風に弱いアルミホイルで照明の形を作ったり、床に敷くシートを足裏で暖め伸ばしたり……。取材している側としては不思議で仕方なかった。だが、彼らは決して手を抜かず本番前日の泊まり込み作業や、時に授業返上してまで舞台造りを最優先にしていた。しかも、なんだかんだ楽しそうに作業している。彼らは舞装というコミュニティーと活動にサードプレイスのような心地よさを見いだしているようにもみて取れた。

私は、彼らは舞装というコミュニティーが好きで心地よく感じており、自分たちの存在、場を守り続けるために舞台造りをしていたのではないかと、密着取材を通じて感じた。

深志生は、誰しも入学後奈落の底に突き落とされる瞬間がある。自分の存在価値を見いだすために何かに夢中になる。彼らにとってそれが舞装だったのではないだろうか。

解題

講堂をホールに変身させる集団

林 直哉

舞装とは

松本深志高校を語る上で、講堂は重要な場だ。入学式、卒業式、とんぼ祭、生徒大会など、自治活動を企画し体現する行事の場は、深志の自治が呼吸する場だ。この講堂を、集会を行う空間から、ステージ系の発表に特化した舞台と客席、つまりホール仕様に造り替えていく集団が、舞台装置設置委員会（舞装）である。

活動を始めた頃はまだ「舞装」という名前はついていなかった。講堂で発表する団体から準備するメンバーが選出され、活動していた。選出された男子を中心に合宿し、舞台造りと照明や舞台機構を調整していく。女子は、暗幕を設置しイベントの終了とともに、手アイロンをかけて幕を収納する仕事が任されていた。男子生徒にとっては、合宿の翌朝に差し入れられた「おにぎり」のエピソードが必ず語られる。よほどおいしかったのだろう。しかし現在は、構成団体メンバー全員で仕事を分担し、女子も高所作業（タワー班）以外のすべての仕事に参加する。

舞装の歴史

２００３年の校内新聞に「舞装」が特集されている。ここには、現在の舞装の原型が１９７６年に成立したと記されている。あらためて当時の関係者に聞き取り、当時の構成団体と活動について少しまとめておこう。

70年代は、軽音楽部用語（舞装）、音楽部、演劇部、吹奏楽部の4団体で構成されていたが、まだ生徒会の正式な委員会ではなく、講堂で発表する団体の自主的な集まりにすぎなかった。74年、当時演劇部と應管の顧問だった小林俊樹から「演劇部の大道具造りを手伝ってくれ」と依頼された應援團管理委員會の倉田正昭が加わる。彼は照明装置に明るかったこともあって翌年も続いて活動に参加し、行きがかり上この集団を統括することになる。仮設ステージを並べ発表場所を造り、百ワット電球を連ねたボーダーライトを吊る。天井から文字幕、袖幕、緞帳を吊り、会場入り口の遮光機構を作る。この一連の作業に2年間倉田が関わったことで作業が組織的になり、その後数年は應管の手伝いが恒例となる。

倉田が卒業した76年は創立百周年に当たる。應管ＯＢ会の席で「この集まりの名前を一応、舞装委員会としました」と、後を引き継いだ應管の後輩からの報告を受けたと倉田は振り返る。「舞装」という言葉は、この百周年の年から公式に使い始められたことになる。

その後「舞台装置設置委員会」は特別委員会となり、１１０周年（86年）には、11本のバトンを昇降

文字幕の位置調整を指揮する舞装大将＝2014年（映像作品『舞装』より）

できるウインチが整備され、照明、音響ともに県内でも類を見ない舞台装置を有した講堂に進化していった。統括する「大将」は、3年生が引退時に下級生を指名した。水岸泰彦（27回生）は高所作業を行うため、75年当時から「職員会に行って『危なくて死人が出ます』と訴えました」と語る。この点についての配慮があったのか、80年から90年前半まで山岳部員が大将を務めている。76年には大体育館と音楽棟が改築され、吹奏楽は発表の場を体育館に移した。

本校のとんぼ祭は、学術系・文化系クラブの発表が中心となる構成が貫かれてきた。しかし、この50年間でクラブの構成人数が大きく変化する。70年代、展示発表を中心とする学術系クラブに属していた生徒数は約３００人、それに対し、ステージ発表系クラブに属している生徒が約百人だった。それが２０２０年には、学術系クラブに属する生徒数は百人弱、反対にステージ発表系クラブの生徒が３００人を超える。展示系とステージ系の割合が逆転する。

２０００年代は、パフォーマンス系のクラブ新設（ダブルダッチ・ダンス）もあり、とんぼ祭が教室を中心とする展示系から、ステージ発表系への移行が顕著になった時代だ。これに伴い、とんぼ祭における舞装の立ち位置が少しずつ変化していった。

ステージ発表の場は、講堂に加えて、大体育館、小体育館へと広がり、ステージの企画も「よひまつり」に中夜祭、開閉祭式、中庭野外ステージ発表……と増加していった。そこに、灯籠祭や模擬店だけだったイベント系の企画に全校制作・校内装飾なども加わっていく。このような変化に伴って、とんぼ祭の企画・運営は、合同協議会から、特別委員会として新設された「とんぼ祭実行委員会」（96年新設）に移行する。舞装は５００人近くを動員する演劇部の要求に応えるべく舞台技術を高めた団体に進化し、ステージ制作やイベント進行のノウハウを獲得した人材を有する団体となっていく。とんぼ祭実行委員会の構成員としても期待され、とんぼ祭実行委員長や各ステージ発表系イベントの責任者を兼務するようになる。

そして、１３０周年記念で建てられた深志教育会館に音楽部が発表の場を移したのを機に、舞装は幕に手アイロンをかけて収納することをやめ、合宿こそ男子だけだが、ギター部、軽音楽部、演劇部の全員が参加して活動するようになる。

（注）これまでの活動を規約に明文化する活動の中で、２０００年の生徒手帳（生徒会規約）に「舞台装置設置委員会」が登場した。

構成団体と人数

２０２２年現在の活動を各班長に紹介してもらおう。講堂でステージ発表を行っているのは、軽音楽部、ギター部、演劇部、家庭生活愛好会の４団体である。人数は約70人、男女比は3対4。男女関係なく仕事内容によって次の6班を構成し、舞装大将がこれを統括する。

タワー班　ヘルメットとハーネスをつけ、高さ6メートルの移動式足場（ローリングタワー）を組み立て、その上で緞帳設置、照明調節といった高所作業を行う。また、中庭で行う野外ステージの設営もする。専門家による高所作業講習会を受け、危険な作業は声がけ等を確実に行い安全確認を怠らないよう努めている。仕事を終えた後の強烈な達成感は何にも変えられない。

舞台班　別名モグラ班。その由来は、台の下に潜って調節する姿。25台のポータブルステージを並べ、広い舞台空間を造る。ポータブルステージは重量があり台と台のわずかな隙間や段差をなくす繊細な仕事が求められる。客席入り口の「ゲート」も造る。幕をかぶせる鉄パイプを、垂直・並行に固定するのに繊細さと根気が必要。パフォーマーに快適なステージ、入場する観客のテンション向上を目指す。

椅子班　コロナ禍にあった2020年に新設された班。会場のシートを敷き、椅子を並べる。一見簡単な仕事に見えるが、大きなシートを扱ったり、椅子の間隔をメジャーで測りながら調整したりする作業には、大勢の班員の連携が重要だ。最後は大将が直々に膝をつきシートを隅から隅までチェックする。シートのしわ一つ、椅子の少しのずれにも目を光らせ、「かっこいい会場」の仕上げに誇りを持っている。

音響班　発表時の音響機器のセッティング、音響操作を行っている。準備より本番の仕事量が多く、発表のクオリティーに大きく影響するため技量が試される。発表を支えているという実感から大きな達成感を得られる。プロの音響の方に指導を受ける機会もあり、発表者が無事に安心して発表できるように、仕事を着実に行っている。

幕班　幕には用途によって、つけ方、畳み方等が細かく決まっている。ステージ上部「文字（もんじ）」や「見切り（みきり）」幕は、際のひもの結び方まで決まっている。幕の高さ等、細部にまでこだわって調整する。細かい作業の大変さもあるが、全員で協力して丁寧な作業を心がけている。

照明班　舞台上を照らす「サスペンション」「シーリング」「スポット」、観客に向けた「目潰し」の設置と、発表時の照明の操作が仕事だ。発表団体と打ち合わせ、色、タイミング等を決め、本番はそれに沿って操作する。一発勝負の本番は毎回緊張するが、おのおのが工夫して楽しみながらより良い照明を追い求めている。

副大将　大将の補佐役。大将がみんなをまとめられるよう、班長や大将が手の回らないところを補助し、全体をサポートしていくことが副大将の重要な仕事だ。

大将　舞装では、委員長ではなく大将と呼ぶ。舞装の仲間が根っこだとしたら、各班の班長と大将が幹。大将は、より良い舞装をつくれるように準備段階の業務計画、進行管理、合同協議会等他団体との調整を行い、全てを決めていく。大将が引退するときに次の大将を指名する。

舞装の手でホール、ステージに変身する講堂＝2014年（映像作品『舞装』より）

ホームルーム2019

2019年／16分／放送委員会制作班
第39回地方の時代映像祭　優秀賞

28回生の3年8組の生徒たちにに語りかける「伍朗ちゃん」こと山本伍朗
＝2019年（映像作品『ホームルーム2019』より）

冒頭ナレーションより

42年前と同じ母校の教室に、還暦を過ぎた同窓生が集まってきました。昭和51年3月に本校を卒業した3年8組のメンバーです。卒業した後もずっと、母校の教室でロング・ホームルームを開いてきました。今日はその最終回です……。

制作意図

ホームルームとは何かを問い続ける

制作担当　西尾遥（72回生）

いつもは大きなデスクで仕事をしている人たちが、高校の小さな机におさまって、先生の話を聞いている。その空間の名前は同窓会でも、同級会でもない。ロング・ホームルーム（ＬＨＲ）である。

　１９７６年に深志を卒業した３年８組は、卒業後もずっと母校の教室に集まり、ＬＨＲを開き続けている。私の入学する前年に卒業40年目を迎えたこのクラスだが、メンバーは還暦をすぎ、担任の山本伍朗は80歳を超えていた。母校の先輩、いや人生の先輩と言えるほど、高校生の私からは遠い存在。しかしそんな彼らが、自分の教室でホームルームをしている。全く同じ教室なのに、いつもと全く違う。初めて参加した時の、なんとも形容し難い奇妙な感覚が忘れられない。

　哲学を語る教師と、それを聞く生徒たち。伍朗の哲学の話は、どれも難しくて分からない。しかし、分からないことは、分からないと言い合える。ちょっとしたティータイムを挟んだ後は、今度は生徒が語る番だ。耳を傾け語り合う対話の空間は、高校時代から育まれていたものだ。

　一方、私たちの今のＨＲは「連絡の場」だ。他にすることと言っても、テスト勉強やキャリア教育、合唱コンクールの練習など。クラスメートと会っておしゃべりをすることは楽しいけれど、３年８組のような関係はない。なぜ違うのか。何が違うのか。「こんなホームルームがある」ことを、全国の高校生に伝えたいという気持ちから作品作りは始まった。

　現代のＨＲと３年８組のＨＲはなぜ違うのだろう。これを探るために、私たちは「ＨＲという時間がなぜつくられたのか」を調べた。その中で、ＨＲという空間の意義と深志の特別活動との密接な関わりが見えてきた。

　折衝会に応援練習にとんぼ祭、それを支える舞装、生徒会、應管など、深志にはいくつもの特別活動や特別な組織が存在する。これらは全て深志の掲げる「生徒自治」の下に成り立っている活動・組織だ。そして、この「自治」の礎となっていたのが「ＨＲ」であった。まずはＨＲの成り立ちについて説明したい。

　ＨＲが誕生したのは戦後すぐのことだった。戦前の天皇主義から民主主義に舵を切った日本には、対話を通して自分の意思決定を行うための主権者教育が求められていた。そこでクラスという集団づくりの場、そして民主主義のレッスンの場として、ＨＲという時間と仕掛けが導入されたのである。

深志におけるＨＲは、上記に加えてとある役割を担っていた。それは深志の自治活動、つまり特別活動で力を発揮していくための基盤となったことだ。生徒たちには戦時中失っていった「なんでも自由に物を言い合える場」が必要だった。その場をカリキュラムの中に位置づけたのが、ＨＲ、ＬＨＲであった。生徒たちはまさにホームとして、ホームルームの中で対話の練習を積み重ねる。そして、それぞれの活動に散らばり、そこでさらに対話を重ね、意思決定をしていく。個人からその集合体の意思決定まで、生徒自治の出発点はＨＲだったのだ。

１９５０年、深志はＨＲ研究指定校に指定されていた。伍朗は、この時代に深志で学び、そして母校に帰り、３年８組を教えた。しかし、時が経つにつれて、道徳教育やキャリア教育など、ＨＲの時間はさまざまな内容で侵食されていく。そして、ゆったりと時間を費やして対話することはなくなっていった。また、このような対話を指導できる教師も少なく、当初の理念は風化し現在に至る。

今とは全く違う３年８組のＨＲの姿は、「ＨＲとは何か」という問いを、私たちに投げかけている。

３年間こだわって追ってきたこのテーマの集大成を作りたかった。ＮＨＫ全国高校放送コンテストでは８分間に作品をまとめたが、要素を削りすぎたと感じていた。そこで、３年８組のホームルームの様子と現役高校生の感想を入れ込み、16分に仕立てた『ホームルーム２０１９』も制作、「地方の時代映像祭」に応募した。

どうしても盛り込みたかったのは、作品の根幹であり、見せるだけで伝わる「伍朗ちゃんのホームルームという現場の空気感」であり、「ＨＲおよびＬＨＲが何を理念としてなぜ始まったのか」という歴史説明の部分を復活させたかった。ＨＲとは、戦後日本の目指した民主主義社会の「レッスンの場」であった。加えて「3年8組のＨＲは、教師や生徒の垣根を越えて議論し、対話の中で自己決定する」ＨＲの理念を体現したクラスだった。これこそが3年8組ＨＲの魅力であり、現在のＨＲと一番違う点だ。また、撮影者である私たち高校生の姿も復活させた。いわば第三者の見たＨＲの魅力であり、実際に3年8組の皆さんと同じ教室で過ごした高校生として比較できる生徒のインタビューには訴求力がある。同時に、なぜ私がこのＨＲを撮り続け、みんなに見せたいのかを彼らの口から伝えられる。

解題
卒業後も「自由な対話」を続ける理由

林 直哉

「教室で授業をさせろ」の一言から

松本深志高校28回生3年8組は、卒業28年目の年に、教壇を降り引退した担任を囲む会を企画した。同級会ではなくあえて「ＬＨＲ（ロング・ホームルーム）」としたのには理由があった。担任教師の山本伍朗は、ホームルームの時間をとても大切にしていた。クラス行事である春の遠足と期末テスト明けにカレーを作って夜遅くまで語るコンパ、そして夏のキャンプも良い思い出だが、それ以上に、毎日のＳＨＲと週1回のＬＨＲを、「伍朗ちゃん」は大切にし、高校生には到底理解が難しい哲学的な問いについて語り、級友と討議することを推奨していた。

伍朗が現役を引退した時、私たちが喜寿のお祝いをと持ちかけると「引退のお祝いをしてくれるくらいなら、俺に母校の教室で授業をさせろ」とリクエストをいただいた。この頃、深志高校関連の会に出席しては、延々と祝辞を述べる伍朗の噂も耳にしていたので、２００３年7月末に伍朗を囲む会企画のために集まった8組の有志が「俺たちなら、2時間でも3時間でも伍朗ちゃんの話を聞いてやるよ、

ホームルームではクラスメイトと「自由な対話」を楽しむ
＝2019年（映像作品『ホームルーム2019』より）

伍朗ちゃんに好きなだけ話をさせてやろう」と話しあった。

私はその時「卒業28年目のＬＨＲってのはどうか」と提案した。集まった仲間にはあまりイメージが湧かなかったようだが、伍朗に連絡すると「ＬＨＲか、いいねえ」。すこぶる喜んで快諾をいただいた。40代後半のクラスメートに70歳を過ぎた旧担任が教壇から話をする。「この企画は面白い集まりになる」――。そんな予感があった。そして２カ月後、母校１棟の教室に、旧３年８組の仲間27人と伍朗が集まった。それから2年に一度のペースで、15年間にわたってＬＨＲを開き続けることになる。

卒業後のＬＨＲを映像作品化する

この集まりを題材にした映像作品として、まず５分間の『40年目のホームルーム』が作られた。その後、２０１８年「年には勝てないから、これを最後に」という伍朗の提案から、卒業42年目のＬＨＲ

を追う取材を始め、これまでのＬＨＲの記録映像と15年続いてきた空間と価値、戦後のＬＨＲの意義について見つめた８分の『最後のホームルーム』、16分の『ホームルーム２０１９』等の作品群が生まれていく。

　制作に携わった放送部員は、必ず「ＬＨＲがなぜ日本の教育に登場し、何を目指していたか」を調べることから始めた。そこでは必ず戦後ホームルーム研究の第一人者である宮坂哲文について調べることになる。著作は、県内には信州大学教育学部の図書館にしかなく、その都度取り寄せた。貸出期限もあり、番組を制作する度に取り寄せることが少しやっかいだと思っていた時に「先生、宮坂哲文の本が深志の図書館にありますよ、知らなかったんですか？」と、西尾が興奮気味に話してきた。宮坂についてもう一度調べていくと、本校の卒業生であり、著作を中心に本校図書館に書棚一つ分の本が寄贈され「先輩文庫」の中に納められていた。当然部員が取り寄せて読んでいた代表著作の数々も所蔵されていた。宮坂の研究書籍を、自校の図書館が最も豊富に所蔵していたことになる。

「自由に対話すること」を保証し、育もうとする理念が、旧制松本中学―松本深志高校の生活には通奏低音のように流れている。この一連の流れの中に宮坂哲文の研究、ＨＲ研究指定校としての実践がある。そして、半世紀を経てＨＲを大切にしてきた実践の一つの発露が「３年８組の卒業後も続けているホームルーム」でもあった。

　制作を担当した西尾は、３年間の放送活動の大半を「３年８組の卒業後のＬＨＲ」を追うことに費やした。この日々は、卒業して40年経っても続けている希有なＬＨＲの中に抱合された「ホームルームの本質的な意味」を明らかにしていく。そして、彼女が３年間こだわり続け、３年生の夏に思い通りに構成した16分バージョンの『ホームルーム２０１９』は、第39回地方の時代映像祭でプロのドキュメンタリー制作者たちに非常に高く評価された。

その後、西尾は日本で初めて、放送局であるテレビ信州と高校放送部が共同制作するドキュメンタリー番組にディレクターとして携わることになる。そして、チャンネル4（県内放送）の枠で『黄葉伍朗ちゃんがいる教室』（テレビ信州21年1月／60分）、NNNドキュメント＝全国放送）の枠で『ホームルーム　伍朗ちゃんがいる教室』（21年5月、30分）を送り出している。幸せなことに『黄葉…』は、ギャラクシー賞の奨励賞を受賞し、全国放送された『ホームルーム…』はインターネットのテレビ番組配信サイト「hulu」でも配信され、現在も見ることができる。

松本深志高校と山本伍朗、そして3年8組の仲間が創り出してきた「卒業後のホームルーム」という空間は、それを追って作品化していった後輩たちも育てていた。

山本伍朗による「ホームルーム」。卒業から42年、これが最後となった。「教室は天恵の一会」と板書し語り始めた山本の話に教え子たちが耳を傾けた＝2018年11月（信濃毎日新聞社保存写真）

防災の取り組みの一環で、地元町会の担当者や松本市職員と一緒に開いた避難所開設ワークショップ。この取り組みが生徒用防災備品の提案につながった＝2020年３月（信濃毎日新聞社保存写真）

とんぼ祭を控え、学校に泊まり込んで伝統の「杉の葉アーチ」を作る應援團管理委員會の生徒たち＝2005年8月（信濃毎日新聞社保存写真）

第Ⅱ部

解説編

深志の自治とは何か

1 鼎談深志と折衝会　伝統を更新する深志生（前編）

井上義和

学校の歴史に埋め込まれたユニークな意味

自治とは何か。

辞書的な意味は「自分たちのことを自分たちで治めること」である。

高等学校において生徒の自治という場合は、一般に、生徒会や部活動のほか文化祭や校則見直しなどの活動を意味づける文脈で用いられる。部活動や文化祭なら「自分たち」の活動を「自分たち」の手でやり遂げること、生徒会や校則見直しなら「自分たち」が従うルールづくりに「自分たち」が関わることが、それぞれ自治とされる。

このような生徒の自治は、教師との関係において成り立つ概念である。これは子供の自立が、親との関係において成り立つ概念であるのと似ている。

生徒からすれば、教師の支配から脱して「自分たち」らしくやりたい（親離れ）。教師からすれば、生徒が独り立ちして「自分たち」で歩けるようになってほしい（子離れ）。言い換えると、生徒の自治は《教師・対・生徒》という二項対立の枠組みを前提としている。高等学校の校是（こうぜ）に掲げられる自主・自律・自由・自学・自習……なども、この一般的な意味での自治とほぼ同じと考えてよい。

松本深志高校のように、自治を重んじる学校は少なくない。

ただし、同じ言葉でも学校によって異なる意味で用いられている。

それは、右で述べた一般的な意味に、その学校の歴史に埋め込まれたユニークな意味が重ね合わされるからだ。

すなわち、生徒の自治は具体的な活動や年中行事と結びつけて解釈され、日常的な立ち居振る舞いとして身体に刷り込まれ、教師から生徒へ、先輩から後輩へと語り継がれていく。さらに、戦前の旧制中学[用語]や高等女学校から続く伝統校であれば、歴史の長さに比例して、自治という言葉に込められたユニークな意味の比重も大きくなる。

第Ⅱ部では、深志の歴史に埋め込まれた自治のユニークな意味について、さまざまな角度から検討していく。

「はじめに」で述べたように、深志に3年間どっぷり浸りながら自己形成したネイティブ（native）＝《中の人》と、よその高校で自己形成してから深志を訪れた異邦人（stranger）＝《外の人》とでは、見える世界はまったく異なる。この共同研究では、そこに可能性を見いだす。すなわち、第Ⅱ部以下では、《中の人》に見える世界と《外の人》に見える世界を組み合わせることで、複眼的に対象を浮かび上がらせていく。

まず本章では、深志の自治の論理について《中の人》――それも先人の魂をブレンドして濃縮還元した《中の人》――の視点から再構成する。具体的には、第Ⅰ部で取り上げた深志生の活動を紹介する映像作品『鼎談深志』[用語]と『折衡会』[用語]を手がかりに、そこに深志の自治がどのように体現されているのかを考える。本章の姉妹編となる第4章「應管と舞装」とあわせてお読みいただきたい。

「自分たち」の問題として捉え直す

近隣住民からの苦情にどう向き合うか

《教師・対・生徒》という枠組みのなかでは、生徒にとって「自分たち」の世界に干渉してくるものはみな潜在的な敵である。乗り越えるべき壁である。文化祭や校則見直しであれば、生徒は教師と対峙すればよかった。

しかし「敵」は教師だけとは限らない。学校の近隣の住民だったらどうか。

例えば、部活動などで出る音に対して、近隣住民から学校に「うるさい」と苦情が入ったとする。こうした苦情に対して、学校と生徒はどう対応するだろうか。

この場合、一般的には《地域・対・学校》と《教師・対・生徒》という二つの枠組みで対処することになる。

まず《地域・対・学校》の枠組みでは、近隣住民が苦情を伝える相手は生徒ではなく学校である。生徒の監督責任が学校にあるとみなされているからだ。

そこから先は《教師・対・生徒》の枠組みである。苦情を受けた学校は、顧問の教師に部活動の消音対策について検討を要請する。顧問の教師は、部の生徒に苦情を伝え消音対策を指示する（この最末端でようやく「生徒の自治」に委ねられる）。

深志の場合も、これまでは《地域・対・学校》と《教師・対・生徒》の枠組みで対処してきた。その結果、吹奏楽部や軽音楽部は真夏でも窓や扉を締め切った屋内で練習したり、応援団は太鼓をタオルとビニール袋で覆って音が響かないようにしたりしてきた。しかし、個別に取りうる対症療法的な消音対策は「これ以上は無理」という限界に達していた。

にもかかわらず、苦情は減るどころかむしろ増える一方だったという。

ここで、《地域・対・学校》と《教師・対・生徒》という枠組みにとどまるならば、差し当たり二つの道が考えられる。

一つは音の出る活動自体をもっと強く制限（自粛）することである。

苦情がなくなれば《地域・対・学校》においては問題解決したかに見えるが、学校の事なかれ主義的な対応で活動を制限された生徒たちの不満は増大する。この矛盾は《教師・対・生徒》のなかで爆発するかもしれない。

もう一つは、個別の苦情をやり過ごしながら解決を先延ばしすることである。

《教師・対・生徒》の関係は良好なまま、時間が経過すれば近隣住民も慣れて（諦めて）くれる可能性もあるが、《地域・対・学校》の関係を著しく悪化させるリスクも増大する。実際、個別の苦情では埒が明かないので、地域の要望（町会の決議→正式な申し入れ）により文化祭の打ち上げ花火の中止を余儀なくされた学校もあった。

そうなってからでは手遅れである。

では、どうするか。

地域の自治をともに担う

深志の自治は、第三の道を選択した。

音の出る活動と近隣住民の生活を両立させるために、《地域・対・学校》と《教師・対・生徒》という枠組みから離れたのである。

すなわち、生徒たちは、学校に対応を任せるのではなく、直接、地域のなかに入っていった。音を出す団体の代表が集まって実行委員会を立ち上げ、近隣住民との「学校と音について意見交換会」を開催することにした。

意見交換会は、立場の異なるものが同じテーブルを囲み、お互いの事情を理解しあい、解決策を一緒に考える場にしたい。そのために関係する町会の協力を仰ぎ、回覧板で知らせてもらい、１４０軒の住民宅に戸別訪問して事前アンケートを行った。

第１回の意見交換会では、住民側からは率直な意見を述べてもらい、生徒側からは部活ごとに消音対策の工夫について丁寧に説明した。４カ月後に開催された２回目の意見交換会では、吹奏楽部の音出し実験を行った。屋外の数カ所で音出しをしてみて、学校周辺でどう聞こえるのかを住民と一緒に検証した。

これにより屋外での音出しも工夫すればできるという認識で一致した。

この場に参加した生徒と住民には、《地域・対・学校》や《教師・対・生徒》という枠組みから離れて、地域の自治をともに担うもの同士の連帯感が芽生えている。

まず「自分が学校近隣に住んでいたらどう感じるのか」という地域の目線で考えたいと思うようになった。私自身、この実践をする前は「生徒が頑張っているのだから多少の音は我慢してほしい」と思っていた。ところが、取り組みを進める中で「生徒は3年で卒業するが、地域は一生学校と向き合わなくてはならない」ということを痛感した。
（実行委員長・栁原真由）

生徒さんたちがあれだけの努力をしているのに地域のものが黙っている、というのはないんじゃないか。できることは協力させていただくことが地域としての務めじゃないか。
（住民）

学校の外に地域があるのではなく、地域の内に学校がある。

生徒は学校の内に閉じこもるのではなく、学校から出て住民に向き合う。住民も学校に苦情を言うのではなく、生徒と一緒に解決策を考える。

この2回の意見交換会の経験を制度化したのが「鼎談深志」である。

学校と地域の二者ではない。生徒代表と住民代表を主体として、それに教職員代表を加えた三者（2＋1）としたのは、間違いなく意見交換会の経験に基づく。こうして、地域の自治を担う三者が同じテーブルを囲み、地域の課題について、お互いの事情を理解しあい、解決策を一緒に考える場として、鼎談深志は始まった。

それは深志の自治が試される、新しい局面のスタートでもあった。

深志生は教師に文句を言わない

生徒はもちろん、住民にとっても、行政や学校の然るべき立場の大人に任せて何とかしてもらうのが一番ラクである。しかしそのラクの代償は小さくない。先ほど述べたように、活動制限や解決の先延ばし、さらに結果として相互不信が高まるリスクが大きい。

この「誰かに任せて何とかしてもらう」ことを、深志の自治は禁じ手にする。

ただし、この禁じ手は「自分ひとりで抱え込む」ことを意味しない。

逆に、「自分たち」の問題として捉え、当事者として力になってくれる仲間を集めることが必要になる。深志の音を出す団体は、これまで近隣からの苦情を自分たちで抱え込んで、個別に対症療法的な消音対策を採ってきた。今回、事態が動き始めたのは「自分たち」の問題として捉え直したからである。当事者という意味での「自分たち」の範囲は、生徒から近隣住民にまで広がった。

また、この禁じ手は「大人にまったく頼らない」ことを意味しない。

逆に、大人を巻き込み、大人を味方につけることが必要になる。生徒たちは先輩弁護士や放送委員会顧問の教師や校長教頭など、さまざまな大人たちに相談した。周りの大人も生徒の話に耳を傾けて助言した。町会長はじめ近隣の住民からもアシストがあった。

自治と似て非なる言葉に「自己責任」がある。

これは問題を「自分たち」から切り離して特定の個人に帰属させる論法である。当事者の範囲は極小化される。音の問題であれば、当該団体だけに責任を押し付けて「お前らだけで何とかしろ」と個人化するのが自己責任論だ。この考え方の延長上にあるのは、面倒を起こさないように、迷惑をかけないように活動を自粛し、相互監視しあう不自由な世界である。深志の自治は、そうしたあり方を良しとしない。

大事なのは「当事者の立場から降りない」「解決を第三者に任せない」ことだ。

〈生殺与奪の権を他人に握らせるな!!〉（『鬼滅の刃』水柱・冨岡義勇の台詞）である。

「誰かに任せて何とかしてもらう」姿勢は容易に「誰かのせいにして文句をいう」に転じるだろう。

深志生は教師に文句を言わない。なぜか。

もちろん従順だからではない。自らの問題について「教師に任せて何とかしてもらう」という発想は、深志の自治からは出てこないからだ。先に述べたように、それは「自分ひとりで抱え込む」でも「大人にまったく頼らない」でもない。困りごとややりたいことがあれば、「自分たち」の問題として仲間を集め、大人の力を借りながら、最後まで当事者の立場から降りないことだ。

時には生徒と教師の意見が対立することもある。

しかしその場合も、対立を《教師・対・生徒》という支配や管理の枠組みのなかで捉えることはない。立場の異なるものが同じテーブルを囲み、お互いの事情を理解しあい、解決策を一緒に考えるのだ。

とはいえ、学校のなかで生徒と教師が完全に対等ということはありえない。

深志では、教師は生徒自身の判断と行動を陰に陽に支える存在であり、生徒もそれをわかっている。信頼関係、と言い換えてもよいが、言葉のイメージほどは甘くない。深志の自治はそれでよいのか——と生徒は暗黙裡に常に問われ、試されている。その意味では、支配や管理のほうがまだ気がラクかもしれないのだ（☞第5章）。

輿論と世論をつなぐ

恒常的な仕組みを運営する

さて、鼎談深志が誕生する直前まで戻ろう。

生徒と住民の意見交換会では、地域の自治をともに担うもの同士の連帯感が芽生え、音の出る活動に関して一定の合意に至ったのだった。

ただ、せっかくの合意も、お互いの組織を拘束する議決にはならない。「その場限りのイベント」で終わらせないためには、三者が組織としてコミットする（責任を持って取り組む）仕組みが必要だ。そこで、意見交換会を発展させて恒常的な協議機関をつくってはどうか、と町会長の1人から提案された。

提案の背景について、町会長はこう振り返る。

生徒は相当な覚悟で臨んでいる。これで終わってしまったらどうなるか。それを考えたときにやっぱりつながりは必要だなと痛感した

常設機関をつくるという発想は、高校生からはなかなか出てくるものではない。〈生徒は3年で卒業するが、地域は一生学校と向き合わなくてはならない〉（柳原）という時間感覚の違いはあるにしても、それだけではないだろう。

　生徒側が個別にやってきた消音対策の努力にもかかわらず苦情が増える一方だったのは、実際の音量以上に、《地域・対・学校》の枠組みが機能不全に陥っていることへのいら立ちが住民側にたまっていたのかもしれない。そして地域の課題は、ほかにも学校周辺の駐停車問題や生徒の自転車マナー問題など、いろいろある。こうした苦情をバラバラに寄せて「学校に任せて何とかしてもらう」のではなく、常設の協議機関で議題として取り上げたらどうか……。町会長たち大人の知恵であろう。

　意見交換会の以前と以後で、住民と学校と生徒のあいだのコミュニケーションがどう変わったのか。メディア史家の佐藤卓己にならって、世間の空気(popular sentiments)としての世論と公的な意見(public opinion)としての輿論の区別によって整理してみよう（『輿論と世論』）。

　住民から寄せられる「部活動の音がうるさい」という苦情や、生徒側の「多少の音は我慢してほしい」という本音は、いずれも世論である。学校長は、バラバラに表出される世論の板挟みだった。

　しかし、住民も生徒も「自分たち」の問題として、お互いの事情を理解しあいながら解決策を一緒に考えるならば、それは輿論になる。どういうことか。

　輿論の「輿」は、神輿の輿と同じく、貴人を乗せて担いで運ぶ乗り物をあらわす。輿論の担ぎ手は、地域の自治の当事者意識をもつものたちだ。地域の困りごとを「自分たち」の問題として捉え直し、練り上げて、みんなで担ぐから輿論になる。

佐藤は、1920年代以降《輿論の世論化》が進行したと指摘する。重要局面での判断を、全体の空気や時勢のようなものに委ねた結果どうなったかは、歴史が証明している。それは遠い過去の話ではない。インターネットが普及して、みんなの好き勝手なつぶやきが可視化される社会は、民主主義にとっては諸刃の剣だ。世論との緊張関係を保ちながら、いかに輿論をつくっていけるかが、これからますます重要になる。

輿論をつくるための場を育てる

とはいえ、世論を輿論へとまとめ上げることは容易ではない。

それは、立場や利害の異なる他者とのコミュニケーションの難しさといってもよい。ここでいう他者とは、テーブルの向こう側の交渉相手だけでなく、自身の身内も含まれる。そして、しばしばこの身内こそが、最もやっかいな他者となる。

鼎談を構成する三者のうち、教職員（学校）はともかく、生徒と住民は、お互い背後に多様な世論を抱えている。生徒を代表するのは地域交流委員会である。住民を代表するのは近隣5町会の町会長である。それぞれが代表する身内の集団内には温度差があり、決して一枚岩ではない。テーブルを囲む生徒も住民も、それぞれの代表として身内の世論に向き合いながら意見を取りまとめて話し合いに臨み、結果を持ち帰って身内を説得する、という恐ろしく面倒くさい過程にコミットする。

その場限りのイベントや一代限りの組織で世論を盛り上げるだけなら、才能や幸運に恵まれれば可能かもしれない。

それに対して、輿論をつくることは、才能や幸運に頼ってはできない。地域の自治をともに担うもの同士の信頼関係を育てること、「自分たち」の歴史を代々引き継いでいくことが何よりも重要になる。大人でも難しい。

最初の成果は映像作品として全国優勝して、メディア等からも注目を集めた。

けれども偉大な先輩はいずれ卒業してしまう。後を託された後輩にかかるプレッシャーは大きい。「鼎談深志はヤラセではないか」「学校は生徒を盾に使っているのではないか」といったネガティブな世論も出てくる。そうした無理解な身内とも粘り強く対話しなければならない。

映像作品としての『鼎談深志』には続編がある。『二代目はつらいよ』（２０１９年第43回全国高等学校総合文化祭ＶＭ部門優秀賞）では、この代替わりの苦労が描かれている。結局、初代の先輩のようなわかりやすい成果を残すことはできなかったと、2代目は振り返る。けれども、地域の輿論をつくるための場を守り育てて次の代に引き継ぐことは、長い目でみれば、わかりやすい問題解決にも劣らない立派な「成果」である。

鼎談深志を新しい伝統とすることができるか。深志の自治が試されている。

折衝会で「自分たち」の言葉を鍛える

鼎談深志の難しさは、世論と輿論をつなぐ代表たちの苦労にある。大人でも敬遠される役割である。高校生がいきなりできるものではない。その場限りのイベントや一代限りの組織ならなんとか可能でも、代替わりをしながらの恒常的な運営となると至難の業である。

その点、深志には２０００年頃から続けてきた実践があった。

折衝会だ。

生徒会予算６５０万円をめぐって、予算申請した全ての団体の代表（会計担当者）が集まり、申請総額を予算内に収めるために、５日間にわたって議論する。

各代表は、部員の意見をまとめ、折衝会に臨み、そこで出た議論を部に持ち帰り、作戦を練り直す、という恐ろしく面倒くさい過程にコミットする。最終日となる５日目の議論は深夜にまで及ぶこともある。折衝会でようやく予算案が決まっても、承認を得るための生徒大会で修正されたり条件が付けられたりするから、最後まで気が抜けない。

この折衝会の仕組みは、もともとは膨れ上がった繰越金の使途をどうするかという話し合いから始まった。

ただし、同じような仕組みを導入しても、それをどう使いこなすかは学校によって異なる。深志でも、当初は各団体がお互いに譲り合って予算額に収めていた。無難な落としどころを探るための穏やかな調整の場になる……はずだった。

ところが、あらかじめ多めに申請して有利に事を運ぼうとする団体が現れたことで、お互いに申請内容の妥当性を追及しあうようになった。また、携帯電話の持ち込みが可能だったので、パケット通信料の低額化とスマートフォンの普及により、出席者がそれぞれネット検索を駆使してエビデンス（証拠・根拠）に基づく議論ができるようになった。

こうした条件の重なりが、深志生の心に火をつけた。

折衝という言葉には、敵の鉾先（ほこさき）をくじく、という意味がある。

納得いく説明ができれば高額でも認められる。逆に、低額でも説明できなければ認められない。必ず言葉でもって決着をつけなければならない。それが折衝会の掟（おきて）である。

他団体からの追及にうまく応答できずに悔し涙が出るときもある。けれども敵の鉾先から逃げることなく予算申請を貫いた代表の姿は誠に尊い。

〈俺がここで死ぬことは気にするな。柱ならば後輩の盾となるのは当然だ〉（『鬼滅の刃』炎柱・煉獄杏寿郎の台詞）。代表は信じている。今度は後輩たちが部の予算を獲得するために成長してくれることを。

もっと効率的な予算配分の方法は、ほかにあったかもしれない。しかし「一部の役員に任せて何とかしてもらう」のを良しとしないのが深志の自治である。

とはいえ折衝会の本義は、勝ち負けを争うディベートではない。

「自分たち」のお金の使い道を当事者として徹底的に吟味する過程で、「自分たち」の輿論がつくられていく。遠慮なく鋒先を突き付け合うことができるのも、深志の自治をともに担うもの同士の信頼関係があるからにほかならない。だからこそ、激しい応酬に刀折れ矢尽きることがあっても、翌年もまた懲りずに折衝会に臨むのである。

折衝会は昔からある伝統行事ではないが、深志らしく使いこなして自分たちのものとしたという意味で、すでに「新しい伝統」たり得ている。

自治の精神と民主主義

生徒たちが当事者意識をもって問題に取り組み、問題の解決に向けて真剣に話し合う姿を目の当たりにして、こういう生徒を育てるためにはどのような教育をすればよいのかと考えたくなるかもしれない。

選挙権年齢が18歳以上に引き下げられ、高等学校における主権者教育やシティズンシップ（市民性）教育の必要性が叫ばれ、「公共」が必修科目になった。こうした関心から、深志の自治が、ある種の理想像を体現しているようにも見えるのかもしれない。

けれども、深志の自治を民主主義の理念や主権者教育といった文脈で捉えるときには注意が必要である。

第一に、ここで実践されている民主主義的な振る舞いは、問題発見や論理的思考や意見発表などの「〇〇する力」に分解・還元することはできない。逆にいえば、そうした「〇〇する力」をどれだけ涵養（かんよう）しても、深志の民主主義にはならない。民主主義の担い手は個々人の資質・能力に置き換えることはできない。

第二に、自治と民主主義は、見た目は似ているが同じではない。歴史的にも論理的にも、自治は民主主義に先立つ。共同体を治める方法が民主的かどうかや、共同体が目指す価値が進歩的かどうかは、自治とは関係ない（独裁的・反動的な自治もありうる）。

けれども、自治の本質が「上位の権力に任せて何とかしてもらう」状態からの脱却にあるのだとすれば、その精神を自分たち自身の統治にまで徹底させたものが、深志の民主主義になる。逆に、自治の精神なき民主主義は、どれだけ「〇〇する力」を高めても、自分たちが選んだ代表にあっさり〈生殺与奪（せいさつよだつ）の権を握らせる〉ことになるだろう。

生徒会など民主主義的な自治の仕組みはどこにでもあるが、その仕組みをどう使いこなすかは学校によって異なる。すべての生徒が高い意識と行動力を備えているわけではない。深志生といえども、面倒なことは誰かに任せたくなるのが人情であり、そうした消極的な層が多数派を占めるのはどこの学校も同じであろう。

深志生が世論を輿論へとまとめ上げる力を発揮するのは、団体の代表を引き受けたときだ。それが代表たちに期待された役割だといってもよい。

それまで消極的な層に甘んじていた生徒も、いったん代表を引き受けたら「誰かに任せて何とかしてもらう」意識は消え去ってスイッチが入る。いやでもそのように振る舞ってしまう。問題発見や論理的思考や意見発表などの「〇〇する力」があるからではない。

誰でも最初はたまたま代表に選ばれた、たまたま問題の近くに居合わせただけなのだ。しかし「誰かに任せて何とかしてもらう」を禁じ手とする深志の自治のスイッチが入ったら、もう奮闘するしかないではないか。

そして消極的な層に見える仲間や後輩たちも、実は、いつでも代表の役割を取って代わる準備がある。バラバラな世論が最終的に輿論としてまとまっていくのは、そうした潜在的な代表候補たちのフォロワーシップに支えられているからである。

　では、深志の自治のスイッチは、どのように深志生に埋め込まれるのだろうか。

　この問いに対しては、さまざまな考え方がありうるが、そのひとつの試論を、第４章「應管と舞装」で提示する。本章に続く、卒業生は深志の自治をどう振り返るのか（☞第２章）、深志の自治がどのように伝統として創られてきたのか（☞第３章）、深志の自治を教師たちがどのように支えてきたのか（☞第５章）など、さまざまな角度からの議論とあわせてお読みいただきたい。

【参考文献】

青柳春佳《松本深志高校地域フォーラム「鼎談深志」二代目の苦悩》（日本部活動学会研究紀要２号 P51～54／2019）
吾峠呼世晴『鬼滅の刃』（集英社ジャンプコミックス全23巻／2016～20）
佐藤卓己『輿論と世論』（新潮選書／2008）
林直哉《松本深志高校地域フォーラム「鼎談深志」のしかけ》（日本部活動学会研究紀要２号 P55～57／2019）
柳原真由《音問題から松本深志高校地域フォーラム「鼎談深志」発足まで》（日本部活動学会研究紀要２号 P43～49／2019）

2 卒業生が振り返る深志の自治

1970〜80年代を中心に

浅川達人／片瀬一男

深志の自治をデータから読み解く

地方伝統高における学校文化の継承と変容

戦後日本の社会変動のなかで、地方伝統高校の学校文化はどのように継承され、また変容してきたのか。本章の課題は、このことを松本深志高校の卒業生に対する調査データの計量分析を通じて、その自治の精神という校是が高校時代にどのように受容されてきたのかを読み解くことである。

今回の調査対象となった三つの世代は、調査の時点（2022年）で、それぞれ66歳、57歳、50歳を迎えている。彼ら・彼女らは「卒業生調査の概要と回答者のプロフィール」（☞P107）にある通り、現在でも深志高校に何らかの形で結びつきがあり、深志高校を肯定的に捉えている点で、卒業生の中でも同窓会のコアメンバーであると同時に、地域社会などでも重要な位置を占めている。

回想に伴うバイアスの相対化

こうした年代の卒業生に高校時代のことを回顧してもらうと、過去の記憶にある種の偏り（バイアス）がみられることがある。この年代の卒業生には、社会的な地位を得て成功した者も少なくない。そうした成功者は自らの成功を過去の体験に結びつけ、その体験を美化する傾向にある。成功を獲得できたという「現在」の時点にいるから、過去の高校の体験を肯定的に捉えることができる。本研究と同じく、教育社会学者の黄順姫（ファンスンヒー）は九州の伝統校・修猷館高校の同窓会を研究している。それによれば、同窓生の高校時代の記憶は現在の中で新たな意味づけを付与され、卒業生の未来に向かう。それゆえ黄によると

〈同窓生の過去の学校は、彼らの現在の学校であり、未来に開かれた学校でもある〉。

その一方で、こうした過去の学校を回顧する仕方は、過去の学校の記憶に肯定的な偏りをもたらす。学校の集合的記憶は過度に美化され、現在の成功した地位を正当化するために新たに意味づけられるからである。そうした主観的に再生された記憶の偏りを相対化するのに、本章では二つの客観的データを用いた作業を行った。一つは次の節で、まずこの世代の卒業生たちが回顧する時代（主に高校・大学生時代）がどのようなものであったかを、入試制度や受験競争、経済動向や就職状況などの客観的データを基に素描する。

次に校内のデータとして、同窓会名簿に記録された高校時代の部活動所属データを利用する。この各部活動の所属人数にも、戦後50年ほどを集計・追跡していくと、高校生の文化的関心の栄枯盛衰を見いだすことができる。こうした高校生の文化的な関心の時代的変化のなかに、この三つの世代を位置づけ、相対化する作業は本章内「クラブ活動参加とその推移」で行う。

三世代の卒業生たち

共通の時代背景

ここでは、今回の卒業生調査の対象となった松本深志高校27回卒業生（高校在学１９７２～75年）、36回卒業生（同81～84年）、43回卒業生（同88～91年）について、それぞれどんな時代に高校生活を送っていたのか、その世代に着目して素描する。「世代」とは、社会学などにおいて共通の社会的経験を共有する集団という意味で使われる。この三つの卒業生は、高校生活から就職までをそれぞれ共通の時代背景のもとで経験したという意味で世代と呼びうる。

この三つの世代は、戦後の若者論において、どのように語られてきたのか。社会学者の市川孝一は、戦後日本の若者世代に関して、一般的に認められているものとして四つの世代区分を挙げている。それは、１９６０年代に青年期を迎えた「団塊の世代」、70年代の「シラケ世代」、80年代の「新人類世代」、90年代に若者だった「団塊ジュニア世代」である。このうち、後三者は本章で扱う三つの卒業生とおおむね対応しているとみることができる。以下では若者論の系譜をたどった市川の議論を手掛かりに、三つの卒業生世代をたどっていこう。

27回生「シラケ世代」

まず27回卒業生は、２度にわたるオイルショック（１９７３年と79年）によって高度経済成長が終息し、低成長期に入った時期に高校生活を経験している。この世代が大学を出て就職活動に入った時期（79年）も国内総生産（ＧＤＰ）前年度比実質伸び率は2・8％と低迷し（彼らの出生年の56年は7・5％）、大卒就職率も男子で77・０％、女子で62・９％と厳しかった。就職できたにせよ、従来は高卒就職者が入職していたブルーカラー層に就職するという学歴代替が起こった。

この時期、若年層の気質にも変化があったという指摘は多い。例えば、文芸評論家の三浦雅士によれば〈１９７０年代に青春はひっそりと終焉した。教養の終焉も、大学の死も、その一環にすぎない〉。同様の主張は社会教育学者・竹内洋の『教養主義の没落』にも見られる。それによると、戦前の旧制高校の「教養主義」を支えた西欧と日本、都市と地方の文化格差が、70年代に農村人口の激減によって消滅すると、もはや若者は外国文学を読みふけることで高級文化への「飛翔感」を体験することもなくなったという。

さらにこの世代の一つ前の全共闘世代に見られた学生運動への参加もこの時期には影を潜め、この世代は「異議申し立て」の嵐が過ぎ去ったあとに」大学のキャンパスの門をくぐることになる。こうした政治的情熱の鎮静化という意味では、「ポスト全共闘世代」ともいえる。

36回生「新人類世代」

一方、36回卒業生が大学卒業後に就職した1988年は、バブル経済の開始期に当たる。80年代は景気はおおむね順調で、消費活動による内需拡大によって経済活動も活発だった。GDP前年度比実質伸び率は5・3％を示し、大学生の就職率も男女とも80・1％を記録した。前の世代に比べ、特に女子で大幅に改善しているが、これは86年に施行された「男女雇用機会均等法」が企業の採用活動に影響したものと考えられる。

この世代の若者にはまた「情報新人類」なる語が与えられた。「情報新人類」とは当時、登場した新しい情報機器を使いこなす先端的な人間と捉えられる一方で、「理解しがたい異世代の若者」ともみなされた。当初は前者の評価が優位に立っていたが、89年に起こった東京・埼玉連続幼女誘拐殺人事件を起こした若者が自室に引きこもり、おびただしいビデオとコミックに囲まれた生活をしていたことから後者の評価、すなわち「おたく」としての新人類という見方が優勢になる。

この時期は、過度の受験競争が高校生の「ゆとり」を奪い、人格形成を歪(ゆが)めているという教育言説も盛んであり、それが次の時代の臨教審答申に引き継がれていく。ただし、教育社会学者の苅谷剛彦は、この時期に行われた調査を精査した結果、当時の高校生が「ゆとり」のない受験生活に追われていたというのは根拠のない幻想にすぎないと指摘している。

43回生「団塊ジュニア世代」

この世代は、そのネーミングから分かるように、団塊の世代の子どもの世代であるから、同一年出生者の人数が多くなっていた。それゆえ、受験競争も激しかった。43回生が大学進学を目指した1992年の18歳人口（もちろん、その全てが大学を受験をしたわけではないが）は204万人、翌年は205万人と、団塊の世代の213万人（69年）以来のピークを迎えた。こうした18歳人口の一時的増加に対して、文部省（当時）は大学の臨時定員増によって対処しようとした。それまでの高等教育政策（1976～86年）は、18歳人口がおおむね150万～160万人台で推移することを踏まえ高等教育の量的拡大より質的充実を優先してきたが、団塊ジュニア世代が大学進学を迎える86年度以降の計画では、質的充実と合わせ、臨時的定員増による量的充実を推進する方向に転換した。この「臨時定員」は、その後、その5割は恒常定員化されることになった。

けれども、こうした臨時定員増が、いわば誘因となって、ただでさえ人数の多いこの世代の大学進学志望率を高めることになった。その結果、臨時定員増にもかかわらず、この世代は大学を受験しても入学できない人が多かった。その数は、団塊世代では、25万～26万人であったのに対して、そのジュニア世代では43万～46万人ほどいたという。団塊ジュニア世代にとっては、親世代に比べても大学ははるかに狭き門になっていたのである。

しかし、苦労して大学に進学しても、この世代が大学を卒業した90年代前半には、バブル経済は崩壊し、就職難に直面することになる。日本社会にあっては、大学卒であることは統計的に見ても専門職への入職を有利にする条件となっていたが、この時期の労働市場ではもはや大卒であることはその効果を失っていた。そればかりか、バブル崩壊後の長期不況の下、一方で企業は新規学卒者の正規採用を手控え、その一方で政府は、派遣労働の対象領域の拡大に見られるように、労働規制の緩和を進めると、大学卒業者からも非正規雇用という不安定な地位で入職し、なかなかそこから脱出できないまま滞留する者が現れ始めた。

自治の精神は「とんぼ祭」に宿る

非日常的活動

本節では、これらの三つの世代の卒業生が生きた時代を踏まえて、オンラインで行った質問紙調査のデータ分析を通じて、深志高校の学校文化ともいうべき自治が、各世代においてどのように体験され、受容されているか検討を行う。

調査の概要は下記を参照いただきたいが、回答者は現在でも深志高校に何らかの形でつながりがあり、深志高校を肯定的に捉えている卒業生、つまり卒業生の中でも同窓会のコアメンバーであると考えられる。以下この点に注意し、過度な一般化を慎重に避けながらデータを読み解いていきたい。

卒業生調査の概要と回答者のプロフィール

卒業生調査は２０２１年11月～22年7月に実施。各学年の周年行事（卒業30周年記念行事など）の実行委員会を介して協力依頼状を送り、ウェブ版のアンケート調査に回答いただいた。有効回収票数および回収率は、27回生23人（5・9％）、36回生63人（16・3％）、43回生51人（12・7％）、合計１３７人。回収率が低いため、回答者が卒業生を代表するとみなすことは適当ではない。むしろ、ある種の特徴を共有した卒業生の回答であるとみなすべきである。

回答者の90％が「深志への通学が誇りだった」、88％が「身近な人に深志高校への入学を薦めたい」と回答。さらに、現在も深志の同級生と付き合いがあると回答した人は74％であった。これらの結果から、今回の調査データは、現在でも深志に何らかの形でつながりがあり、深志を肯定的に捉えている卒業生の回答と捉えるべきである。

回答者の年齢は50代から60代で、男性70％、女性30％（当時の男女比も概ねこの程度）。現在の居住地は県内54％、首都圏32％、それ以外14％。職業は管理職20％、医師・医療従事者17％、高校他教員14％であった。

（浅川）

卒業生は、深志高校在学中に経験したさまざまな行事や活動のどこに自治の精神が現れていたと、卒業後数十年経過した現在、思い起こしているのであろうか。(注1) まずは行事などの非日常的な活動について見てみよう【グラフ1】。

いずれの学年でも、「とんぼ祭」用語と回答した卒業生がほぼ100%と最も多く、「郷友会」(注2)用語が9割弱とそれに続いた。どちらも、参加するか否かを自分で決めることができる行事であり、そのような行事に自治の精神が現れていたと考えているようだ。それに対して、半ば強制的に全員の参加が求められた「応援練習」用語と「対面式」用語については、自治の精神が現れていたと回想する卒業生は7〜8割と参加、非参加を自分で決めることができる活動に比べれば、やや低い値となっていた。

なお、「応援練習」と回答した卒業生の割合が、27回生、36回生、43回生と徐々に高くなっていることも指摘しておきたい。この点は、次の日常的活動と合わせて検討する。

日常的活動

では、日常的な活動についてはどうであろうか。いずれの世代でも、「クラブ活動」「生徒会」と回答した卒業生がそれぞれ7〜8割を占めていた。日常的な活動についても、参加するか否かを自分で決めることができる活動に、自治の精神が現れていたと思い起こしていることが分かる【グラフ2】。

一方、クラスに所属することによって自動的に参加が求められた「ホームルーム活動」用語については世代によって回答が異なっている。27回生では7割、36回生では5割程度、43回生では4割と、参加

（注1）「深志高校の特質は『自治の精神』にあると言われますが、あなたにとって深志の自治はどこにあらわれていましたか?」という問いを、対面式、応援練習から校則のあり方まで九つの行事や活動について尋ね、「とてもあてはまる」から「全くあてはまらない」の四件法により回答を得た。図1〜3は、「とてもあてはまる」「少しあてはまる」と回答した人の割合を示している。
（注2）「郷友会」とは、出身中学を同じくする生徒が構成する親睦団体。

【グラフ１】自治の精神はどこに表れていたか（非日常的活動）

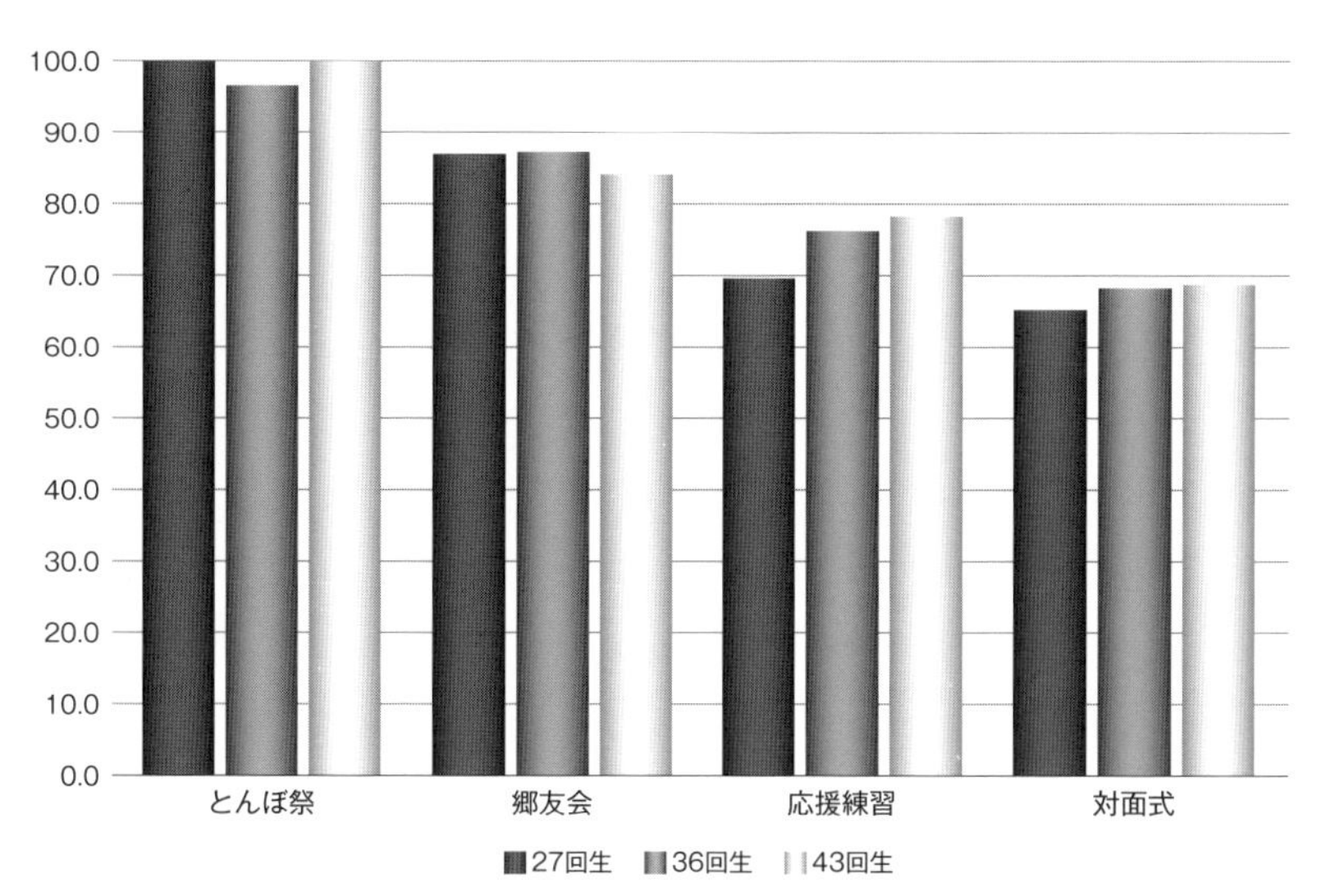

同窓生調査より算出(以下同様)

【グラフ２】自治の精神はどこに表れていたか（日常的活動）

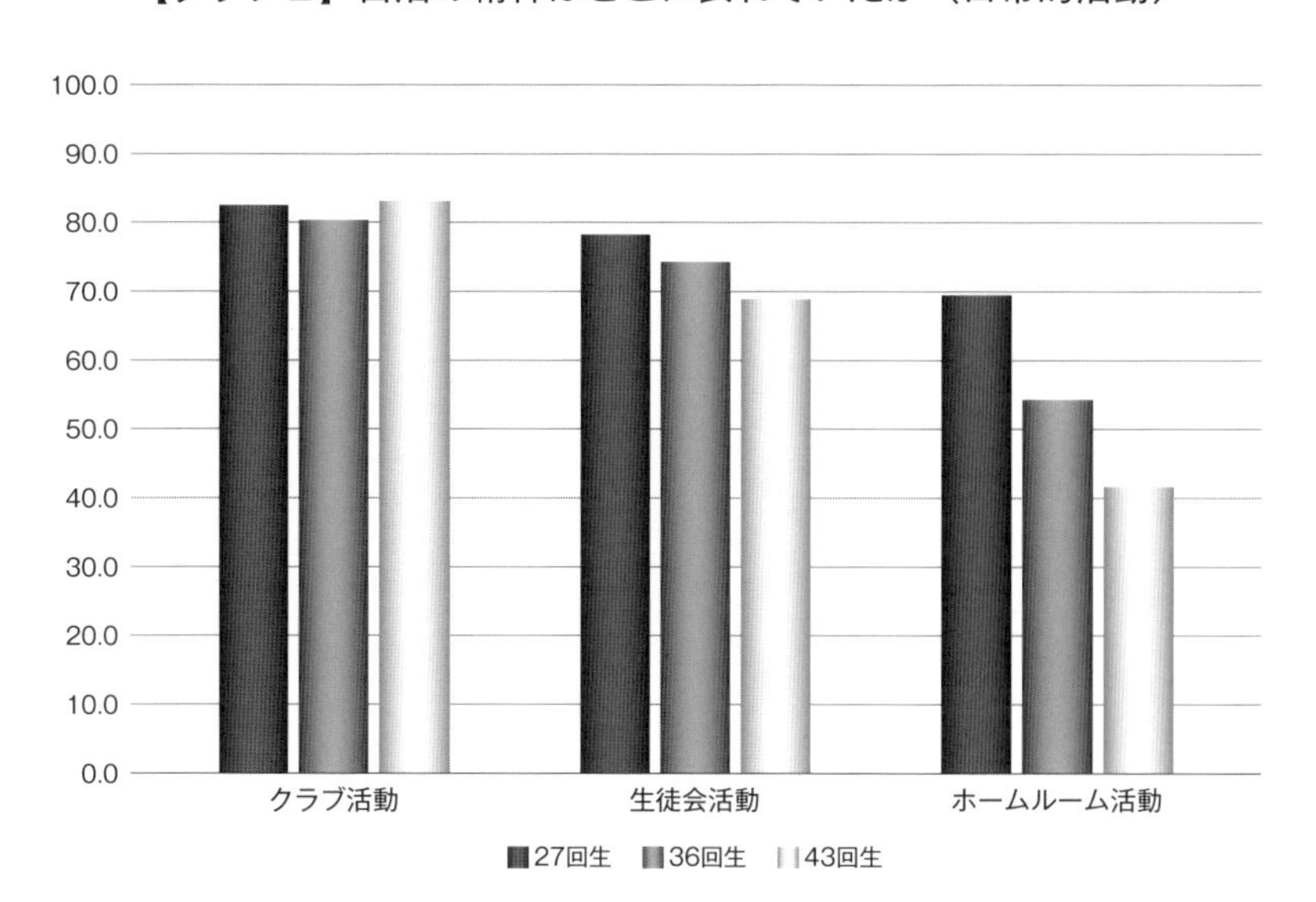

するか否かを自分で決めることができる活動に比べれば低い値を示していた。70年代には自治の精神の発露として営まれていたホームルーム活動が、時代を経るごとに、自治の精神からは離れた活動になっていったことが推測される。その一方で、前述した通り「応援練習」の中に自治の精神が現れていたと回想する卒業生は世代を追うごとに増えていた。「ホームルーム活動」に代わって「応援練習」が次第に自治の精神の発露の場と捉えられるようになってきたようである。

学習・校則

自治の精神は、活動のみに現れるものではない。校則や学習のあり方といった、高校生活を水路づけるものの中にも現れていたと考えられる【グラフ3】。服装規定といったような高校に一般的に存在するような校則がない深志高校において、自治の精神は「校則のあり方」に現れていたと回答した卒業生は「とんぼ祭」に現れていたという回答と同じくほぼ１００％であった。それに対して、「学習のあり方」に現れていると回答した卒業生は、やや値が低くなり8割程度であった。個人のたゆまぬ努力が必要となる学習については、自治の精神で取り組んだとまでは回想していないようである。

自治の特色

卒業生は自治をどのようなものと捉えているのか。それを少しでも明らかにするために、自治の特色に相当すると思われる概念を複数選択で選んでもらった[注3]【グラフ4】。「自主性」を挙げた卒業生が9割と最も多く、「自由」が8割程度とそれに続いた。次に多かったのは「責任感」と「放任」である。責任感を伴った自由に自治の特色があると考えている卒業生がいる一方で、放任と結びつく自由において自治の特色があると捉えている卒業生もいるようだ。

27回生に比べ、43回生では「自主性」と「自由」と「社会性」が10ポイント程度増加している。前述した通り、クラスに所属することによって自動的に

【グラフ3】自治の精神はどこに表れていたか（学習と校則）

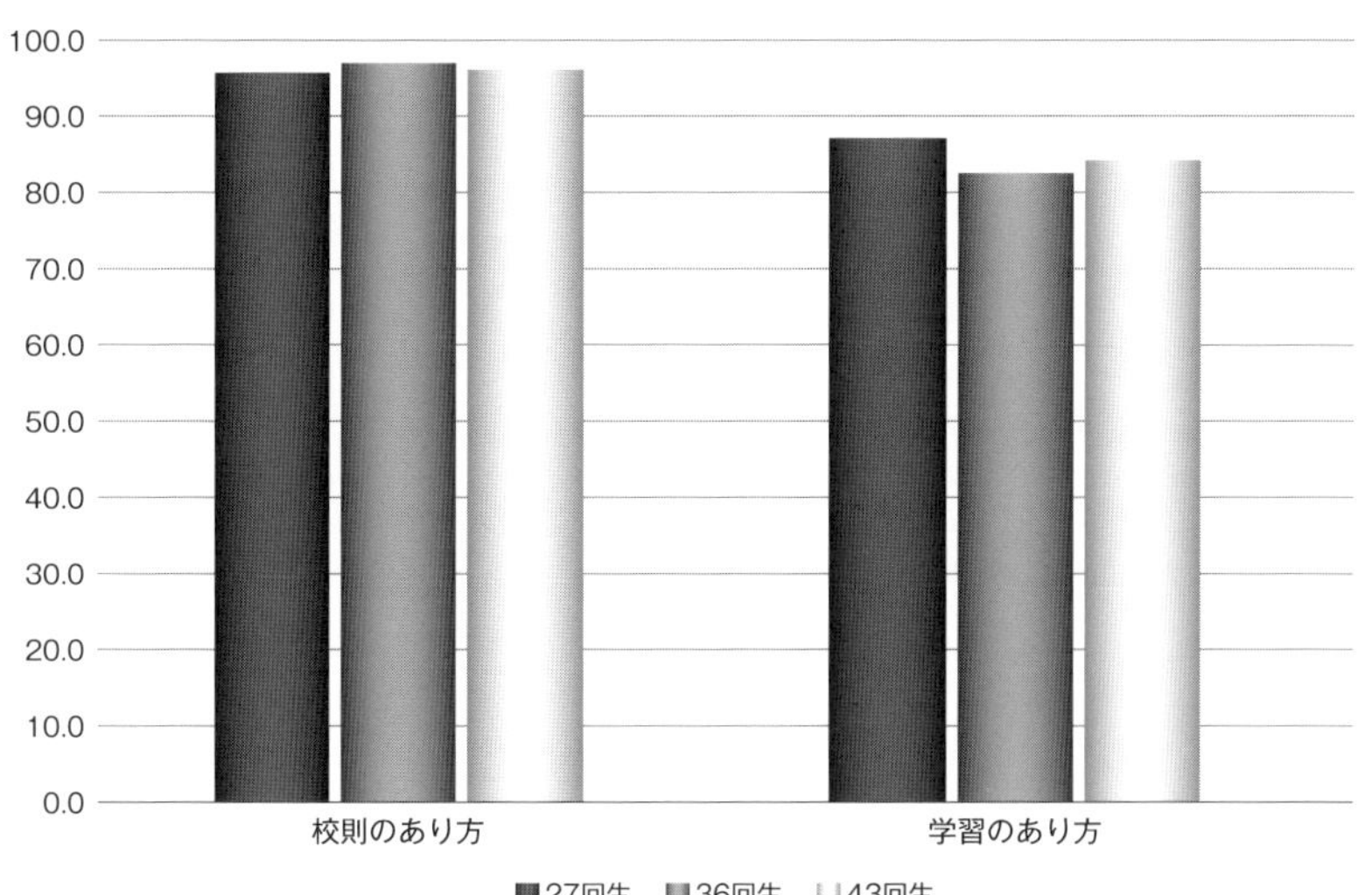

【グラフ4】自治の特色

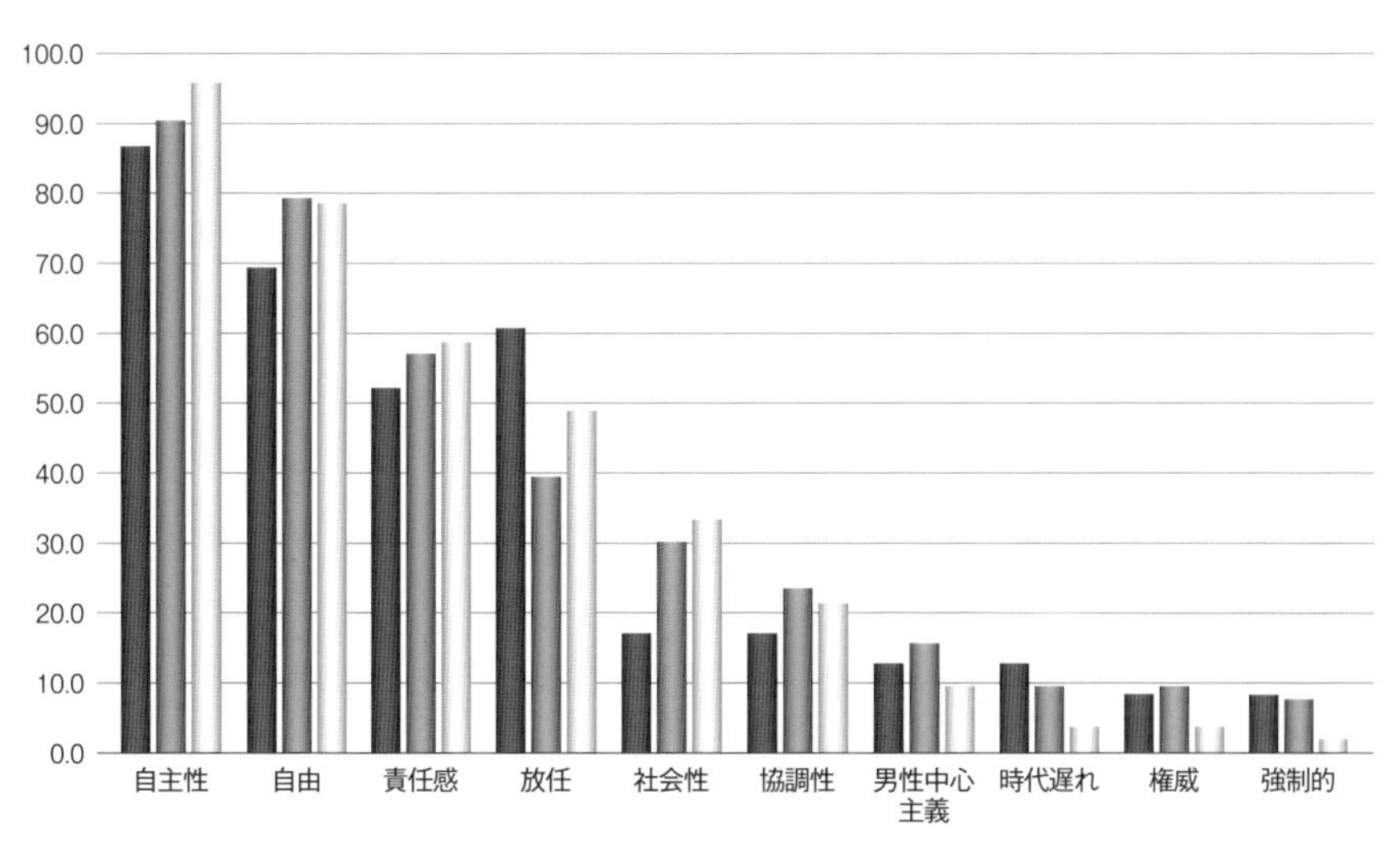

参加が求められた「ホームルーム活動」に自治の精神を見いだす卒業生は減少し、逆に参加するか否かを自分で決めることができる活動に自治の精神が現れていたと思い起こす卒業生が増加していた。すなわち、後の世代ほど、自らが参与する活動を自主的に決定する自由の中に「自治の特色」があると捉えており、そのことが「社会性」にも結びつくと考えていたことが示唆される。これは後の世代ほど、「自らが参与する活動を自主的に決定する自由」が失われ、日々の活動や生活が教師の指導・管理の下におかれるようになったことと関連するものと考えられる。この点については後段「高校時代の教師との関係」において再度検討する。

これらのほぼ肯定的な概念として自治を捉える卒業生が大勢ではあるものの、「男性中心主義」「時代遅れ」「権威」「強制的」といった否定的な側面をも持っていることを指摘する卒業生も1割程度存在した。自治が持つ負の側面を自覚する卒業生も少なからず存在することを指摘しておきたい。

（注3）「以下の用語について、深志高校の自治の特色に関係すると思われるものがありますか」と問い、「自主性」から「男性中心主義」までの10の概念から複数選択で選んでもらった。【図4】は各概念を選んだ卒業生の割合を示している。

高校時代の自主的な活動

生徒会や部活動への参加

深志高校の自治のあり方にこのような回想をしている卒業生たちは、在学中にはどのような活動に参加していたのか。高校在学中のさまざまな活動への参加の程度を【グラフ5】に示した。(注4)

生徒会活動については、役員あるいは委員として活動した者の割合は36回生で最も高かった。應援團管理委員會は委員数が少ないこともあり、活動経験者は27回生の1人のみであった。ホームルーム活動については43回生でその割合が最も高かった。生徒

【グラフ５】活動への参加

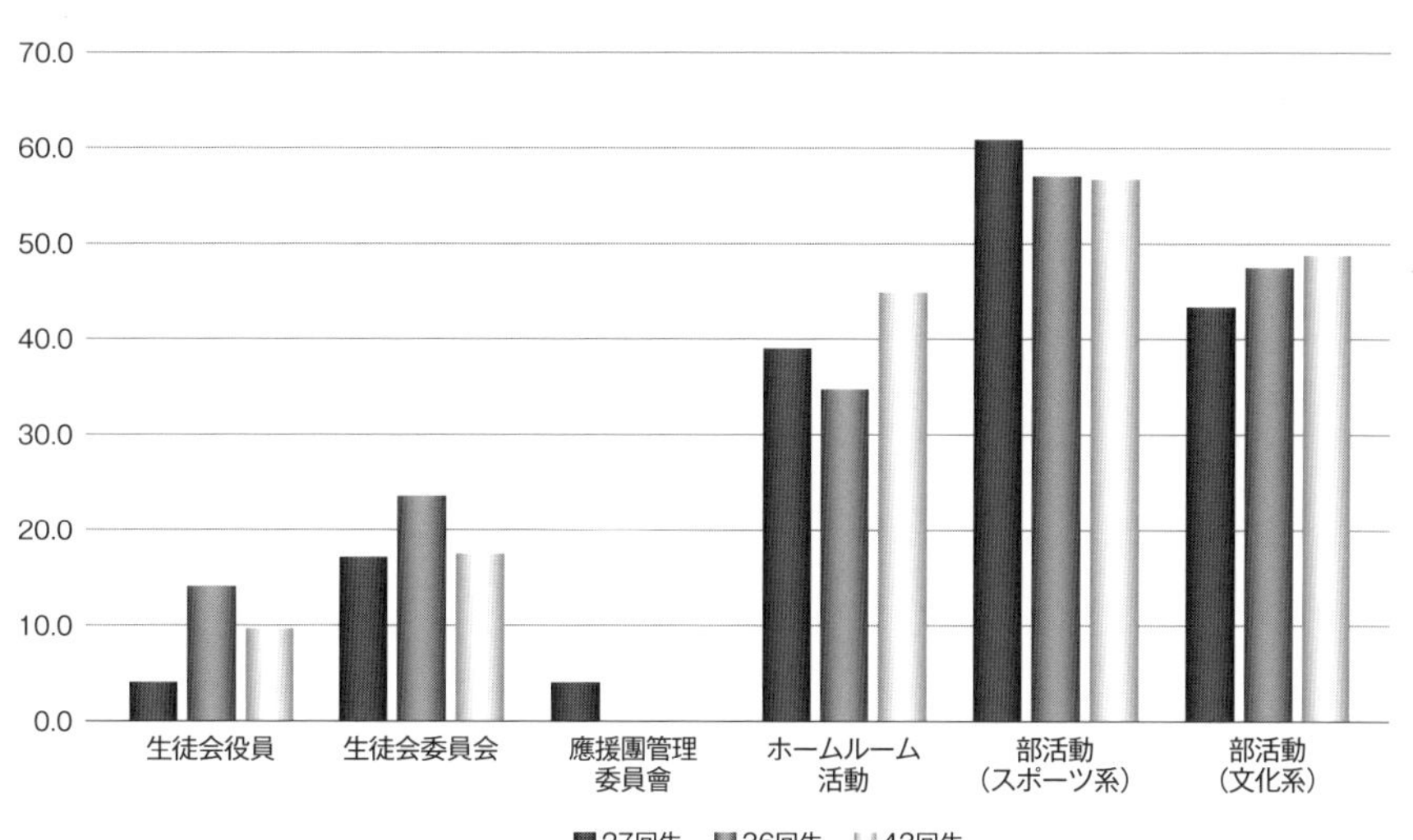

会活動経験者は卒業生の２割前後であったのに対して、ホームルーム活動参加者は４割前後とその倍の値を示しており、ホームルーム活動への参加を思い出した卒業生が少なくない。第Ⅰ部「映像でみる深志の自治」でホームルームが取り上げられているように、深志高校のホームルーム活動は卒業生にとって思い出深いものであるようだ。

部活動については、スポーツ系の経験者が６割程度、文化系の経験者が５割程度であった。スポーツ系活動経験者が若干多いようにも見えるが、この点については同窓会名簿データを用いた分析で後述する。

（注４）「あなたは高校在学中に、以下の団体の活動に参加していましたか」という問いを、「生徒会役員」から「部活動（文化系）」までの６種類の活動について尋ね、「１．参加して、リーダー的役割を果たした」「２．参加して活動をしたが、リーダー的役割は果たしていない」「３．参加していない」の三件法により回答を得た。図５は、１または２と回答した者の割合を示している。

勉強や部活動への取り組み

次に、高校在学中に何に、どの程度熱心に取り組んでいたと思い起こしているのかを見てみよう(注5)【グラフ6】。

大学受験のための勉強に取り組んだという回答は27回生で最も高かった。それに対して、授業以外の受験勉強への取り組みは36回生と43回生で3割弱、27回生では2割であった。一方、36回生と43回生は大学受験に必要ではない科目の勉強に取り組んだ経験が5割弱と高い値を示していた。このことから、27回生は深志高校での授業が大学受験のための勉強に結びついたものとして思い出しているのに対して、36回生と43回生は深志高校の授業が必ずしも大学受験に結びついたものとは捉えていなかったと、現在認識していることが示唆される。

これは、深志高校の授業が変化したというよりも、三つの世代が経験した受験制度の変化によるものと考えられる。すなわち、共通一次試験導入以前の27

【グラフ6】高校在学中に取り組んだこと

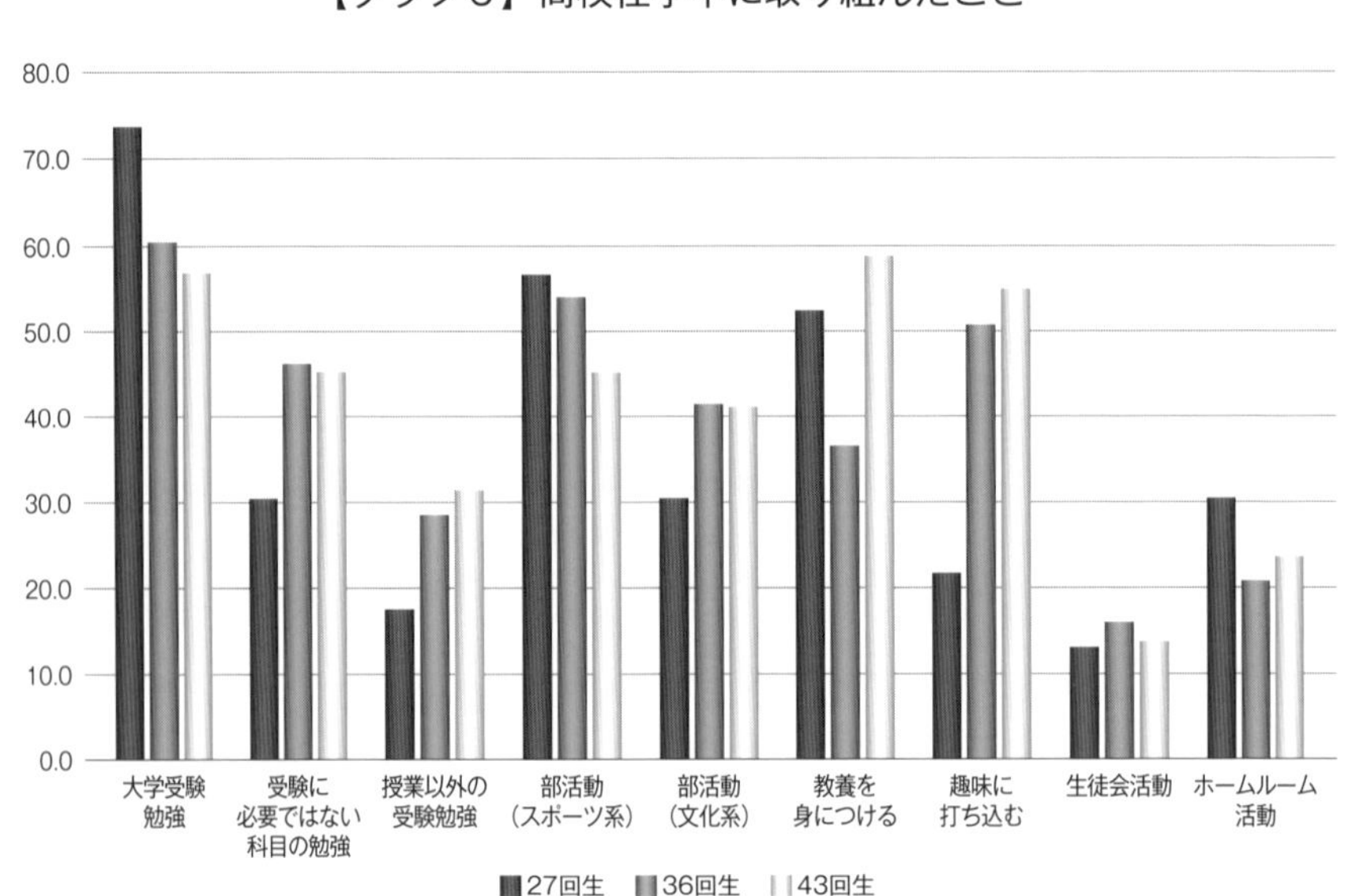

回生にとって「受験に必要でない科目」という概念は一般的ではなかったと考えられ、また後の世代ほど高校の授業と受験勉強がかけ離れてきたことによるものと考えられる。

　部活動については、スポーツ系が5割程度、文化系が4割程度であった。教養を身につける活動への取り組みは27回生と43回生において5～6割とやや高く、36回生は4割弱とやや低い値を示していた。27回生と43回生においては、教養を身につける活動に取り組んだという回答が、部活動へ取り組んだという回答と同程度かそれを上回っており、同窓生調査に回答を寄せたコアな卒業生においては、深志在学中に教養を身につける努力をしたと思い起こしている人が少なくない。

　一方、趣味については36回生と43回生で5割程度と高く、27回生は2割程度と低い値であった。36回生と43回生においては、深志在学中に趣味に没頭したと回想している卒業生も少なくない。これは80年代に消費文化全盛期を迎えていたこととも符合した結果である。

　また、生徒会活動への取り組みは1割程度、ホームルーム活動への取り組みは2割程度であり、深志在学中の取り組みとしてこれらの活動が卒業生によって思い起こされることは少ないようである。

（注5）「あなたは深志高校在学中に次のようなことにどのくらい取り組みましたか」という問いを、「大学受験に必要な科目を勉強すること」から「ホームルーム活動」までの9項目について尋ね、「おおいに取り組んだ」から「まったく取り組まなかった」までの四件法により回答を得た。図6は「おおいに取り組んだ」または「やや取り組んだ」と回答した者の割合を示している。

クラブ活動参加とその推移

深志高校のクラブ活動

冒頭で述べたように、卒業後しかるべき地位を得た卒業生は、それを過去に結びつけ、過去の回想を現在の視点から美化すると考えられる。これまで見てきた卒業生の回答にも、あるいはそうした主観的な偏りが混ざっているかもしれない。

以下では、この三つの世代が高校時代を過ごした1970〜80年代を中心に、深志高校におけるクラブ活動参加とその推移を見る。それによって、より客観的な視点からこの時代の生徒活動の様子を描き出すことができるだろう。深志高校の同窓会名簿には幸い、自己申告による所属クラブが記載されているので、これを基にクラブ活動の栄枯盛衰を見ていく。(注6) 戦後の教育基本法の施行に伴ってクラブ活動が始まった49年から2012年までに深志には105のクラブが存在した。それらのクラブと参加者の卒業年次を対応づけると、原点を中心に次ページの【図】の模式図のように、時計回りに位置づけられることが分かった。

まず①の位置には、49〜62年に参加者が多かったクラブ、すなわち体操部、テニス部、新聞会、社会科学研究会、地歴会、博物会などが並ぶ。文化系のクラブに注目すれば、いずれも研究を志向した探究型クラブとみなすことができるので、この時期を「探究型の時代」と呼ぶことができる。

これに対して②には、63〜77年に特徴的に参加者の多かったクラブが入る。心理研、英語研、映画研、放送会、硬式テニス、数学研など、探究的要素を残しながら、映画研のように趣味的要素が加わってくる。「多様化の時代」または移行期として位置づけられる。

③の領域に含まれるのは、おおむね78〜2001年に隆盛を極めたクラブである。運動部では剣道、弓道、硬式テニス、文化部では華道、軽音楽部が含まれる。これらのクラブに共通点を見いだすのは難しいが、時代の流れとしては初めて運動部が前面に出てきたという点で、また次の時代のチームスポーツ系と比べると個人プレーが中心となる点で「個人スポーツ系クラブの時代」といえる。

④の領域には02年以降、特徴的となったクラブ、

すなわちバスケットボール、硬式野球、サッカー、バトミントンが入る。前の時代のスポーツが主として個人技を競うものであったのに対し、この領域にあるスポーツは主としてチームで勝敗を競うものであるから「チームスポーツの時代」と特徴づけることができる。またこの時期は吹奏楽や音楽部といった音楽系クラブも活発であった。

【図】クラブと時代の対応関係

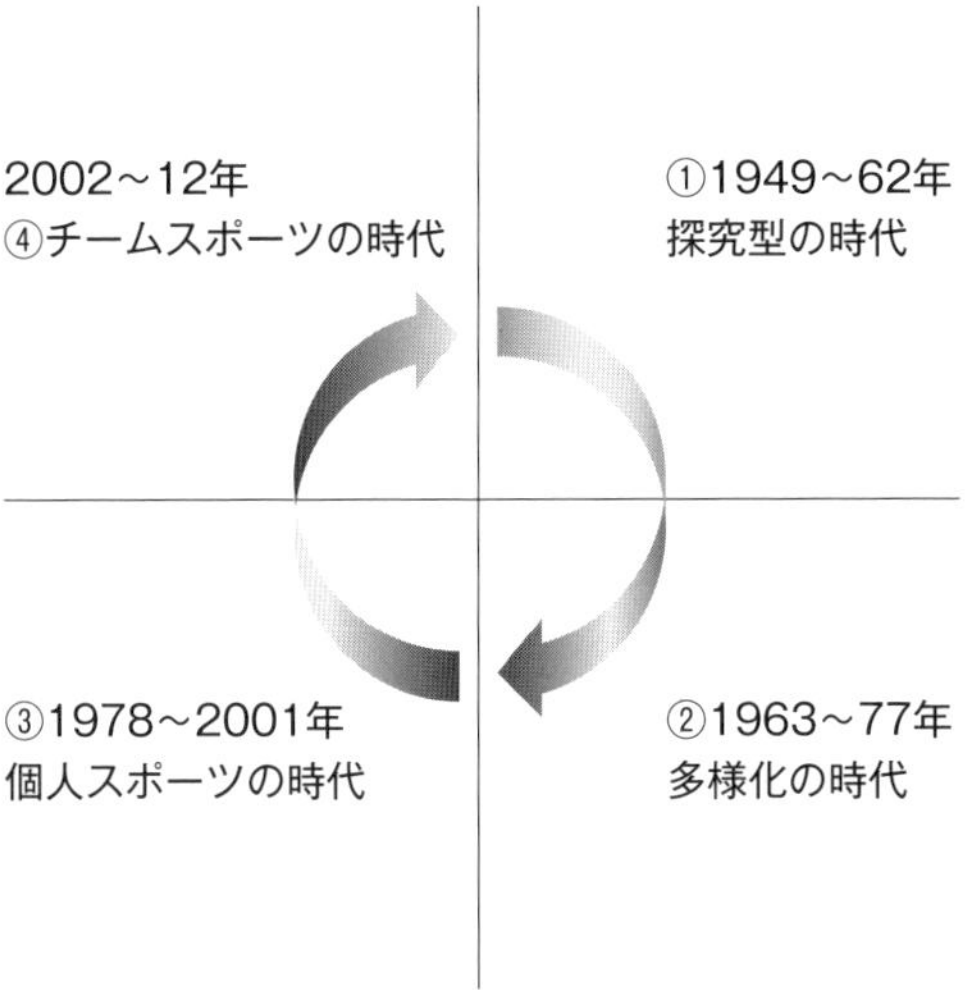

①1949～62年
探究型の時代

②1963～77年
多様化の時代

③1978～2001年
個人スポーツの時代

2002～12年
④チームスポーツの時代

こうしてみると上図の横軸右側には主に探究型のクラブ、左側にはスポーツ型のクラブが位置する。これに対し、縦軸は特にスポーツ型をチーム競技、個人競技に分ける軸である。

（注６）同窓会データの使用に当たっては、「深志同窓会個人情報管理規程」第10条に従って役員会の承認を得た。許諾いただいた深志同窓会役員会に感謝する。なお、掲載情報については自己申告によっているので、この部活所属データも網羅的ではないことに注意が必要である。また上の模式図の作成では、対応分析という統計的手法を用いた。この手法では、互いに関連し合う項目を隣り合わせに並べることで、それらの項目が原点から見て同じ方向に置かれることになる。

クラブ活動の推移

こうした戦後の深志高校のクラブ活動の変容において、本章で取り上げた三つの卒業世代、すなわち27回、36回、43回の各卒業生の在学した72～91年のクラブ活動はどのような状況にあったのだろうか。この時期は、先に述べた時代区分でみると、「多様化の時代」から「個人スポーツ系クラブの時代」にまたがる。すなわち、従来は探究型中心だったクラブ活動が多様化し、やがて個人スポーツクラブ系に人気が集まった時期である。

以下ではこの変化を具体的に見ていく。この期間中、参加者が比較的多かったクラブは、サッカー部（のべ１８５人）、吹奏楽部（同１７３人）、硬式テニス部（同１４４人）、博物会（同１３８人）である。この四つのクラブは、先に分類したクラブの類型と対応づけると、サッカー部は「チームスポーツ系」、吹奏楽は「音楽系」、硬式テニスは「個人スポーツ系」、最後に博物会は「探究型」となる。これを念頭にこの時期のクラブ参加者数の盛衰を見ていこう。なお、参加者数の算出には、ある卒業年度の参加者数に次の二つの学年の参加者数を順次加えている。というのも、一つのクラブは実際には1～3年の3学年によって運営されているからである。

【グラフ7】クラブ参加者数の推移

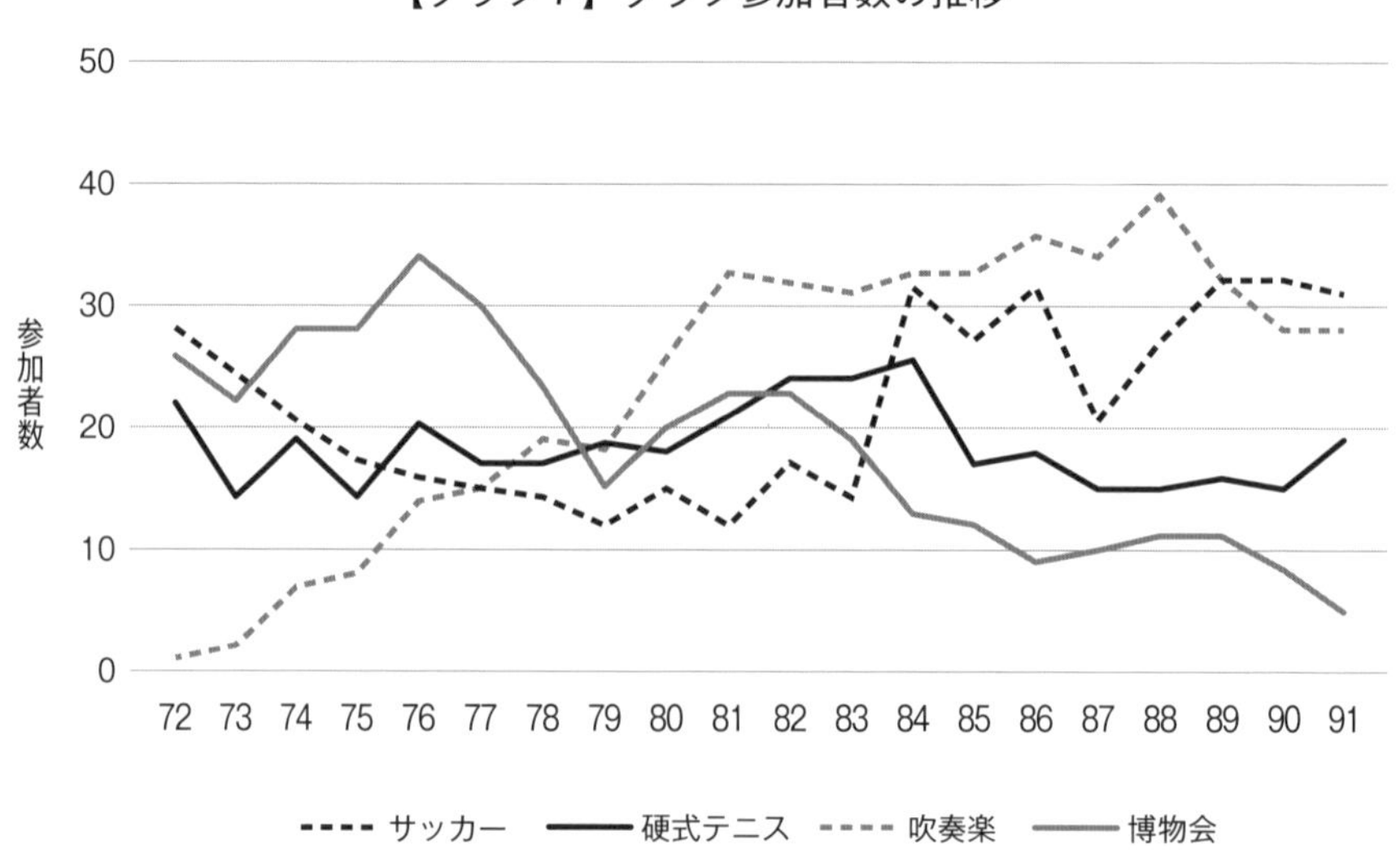

この参加者数の推移を示したのが【グラフ7】である。この時期、吹奏楽部が72年以降、順調に参加者を増加させ、またサッカー部も84年以降、参加者の伸びを見せている。他方、個人スポーツ系の硬式テニスは、20人程度の規模で現状維持を保っている。これに対して、探究型の博物会はこの期間では76年に30人を超すピークを示しながら、91年には10人を割り込むといった衰退を見せた。

総じてこの時期は博物会といった探究型のクラブが参加者数を減らす一方で、スポーツ系および音楽系のクラブが隆盛をきわめ始めていた。先に27回生を「シラケ世代」で、70年代初頭が若者文化の転換点としたが、この時期には深志のクラブ活動でも、探究型クラブからスポーツ・音楽系クラブへの移行が生じていたのである。

「夜行軍」の朝焼け

松本深志高校には「夜行軍」という伝統行事があった。郷友会ごとに行われた新入生歓迎行事で、例えば、松本から長野まで夜を徹して歩いた。松本駅から長野駅までの距離を検索をすると62・7㎞あるから、歩行速度を時速4㎞として15・7時間かかる。松本を夕刻に出発して休みなく歩くと翌朝、長野に着く。到達点で見る朝焼けは、達成と同時に道程を共にした友人との連帯を実感させた。夜行軍は旧陸軍の用語で、用例を逆引きすると南部修太郎が書いた『一兵卒と銃』（初出1919年）が引かれている。軍隊における初年時兵の訓練としての「夜行軍」がいつの頃か学校に取り入れられたと推測される。

2005年に本屋大賞を受賞した恩田陸『夜のピクニック』もまた、架空の高校「北高」の伝統行事として「歩行祭」が登場する。作中での記述によれば、朝の8時から翌朝8時まで歩くこの行事では〈夜中に数時間の前半が団体歩行、後半が自由歩行と決められていた。前半は文字通りクラス毎に二列縦隊で歩くのだが、自由歩行は、全校生徒が一斉にスタートし、母校のゴールを目指す〉（傍点引用者）。それは深志の「夜行軍」のような新入生の通過儀礼ではなく、高校生活の最後を飾るイベントとして、全校生徒が夜を徹して歩き続ける〝夜のピクニック〟だった。

傍点部分からも分かるように、「歩行祭」は深志高校「夜行軍」と比べても「学校化」された行事である。第一に、高校がスタート地点であると同時にゴールでもある。必ず母校に回帰する歩行であり、他のゴールは許容されていない。また、一度学校に集合して出欠を取られ、校歌を斉唱してから出発している。第二に、歩行の仕方も前半と後半で集団歩行と自由歩行と定められている。こうして「学校化された秩序」に従順な高校生が誕生する。近年、Z世代(90年代後半以降に生まれた世代)の「まじめさ」が指摘される。学校や教師に反抗することなく、その統制に従順に従う高校生、明るく振る舞う優等生の権威主義者たち(尾嶋史章・荒牧草平編『高校生たちのゆくえ』)。少なくとも、深志高校の「夜行軍」はその対極にあるアナーキーなバーバリズムに満ちていた。

(片瀬)

高校時代の教師との関係

自分から相談した経験

再び卒業生調査のデータに目を転じてみる。卒業生たちは、高校在学時代に教師とどのような関係にあったと、現在は回想しているのであろうか。教師に自分から相談したり、指導を仰いだりした経験について尋ねた(注7)【グラフ8】。自分から相談した経験のあり方は、27回生とそれ以降では異なっていた。学校生活全般については、27回生では5割程度、36回生と43回生では3割程度がそのような経験があると回答していた。27回生は、自分が深志生であった頃は、教師を生活全般に対して相談する対象であり、自分たちを導いてくれる大人として捉えていたと回想している。

(注7)「高校時代の先生との関係についてお伺います」という問いを、「学校生活全般において、教師に自分から相談したり指導を仰いだりしたことが

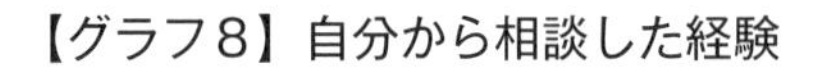

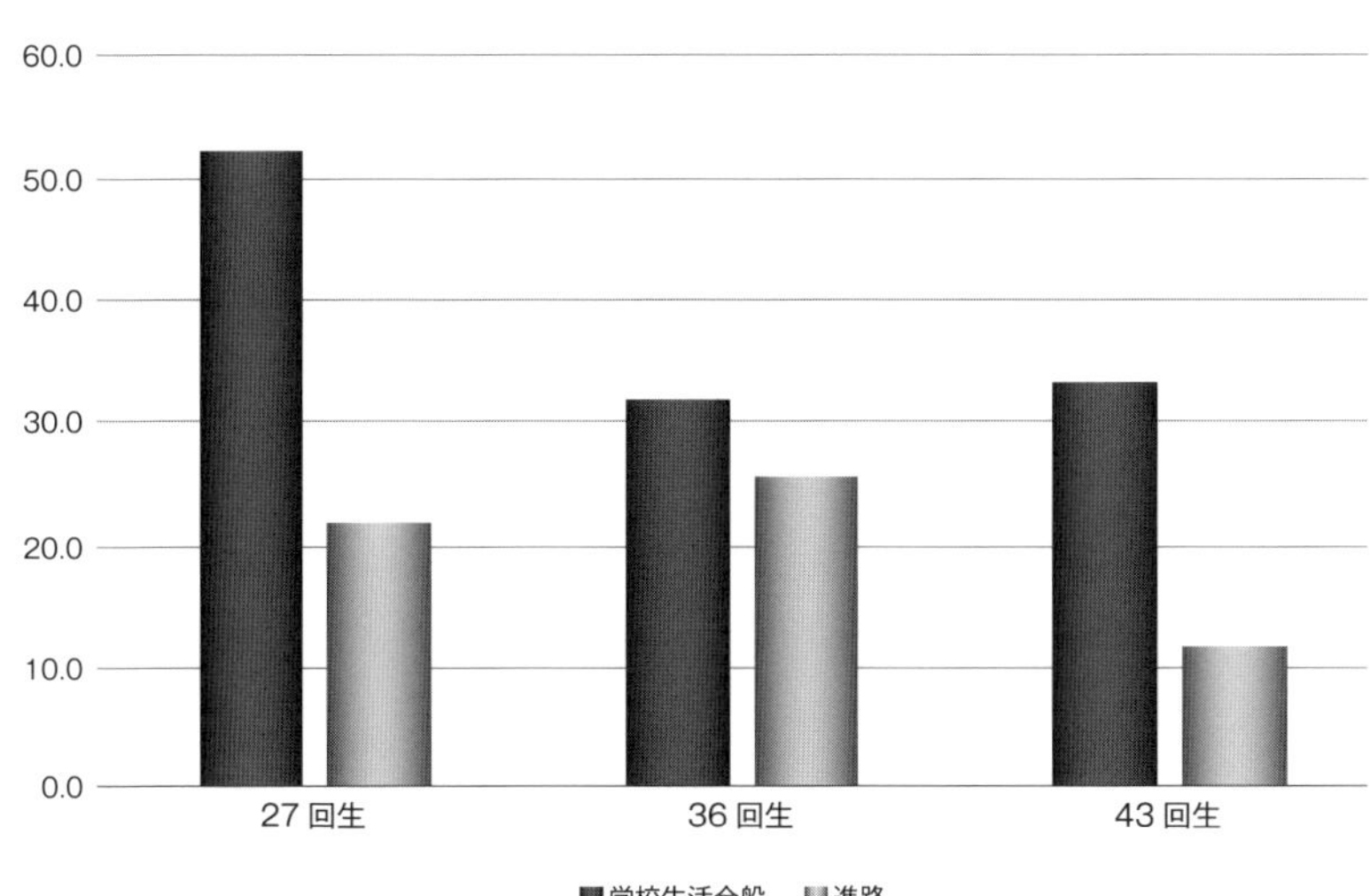

ありましたか」から「進路を決定する際、教師から指導を受けたことで自分の進路を変えたことがありましたか」までの6項目について尋ね、「頻繁にあった」から「なかった」までの4件法により回答を求めた。図9〜11は「頻繁にあった」または「時々あった」と回答した者の割合を示している。

教師から推奨された経験

自分から相談した経験とは、生徒が教師に自発的に教えを請う経験である。そうではなく、教師が生徒に対して何かを推奨するという、生徒にとっては受動的な経験についてはどうであろうか【グラフ9】。ここでも、経験のあり方が27回生とそれ以降では異なっている。27回生では、学校生活全般については教師から推奨されたという経験を持つのは1割程度と少なく、進路については2割と若干多くなっていた。人生の進むべき方向を決めるという重大な決断に際しては教師からのアドバイスがあったと思い起こしている卒業生が少なからず存在するよ

【グラフ9】推奨された経験

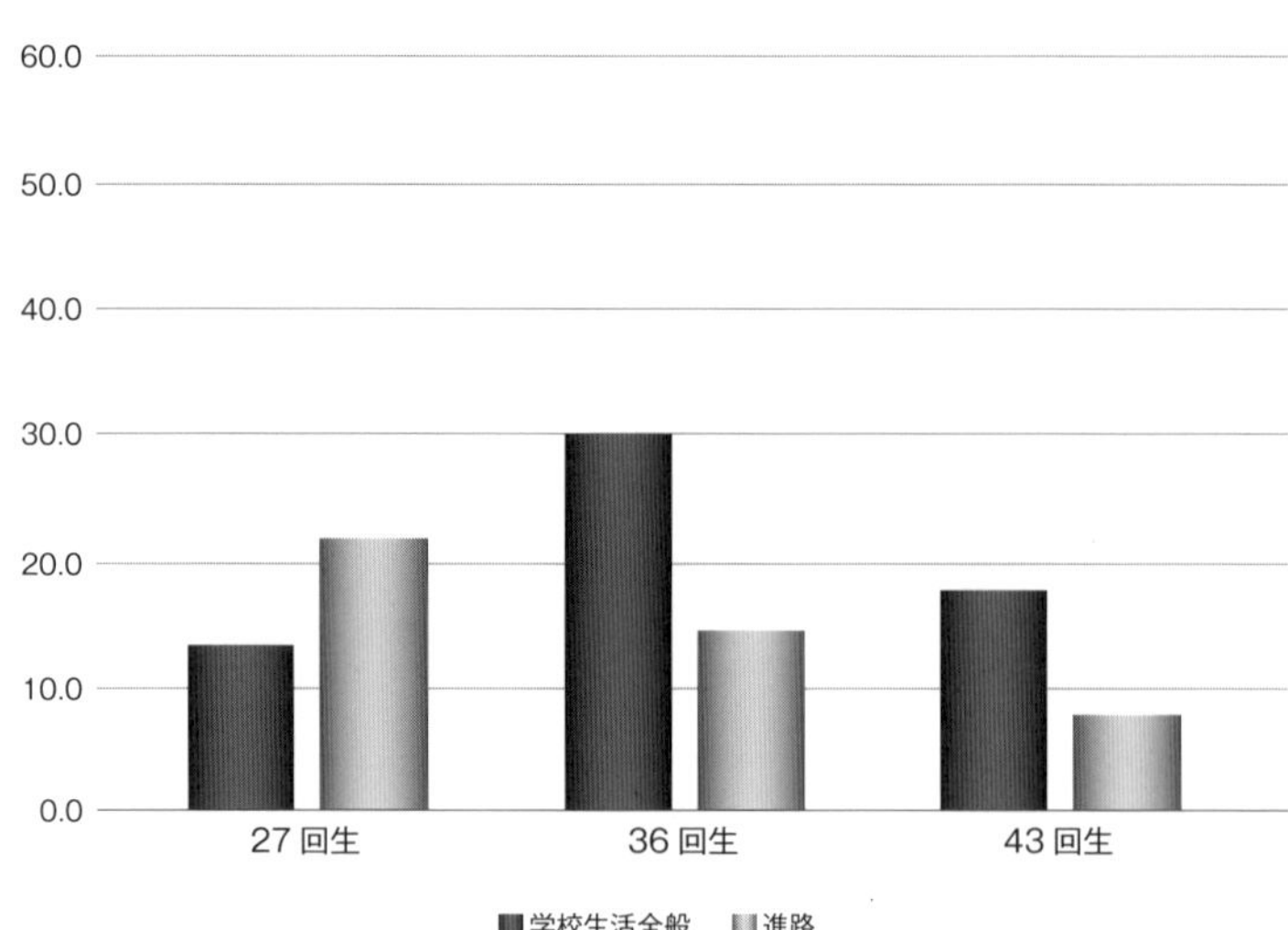

うだ。

それに対して36回生以降は、学校生活全般について教師から推奨されたという経験を持つ者の方が、進路について推奨されたという経験を持つ者よりも多くなっている。36回生の頃から、教師が生徒に対して生活指導を行うようになったのではないかと推察される。【グラフ4】で指摘したように、後の世代ほど自らが参与する活動を自主的に決定する自由の中に自治の特色があると捉えていた。これは日々の活動や生活が教師の指導・管理の下におかれるようになったため、自らが参与する活動を自主的に決定する自由の中にこそ自治の特色を見るようになったものと考えられよう。同窓会コアメンバーからの回答にとどまる今回の調査結果から結論づけるのは早計だが、卒業生にとっての自治の捉え方を解釈するための有効な補助線の1本とはなると考えられる。

36回生の中には、そのような教師の変化を、従来の教師とは異なると、違和感をもって捉えるものが

【グラフ10】活動方針などを変更した経験

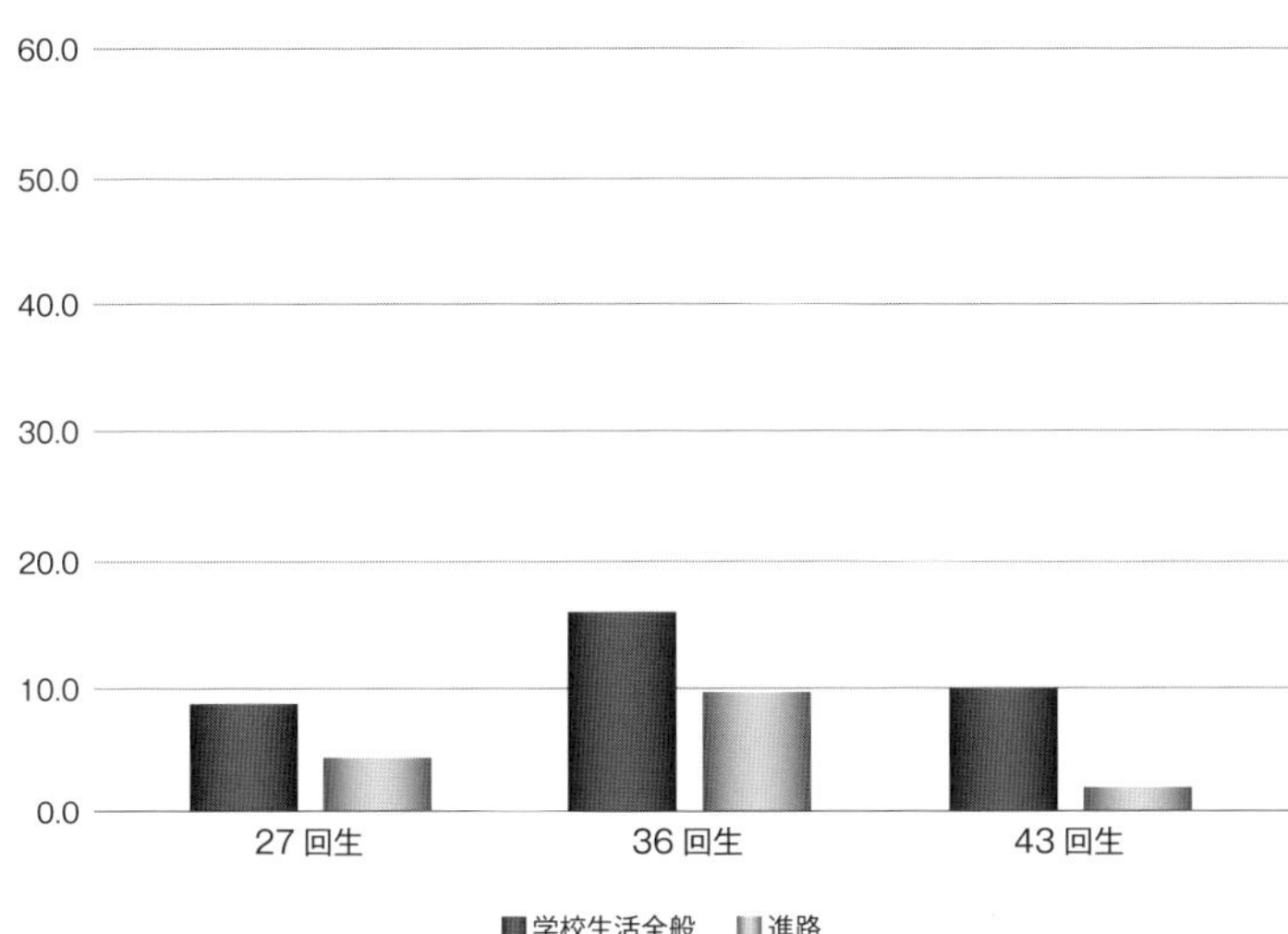

いたのであろう。それが３割という他の学年とは大きく異なる結果に反映していると推測できる。その後、教師が生活指導を行うのは当然とみなされる頃となった43回生にとって、学校生活全般に対する何らかの推奨という経験は２割程度と値が下がったとも考えられる。

活動方針を変更する経験

最後に、教師から指導を受けて自分たちの活動や方針を変えたという経験について尋ねた【グラフ10】。そのような経験があったと回想する卒業生は１割程度と少ない。教師を「自分から相談する対象」と捉えていた27回生であっても、「教師から指導を受けて」自分たちの活動や方針を変えたとは捉えていないのである。前述した通り、自ら指導を仰いだ（27回生）のか、指導されたのか（36回生以降）の差はあるとしても、それによって自らの活動や方針を「変化させずに卒業した」と回想していることがうかがえる。

すなわち、自分または自分たちで自主的に実行／遂行できたという成功体験を抱いて卒業したということが、これらの結果からはうかがえるのである。このことは、第1章で指摘された教師と生徒の関係性をデータで裏付けていると考えられる。

データが示唆する「自治」の変容

この章では卒業生に対する質問紙調査データの分析を通じて、自治の精神という校是が高校時代にどのように受け入れられてきたのかを読み解くことを試みた。次章に移る前に整理しておきたい。

自治の精神は「とんぼ祭」に宿る――。そう回顧する卒業生が多い。「対面式」「応援練習」を経て「とんぼ祭」へと続く、深志高校の伝統的な行事が、自治の精神をなぜ、どのように涵養(かんよう)してきたのかについては、本章に続く各章の中で解き明かされていくことになる。

自治の精神とは何か。「自主性」と「自由」であったと回顧する卒業生が多い。ただし、世代によって捉え方には変化が見られた。「シラケ世代」の27回生に比べると「団塊ジュニア世代」の43回生では「自主性」と「自由」と「社会性」を指摘する卒業生が多かった。このような変化が何を意味するのか。同窓会コアメンバーからの回答にとどまる今回の調査結果から結論めいたことを述べるのは早計である。しかしながら、変化の意味するところを解き明かすためのいくつかの補助線は、本章の分析結果から指摘することができる。

自治の精神の捉え方の変化は、高校時代の自主的な活動の変化と無縁ではない。自主的活動の代表例であるクラブ活動の参加者の推移を見ると、探究型のクラブが参加者を減らす一方で、スポーツ系および音楽系のクラブが隆盛を極め始めていた。このような指向性の変化とともに、自治の精神の捉え方の変化はあったことを、まずは指摘しておきたい。

生徒たちの自主的な活動は、教師によって導かれ、支えられながら行われていた。１９７０年代前半の深志高校を経験した27回生は教師を、自発的に教えを請う対象と捉えていた。一方80年代前半および後半の深志高校を経験した36回生と43回生にとっては、教師は生徒に対して指導・管理を行う者として現れていた。このように生徒と教師との関係においても70年代から80年代までの20年間に変化があったようである。

自ら指導を仰いだ（27回生）のか、指導されたのか（36回生以降）の差はあるとしても、それによって自らの活動や方針を「変化させずに卒業した」と回想していることは特筆に値する。すなわち、自分または自分たちで自主的に実行／遂行できたという成功体験を抱いて卒業したということをデータは示している。この成功体験が卒業生たちにどのような影響を与えたのか。この点は、以下の章において次第に解き明かされていくことになる。

【参考文献】
市川孝一《若者論の系譜　若者はどう語られたか》（文教大学『人間科学研究25』P123～130／2003）
刈谷剛彦『教育改革の幻想』（ちくま書房／2002）
片瀬一男『若者の戦後史』（ミネルヴァ書房／2015）
小谷敏《「異議申し立て」の嵐が過ぎ去ったあとに》（小谷敏編『若者論を読む』P2～5／世界思想社／1993）
三浦雅士『青春の終焉　一九六〇年代試論』（講談社／2001）
竹内洋『教養主義の没落　変わりゆくエリート学生文化』（中央公論新社／2003）

3 伝統として創造される自治の歴史

堤ひろゆき／冨岡勝

危機の時代に召喚される自治

伝統の姿は現在の私たちを映している

松本深志高校において自治、とりわけ生徒自治は伝統である。一般に伝統とは、長い歴史の間に自ずと形づくられ、過去から現在、未来へ連綿と受け継がれてきた（受け継がれていく）一貫したものと考えられがちである。

しかしながら、歴史と伝統が一致するとは限らないことはよくある。先に結論を言ってしまうと、伝統とは「昔からこうなっている（し、同じものが未来にも存在する）」という今の主張が受け入れられることである。つまり、伝統を考えるというのは、それを伝統としている今を問うことにほかならない。過去が歴史として自ずと伝統になるのではなく、現在が過去を伝統として創りあげる。このような考えは、伝統を絶対視したり軽視したりする態度に再考を促す。

本章では、２人の校長を取り上げて松本深志高校の前身校、松本中学校からの歴史を振り返ることにより、史料から読み取ることができる事実と伝統との比較を通じて、伝統への向き合い方の可能性を提示したい。

「前人より伝承せる無形の指針」

一般的に、それぞれの学校には固有の雰囲気や振る舞い方の伝統があるといわれる。それは「校風」と呼ばれ、多くの場合、抽象的である。これはどこの学校でも見られるが、第１章冒頭でも触れられたように、実際の日常生活が営まれる中で繰り返し登場することにより、生徒にとって実感を伴うものとなる。例えば、次の文章は、生徒にとっての実感を端的に表現している。

> 人あり。若し「校風とはなんぞ」と問はゞ、諸君はしばし其の答ふる所以を知らざるべし。（中略）吾人（＝「私」の意味、引用者）が心裡を一貫し明確に意識するなくとも吾人に一つの標準を指示するものなり。……換言すれば吾人が前人より伝承せる無形の指針なり
>
> ――『校友』用語 第47号 P41

彼の言はこうである。

誰かが「校風とは何か？」と問うたとしても、生徒は答えられないだろう。私にとって校風とは、私の心の中にあって意識しなくても標準を示してくれるもの、つまり先輩から受け継いできた形のない指針である――。

校風の中身が具体的でないからこそ自分たちが「指針」として「伝承」し、行動することで具体化できる。つまり、その時々の生徒の振る舞いは変化するが、その生徒を規定している伝統は変わらないため、結果として今の私たちのふるまいは過去から連続すると主張していたのである。

ここでは、現在を長い歴史に裏付けられたものとするために伝統が用いられているといえる。この仮説に基づき、教師や生徒が現在に歴史の裏付けを必要とした場面を「危機」と呼んでおきたい。

次節では松本中学校初代校長、小林有也用語とその後の自治を対象とし、続く節では、戦後の教育改革

出版された当時の松本深志高校の「九十年史」。新聞では「生きた中央教育史」と紹介された＝昭和44年3月（信濃毎日新聞社保存写真）

期に校長を務めた岡田甫(はじめ)[用語]を主な対象とする。

松本中学校、松本深志高校の歴史を考える上で欠くことのできないのが、『長野県松本中学校長野県松本深志高等学校九十年史』（以下、九十年史[用語]）である。詳しくは用語集にある通り、よくまとめられているが、伝統と自治を一貫した実体として記述している。

そこで、本章では九十年史を参照しつつも、歴史的経緯を確認しながら、生徒や教師にとっての自治の多面性も検討する。そのため本章では、自治の語を全ての時代に一貫する固定した意味を持つ言葉でなく、時代や書き手によって少しずつ異なる意味が込められる多義的な語として扱う。

小林校長後に創造された「自治の物語」

深志固有の「自治の物語」

松本中学校、松本深志高校の自治は以下のような「自治の物語」として語られてきた。

①小林有也校長は生徒の自主性を重んじ、寛容な態度で生徒に任せる自治の創始者である。そして、その精神は在職中に亡くなる際に遺(のこ)した「御三訓」にある。

②第2代校長の本荘太一郎は生徒の自主性を認めず小林校長の自治を否定しようとしたが、生徒は卒業生とともに立ち上がって自治を守った。

③数多くの困難を乗り越え、自治は生徒によって連綿と受け継がれて今に至る。

要するに、小林校長によって自治が始められ、校長の交代によって自治存続の危機がありつつも生徒が目覚めて危機を乗り越えたというものである。前節最後に述べたように、九十年史をはじめとする歴史叙述では、史料に基づいてこの物語を史実としてきた。

この節では、この物語の重要場面である校長の交

「自治の精神」をうたった初代校長・小林有也の胸像を見下ろす校舎で昼休みを過ごす松本深志高校の生徒たち＝昭和39年11月（信濃毎日新聞社保存写真）

代に注目し、出来事の経緯と生徒の目に映る自治との比較から、「自治の物語」が伝統として作られる過程を論じる。結論を言えば、生徒にとって校長の交代は学校生活を規定するルールの変更を意味しており、小林校長以来継承される自治という伝統は、その事態への対応にあたって発見された大切な物語であった。

①初代小林校長の「勿（なか）れ主義」

小林校長の方針は「勿れ主義」といわれ、以下の回想が端的に表現している。

> 特に注意を与へなければならないような生徒のあつた時は、先生は之（こ）れを自分の前に召致する、而（しか）して相対して居る、（中略）先生の発しられる言葉は只（ただ）「そんな事を、して下すつちや、まずいですな」此の一言である
>
> ――『校友』第48号　P10

要するに、基本的には口出ししないが、問題になりそうな生徒がいれば、その生徒自身が小林校長にとって思わしい考えや行動をとるように、対面して指導していたのである。この指導方針は、松本中学校自治において最大の特徴ともなる「相談会」と不可分であった。相談会は生徒のみにより構成される合議機関であり、生徒からも「自治機関」とされた。その生徒同士の話し合いには教師の介入を一切認めなかったとされる（九十年史）。相談会は戦時下の学校報国団設置期を除いて戦後まで続くが、生徒が自分たちのことを自分たちで決める場として自治の象徴と目された。

旧制松本中の初代校長・小林有也
（九十年史より）

重要なのは、小林校長が「まずいですな」と言わない限り、生徒は自分たちの行動を自己決定していたことである。全校生徒は校長が「まずい」と言わないように知恵を絞るというわけだ。生徒も校長に認められるバランスを考えていたのである。

この関係は、松本中学校大町分校での小林校長の様子と比較すると見えやすい。大町分校での校長は〈時たま訪れる〉（大町高校八十年史Ｐ43）程度であり、描かれる姿はやや抑圧的である。これをさらに松本校での同盟休校に関して小林校長が県知事に提出した上申書と比較すると、寛容かどうかは校長が対外的な説明を引き受けられるかどうかの判断によると考えられる（九十年史Ｐ109～111）。

分校では交渉の機会が少ないため、校長の判断は一方的だと受け止められたのであろう。松本校の生徒の場合、もし小林校長の考えと合っていなかったとしても、交渉を通じて落としどころを自分で考える機会が多いため、結果に納得しやすい。小林校長時代の自治の特徴は、生徒が納得できる方法を組み込んで学校の秩序を保とうとしたことにある。

小林校長にとって、生徒の活動を校長の権限・権威で処理できる範囲内に収めること、すなわち、その範囲内では生徒の判断に任せることが学校の秩序であり自治であった。懐が深いともいえるが、小林校長だからできた（属人的である）ともいえる。

②第二代本荘校長の「べからず主義」

後任の第二代・本荘太一郎校長は、東京府尋常中学校校長・勝浦鞆雄（かつうらともお）の右腕（主席教諭）、京都府尋常中学校長等という経歴から、厳密なルールによって学校秩序を維持するタイプの自治に習熟していた。松本中学校以外の学校では、本荘校長の評判はむしろよい。そのためか、松本中学校でも従来と同様の明文化したルールに学校全体を従わせる方針（通称「べからず主義」）を採った。ところが生徒は、小林校長時代に育まれた前述の自治への挑戦としてこの方針を受け止めた（九十年史Ｐ464～482）。

本荘校長の具体的な施策の一例は、「校友会」の設立である。相談会は存続したものの、校友会会則は、第一条で〈本校教育ノ主旨ヲ翼賛スル〉ための自治と定めた。同時に、第三条の規定で生徒主体の諸組織を校長の管理下に再編した。これらが問題なのは、本荘校長が生徒との対話なくして独断により従うべきルールを決めたことである。生徒による以下の主張は、こうした経緯を踏まえてなされた。

> 過去に於ける校風の中心生命はいふまでもなく松中（しょうちゅう）的自治であつた（中略）併（しか）し之は小林先生の特殊な偉大な人格によつて誘掖輔導（ゆうようほどう）奨励鼓舞せられて出来たものであつて先生有らざりせば決して現出しなかつたであらうと思はれる程特殊の自治風であつたと思ふ。（中略）過去に於（お）いて自治を誇つた。併し自覚は深くなかつた。（中略）茲（ここ）に於いてか問題は簡単である。校友一人一人が自覚発憤して、「我は校風の創造者也我は校風の支持者なり」と自覚して自発自動して校風を支持発展すればよいのである。（中

略）学校の方針をあれこれ言っても駄目である。自治制度を論ずるよりも先づ自治するのだ。

――『校友』第51号第2部P33

この生徒によれば、小林校長の人格に促されて自治が実現していたのに、生徒は自覚していなかった。その問題が小林校長亡き今、表面化してきたので、今後は〈校友一人一人が自覚発憤〉する必要がある。「自治の物語」では〈死して、小林校長は一層“偉大な教育者”として復活した〉（九十年史P463）のと同様に、自治も「復活」したとされる。しかし、実は雑誌上で生徒が自治という言葉を使うのはこの記事がほぼ最初である。つまり、自治という言葉は小林校長が亡くなってから事後的に新しい意味を持つ言葉として使われ始めたことを示している。

小林校長時代には、校長がその権威によって学校外部からの批判に対して防波堤となることで確保した学校内部での裁量の余地が自治であったために、「自治とは何か」は問題とならなかった。生徒にとって議論の余地は、校長が創りだした自治の範囲内にある学校内での行動にあり、校長との対話は対決ではなく生徒が判断した善しあしが学校外からの圧力でつぶされないために必要なものであった。

本荘校長は、生徒が従うべきルールによって学校の秩序をつくろうとした。つまり、本荘校長にとっては明文化したルールを理解し遵守させることが学校の秩序であり自治であった。この場合、生徒の判断が入る余地はない。自治が校長の明文化したルールに従うこととイコールになったために、生徒と校長との間に対話的関係が失われたのである。

③自らを律する生徒たち

本荘校長のやり方は、明文化されたルールに基づくため、校長本人の人柄や生徒との関係に左右されにくい利点がある一方で、ルール違反がすべて学校での問題となる可能性があるため、ルールを強制する必要があった。強制されたルールに従うのではなく秩序だった生活を送るために、生徒にとってまず必要となったのは、生徒が自律的に秩序を保っているという裏付けである。そこで持ち出されたのが、伝統として受け継がれていた校風であった。

自治を中心とする校風を伝統として自覚・体現している生徒によって自律的に秩序が保たれる——と主張することで、生徒たちはルールの強制にただ従うことを回避できる。同時に、この主張は校長・教師との対立姿勢につながる。これは、生徒による自律の方法があるのだから生徒以外がルールを押しつける必要がないはずだと校長・教師をけん制する性格を自治に付け加えたことによる。相談会は、自治による自律の象徴的な場となった。

同質性がもたらす功罪

今まで見てきたように、生徒にとって自治の危機は、単に寛容な校長から無理解な校長への交代による締め付けの強化ではなかった。生徒が自分たちで自分たちを律していることを示す必要が登場したことこそ自治の危機であった。この危機への対応が、「自治とは何か」という答えのない問いに向き合い、答えようとし続けることを自治としたのである。

「自治の物語」は、学校生活で実現すべき秩序を生徒全員の問題として共有する前提となった。これはポジティブな面と見ることができる。その際、理屈の上では何かを自治であると認めるのは校風を共有する卒業生や生徒たち全員ということになるが、現実的には不可能である。そのため、１９２０年代以降には自治の表現方法が洗練化、定型化されていった。このとき、ネガティブな面がポジティブな面の裏返しとして現れる。

校風に基づく学校の同質性は、異質なものとの差異において成り立つ同質性をメンバーに要求する。この同質性を可視化するために、一方では自治の名の下に飲食店や映画館への出入り、服装、女学校生徒との接触など日常生活への自己規制を細分化し、修養会など生徒自身の活動による「矯正」「補導」が正当化されていった（矯風会の各年度記録、九十年史Ｐ706～716）。

他方で、定型化した表現は、運動部の応援をめぐる生徒の排除（長谷川某事件）や応援団による暴力事件において生徒による応援団支持（リンチ事件）などそれ自体が抑圧的に機能するようになる（九十年史Ｐ717〜721）。戦時下に至って疎開を受け入れるようになると、伝統の共有による同質性がより強く求められた。疎開による転入者は伝統を共有していないのだから、私たちとの同質性をもっと示せ、というわけである（九十年史Ｐ615ほか）。

この問題は、自治の各団体が１９４１年に学校報国団、および学校報国隊に改組されたことで先鋭化したと考えられる。学校報国団（隊）は全国の学校内組織を一元的に再編した組織であり、総動員体制を学校内に貫徹するものであった。この施策は学校生活の意味決定権すら生徒から奪い、あとには形式のみがのこされた。

敗戦とその後の改革は、生徒にとって戦時下の抑圧からの解放であると同時に、それまで学校や生活を規定していた秩序の崩壊をも意味した。社会も生活も、学校制度自体も崩壊し再編される中で、いかにして自らを律していくのか。何からの、何によっての自律なのか。激変のさなかで取り組まねばならなかったのは、もはや校長・教師対生徒の枠組みを超えた、まさに「再建」であった。次の節では、その過程である戦後松本深志高校の自治を検討する。

（以上、堤）

岡田校長が基礎をつくった戦後の自治

校長が生徒自治に期待

本章の《危機の時代に召喚される自治》は、旧制松本中学校（松中）用語と松本深志高校において、「危機」意識の中で自治が求められるという構図があったことを示した。《小林校長後に創造された「自治の物語」》では、戦前の松本中学の生徒たちによって、危機意識の中から自治が伝統化されてきた過程を叙述した。

本節では、１９４６年２月から松本中学教頭、48年11月から62年３月まで松本深志高校第２代校長をつとめた岡田甫に注目する。岡田が教頭・校長を務めていた16年間の深志高の生徒自治に関する出来事には例えば次のようなものがあった。

46年９月　相談会総会で「松中（しょうちゅう）オリムピア」の開催を決定
　　11月　記念祭（松中オリムピア）を７日間にわたって開催（49年からは、記念祭をとんぼ祭と改称して毎年開催）
47年10月　松中閉校記念祭開催
　　３月　文芸部が『校友』89号を刊行（戦時中の44年２月以来の復刊）
　　12月　初めて全校クラス対抗合唱コンクール開催（翌年より時期を七月に移して恒例行事）
48年７月　松本深志高校の生徒自治会発足大会（生徒会の発足）
50年４月　「生徒の手引」配布（翌年から生徒会に移管し、「生徒手帳」【用語】として毎年発行
53年３月　学校長の承認を得て成立した生徒会会則改正で「深志高校生徒会員総（すべ）てが構成し、応援そのものは個人の自由意志による」新しい応援団が発足
　　５月　應援團管理委員會発足

生徒会、とんぼ祭【用語】、應援團管理委員會、全校合唱コンクール、校内雑誌『校友』発行など、現在の自治の基礎がつくられたときに岡田が教頭・校長を務めていたことが分かる。この学制改革期を含む戦後初期に教頭・校長を務めた岡田がどのような危機意識を持ち、どのように自治に期待したかを中心に述べていきたい。

自治による松中再建の方針

岡田について述べる前に、１９４４年から松本中学校の校長を務め、48年４月から９月まで松本深志

高校初代校長を務めた小西謙の自治重視方針について見ていきたい。

小西校長は47年3月15日発行の校友第89号に「松中の再建」という文章を寄稿し、松本中学校を戦後の新しい時代において再建するために〈新しい日本の新らしい松中の自治と呼ばれる実体を創り出すことが必要であり、そのために〈努力を惜しまない〉と述べている。

実は校長が自治奨励の方針を真正面から表明するようなことは、戦前期の松本中学ではほとんど見られなかった。小西校長の自治重視方針の表明は、画期的なことだったと思われる。

第2代校長・岡田甫
(『深志人物誌Ⅱ』より)

小西が44年に松本中学校長に就任したときの校内の状況は、九十年史によればなかなか大変な様子であった。この年、文部省と長野県から松本中学の校舎の一部を松本医学専門学校校舎に転用するという方針が出され、校舎の一部を松本医専（松本医学専門学校、後の信州大学医学部）に貸さざるを得ないこととなった（松本医専との校舎の共用は46年7月まで続いた）。戦時中の医師不足で医学専門学校が急務とされたとはいえ、長野県の中で松本中学の地位が相対的に低下していたことも否めないだろう。

こうした事態への生徒や卒業生の猛反対の中で、清水謙一郎校長が辞任した後、小西が校長に就任したのである。また41年以来、学校報国団として実施されていた松本中学の生徒自治は、戦時下の時局の影響を受け、特に下級生にとっては抑圧的な性格の強いものとなっていた。生徒と学校との間の信頼関係を築き、戦時下の雰囲気を払拭(ふっしょく)しなくては、戦後の新しい時代に学校の立て直すことは難しいという危機意識の下で小西校長は、新時代の自治を重視することを明言したと考えられる。

小西は著書『星条旗の降りるまで　占領下信州教育の回顧』（信濃教育会出版部、１９５７年）で、戦後直後、松本中学の伝統であった学年別の帽章について、軍政部（連合国軍総司令部長野軍政部）が県当局を通じて〈廃止するように〉と何度も働きかけてきたことを記している。この軍政部からの働きかけに対して小西校長は、次のように反論した。

> 学校の方針とか校長の命令とかすぐに決め込んで直ちに取り去らせることはいとも容易なわざであるけれどもそれでは教育的とは思えない。生徒をして篤と考えさせた上真に自発的な態勢をつくり上げてこれを処理させることが一番教育にふさわしい進め方であり措置である筈だ。生徒に熟考する時をたっぷり与えるならば自発的な真の解決は必ず期待できよう。かような教育的な—その限りにおいては理想的とも云つてよい——運び方をよく県も軍政部も理解してほしい
>
> ——ともに『星条旗の降りるまで』より

当時、多くの学校は軍政部からの働きかけがあれば、軍政部の強い権力を恐れて直ちに従うケースがほとんどだったことが同書で述べられている。そうした中で小西が軍政部からの働きかけに反論するのは、大きな決意を必要としたと考える。それほどまで、小西は新しい時代の自治に期待をかけていたと思われる。

この小西の方針を受け継いで戦後の深志高校の基礎固めをしたのが、小西校長の下で教頭を務めたあと第2代校長になった岡田である。岡田は小西校長から〈二人三脚みたいなことをやってくれる気はあるか〉という依頼（九十年史P785）を受けて46年2月に松本中学の教頭に就任したが、就任依頼を承諾

するカギとなったのは、松本中学の自治を〈いよいよ益々育て上げねば〉という小西の言葉だったらしい（『深志人物史Ⅱ』P461）。

人類存亡にかかわる危機意識を根底とした岡田

岡田は教頭就任直後の1946年4月19日の職員会議において以下のような方針を表明し、承認を受けたと九十年史に記述されている。

1、授業強化ニハ総ユル努力ヲ払フ。
2、教案ヲヨク練ツテ授業する。
3、教案ヲ立テタル苦心ノ跡ヲ書キ留メ置クコト、形式的ナ教案デナイ様ニ。
4、授業ハ三十六時間ヲ目標トスル。
5、校友会ノ活動ト表裏一体ヲナス様ニシタイ。
6、公民科ノ時間数ヲ増加シ人間性ノ教養ニ力メタイ。

――九十年史　P786

つまり、形式的でない充実した授業に力を入れることと、生徒の自治活動である校友会活動を重視し、授業と自治が「表裏一体」となることを目指すという方針である。これは、自治によって松本中学を再建しようという小西校長の考え方を学校運営方針に反映させたものといえるだろう。

さらに岡田教頭は〈学級ノ経営ニ関シテハ級主任ハ各自ノ人格ノ力ヲ活カシ（略）殊ニ生徒ノ自治的ノ活動ヲ活カシテ実施スル〉という学級経営方針も提案し、承認を受けている（九十年史P786）。

岡田教頭は、こうした方針を具体化するために、教育課程の自主編成のために研究班を立ち上げている。さらに岡田は48年9月に第2代校長となり、教育方針の具体化を進めていった。

このような岡田の教育方針の背景には、広島での原爆投下によって妻と三女を失った経験に基づく、人類の未来に対する危機意識があったと考えられる。50年3月に作られた『生徒の手引』の序文で、岡田校長は生徒たちに次のように呼びかけている。

君たちは現代の人類がどういう立場にたつているか、考えたことがありますか。人間のもつ高い低いさまざまな欲望が不調和のまま入り乱れ、そしてそれをまかなつていく物質的な資源も、文化的な施設も到底これを充たし切れない――否、ますますその矛盾を深めていく。その為、本質的には動物の争と少しも違わない紛争がとめどもなく激化していく。

これを何とか切りかえなくては、このままでは人類は――その持つ優れた科学力の故に一層惨烈に――自らの滅亡に向うことを深く警戒せねばならない。

これを救うためには、われわれ自らが本当に目覚めて高い倫理性をもつて科学をはじめわれわれのもつさまざまの文化力を万人の幸福の為に正しく発揮し、人類社会をもう一段高く引上げねばなりません。

そのためには先づ何としても君たち一人一人が卑しい欲望や、さもしい感情の奴隷とならずに、道理に則り正義を踏んで起つ自主独立の人格者となり切る他ありません。しかもそれは必ず他の人を敬愛し之と協同し責任と幸福とを分ち合うのでなければなりません。そして各自は、それぞれ自己の素質を修練によつて自己を生かし社会に奉仕する具体的現実的な能力をもたねばなりません。

つまり〈科学をはじめわれわれのもつさまざまの文化力を万人の幸福の為に正しく発揮し〉〈他の人を敬愛し之と協同し責任と幸福とを分ち合う〉ような〈道理に則り正義を踏んで起つ自主独立の人格者〉にならなければ、〈人類は自ら滅亡に向かう〉という危機感が岡田の学校づくりの原動力になっていたと考えられる。

ホームルームや生徒会を重視した「実験学校」

ここまで見てきたような方針で岡田校長は松本中学と新制松本深志高校の運営を進めていったが、生徒の自治については、具体的な指示や規則は設けていない。

例えば前述の『生徒の手引』（1950年3月）には、ホームルームの役割についての説明や生徒会則などが掲載されているが、校内外の生活に関する規則（いわゆる「校則」）は何も書かれていない。

なお、九十年史には、松本深志高校では、新制高校としてのスタート以来、一度も「制服問題」を取り上げていないと述べられている（P812）。

岡田校長は、どのようにして授業と自治を密接に結びつけようとしたのだろうか。このヒントになるのが、「実験学校」と呼ばれた教育課程自主編成のための全校挙げての研究であろう。この実験学校では各教科の授業計画とともに、ホームルーム、生徒会などの特別教育活動についての研究も含まれていた。

例えば、57年に松本深志高校から一般書籍として刊行された『高等学校普通課程における教育課程の実験的研究』では、ホームルームや生徒会などに関するアンケート調査を踏まえた考察によって〈高校入学による環境の変化のなかで生徒各自がホームルーム、生徒会などの集団と自己の関係づけができるようにする〉〈教師は生徒との個別的接触、指導につとめて精神的安定を確保する〉〈生徒会―ホームルーム―個人というつながりを確立する〉など、教師の指導方針が検討されている。

この本の序文で岡田は〈この探究実践は、教師一人と生徒一人とが、真に交流せねば為し遂げられない〉と述べている。岡田自身も生徒たちを規則に頼るのではなく、かといって単なる放任ではなく、生徒の自覚を促すことを心がけていたようだ。

このことを示唆しているのは、講堂正面「起居有礼」である。49年、小林有也初代校長の筆跡を基に制作された。この意味について岡田は55年9月の『深志高新聞』記事（岡田甫『たどりつつ』所収）の中で、次のように述べている。

> とんぼ祭の諸行事は、生徒の自主的自律的運営

というところに特色がある。特に自律的な活動が正しく展開され、われわれの持っている精神的な、そしてまた身体的な諸能力が十分に発揮されることを期待するとともに、そのためにはまず、お互いの生活に「起居に礼が有」らねばならない。礼とは人間尊重、秩序と和協を意味するものと考える。平和な、人間らしい生活の基調として、我らが生きるあらゆる瞬間に、何時も美しい調和と秩序とが先ず心の中に保たれなければならない。秩序の保持とは、道理に即し、ルールを守るということである。これを皮相的に見れば、単に外からの規則を守るということにもなるが、真に重要なのは、各人がそれぞれの心の中で内面的秩序を自ら創り、自らこれを行為の世界に於いて行うことなのである。

岡田が、内面的な自覚に基づいて生徒たちが行動していくことを自治において期待し、それを「起居有礼」の言葉で生徒たちに語りかけていたことが分かる。

さらに岡田は《校友に》《笑みを湛(たた)えて進もう》などのタイトルで、『校友』に毎号のように哲学・人格論、学問観などに関する巻頭言を書いている。53年の職員会議では〈生徒のほんとうの品性を高めるには、説教よりも美しいものにふれさせることが大切〉であると述べている（九十年史Ｐ850）。

岡田校長は自治を重視しながら、実験学校の中で学校を挙げて特別活動研究に取り組むとともに、自覚に基づいた行動を促すための生徒への間接的なメッセージを発信することに力を入れていたといえる。

相談会・矯風会を批判的に継承した生徒たち

ここまで、戦後初期の小西謙校長と、岡田甫教頭・校長の生徒自治への期待を紹介してきた。ところで、当時の生徒たちの自治観はどのようなものだったろうか。現時点で分かったことを少し紹介しておきたい。

松本中学には明治期からの全校規模での生徒自治組織として、１８８７年につくられた相談会と、97

年に設立された矯風（きょうふう）会がある。

相談会は、学校生活に関する事柄を生徒全員で相談して決定する集まりであり、矯風会は、校風発揚のために風紀などに関する事柄を生徒自身で決定・実施する組織であった。

1941年5月に松本中学に学校報国団がつくられると、相談会と矯風会の伝統はいったん途絶えた。しかし、敗戦直後の45年11月に「四年生会」を中心とした動きにより、学校報国団が校友会組織へ切り替えられ、それを期に相談会と矯風会の正副会長選挙が行われて相談会と矯風会が復活した。

以下、復活当時の相談会と矯風会の中心的な役割を担った生徒が『校友』に寄稿した記事をとおして、当時の生徒による自治観を垣間見ていきたい。

46年度に相談会会長と副会長を務めた有賀聞平と服部慎一が『校友』第89号（47年3月15日）に書いた記事によれば、45年11月に「松中自治の原動力」としての期待の中で相談会が復活したものの、戦時中は自治の経験が少なかったため、生徒たちは〈相談会の実体及運営等に関しては認識薄く、判然と把握、判別し得ず〉という様子であり、45年度は〈真の実際活動は不可能なる状態〉であったという。

46年度には、30回以上にわたって相談会が開かれ、校友会の会則審議、松本中学制帽の伝統的な五本線についての議論、各部活動の予算編成、秋の記念祭（これが現在のとんぼ祭につながる）の開催準備などが進められた。

しかし有賀と服部は、46年度の相談会も付和雷同の傾向など、課題が多いととらえており〈現在は尚多くの点で再考を要する余地が多分にある。総会に於ける校友に未だ附和雷同の傾向、厳なる批判力の欠けてゐる点等は最も遺憾とするところである。省みるに未だ過渡期として本年度吾々五年生が成したものは実に微々たるものであつた〉と振り返っている。

46年5月に矯風会長になった中島益男は『校友』第89号（47年3月15日）に寄稿した「矯風会報告書」で、おおよそ次のような内容を書き記している。

①戦時中の修養会などで存在していた下級生への暴力行為は〈個性を踏みにじり自由を圧迫〉するもので、〈正に呪うべきものである〉
②そこで〈松中生が自由に自己を延ばし得る、そうして我等の学校をして秩序ある美しい天地にせしむる〉ような矯風会を目指したい。
③46年7月の矯風会総会で、矯風会の存廃問題が持ち上がるなど、矯風会に批判的な生徒が見られた。従来の「風紀取締ニ関スル決議事項」はすべて撤廃された。
④校舎と校庭が戦争の影響で荒廃していたが、矯風会衛生係によって、校舎と校庭の整備清掃が取り組まれた。

このように、矯風会では戦時中とは異なる新しい時代に即した活動を模索したが、「風紀取締ニ関スル決議事項」は撤廃され、風紀に関する活動は不活発な状態であったらしい。

48年3月の松本中学校の閉校と共に、相談会と矯風会は自然消滅の形となった。生徒全員が話し合って校内のことを決定するという相談会の機能は松本深志高校生徒会（特に生徒大会）に引き継がれていった。しかし、矯風会の機能は、衛生係の活動が生徒会「保健衛生委員会」に引き継がれたものの、風紀面での活動を目的とした機関は、少なくとも九十年史の記述を見る限り、発足時の生徒会には設けられていない。

まとめと課題

以上、本節では次のようなことを述べてきた。

戦争で疲弊した松本中学を何とかして新時代にふさわしく再建しなければならないという危機意識を深志高校初代校長の小西謙と共有した岡田甫は、教頭として、さらに第2代校長として学校側の指示や校則などで生徒の生活を縛るのではなく、生徒たちが自分たちの学校生活を自治によってつくっていくことを、重視する方針を採用した。

ただし、自治といっても学校側が何もせずに放任したということではなく、全校的な取り組みとしてホームルームや生徒会などの特別教育活動の研究にも取り組むとともに「起居有礼」など、生徒が自覚に基づいた自治を実践するための間接的なメッセージを発信していた。

　前節で見たように、戦前期の自治は生徒たちによって意識された伝統という特徴があったが、本節で述べたように、戦後初期の自治は、校長からの学校方針の中で明確に位置づけられるようになったといえる。深志における自治は、いわば、生徒たちによってつくられた校風から、校長による教育方針への転換という経過をたどったといえる。

　なお、現時点では、戦後の松本中学・松本深志高校の生徒自治については、よく分かっていないことが多い。

　例えば應援團管理委員會がなぜ、どのようにしてつくられたかも、九十年史などには触れられていない。

　１９４８年３月20日に発行された『校友』90号に掲載された内海武士《本年度を回顧して》には、〈長年松中自治の源泉と全校一致団結の機会とされていた應援團も自治に対して何の見識も妥協もない猛者連の鬱憤ばらしの団体（尤も校友もこれを黙認し引ずられて来たが）として存在するようになって、時代の変革は此を許さず学園より葬り去ってしまった〉と、応援団がいったん廃止されたことが記されている。

　しかしこの5年後の53年3月には、学校長の承認を得て成立した生徒会会則改正によって〈深志高校生徒会員総てが構成し、応援そのものは個人の自由意志による〉新しい応援団が発足し、應援團管理委員會がこれを統括する仕組みがつくられた。この仕組みが生徒同士の議論を通して生まれたのか、あるいは、岡田校長が生徒会での結論を単に承認しただけではなく積極的に後押ししたのかどうかについて、示唆している史料は見つかっていない。現在の松本深志高校のウェブサイトには、岡田校長が應援團管理委員會を発足させた旨の記述があるが、今のところ筆者は、これを裏付ける史料を見つけることができていない。

この應援團管理委員會の件も含め、戦後初期の松本中学・松本深志高校の生徒自治をめぐる事柄と現在の生徒自治との関係については、未解明な点がある。

例えば、本節で紹介した小西や岡田の戦後の危機意識を反映した自治重視方針は、その後の時期にどのような危機意識の中で引き継がれたのか、あるいは引き継がれなかったのか――。この点も解明が求められるだろう。

近年では学校資料が注目されつつある。とりわけ校友会雑誌（『校友』も代表例の一つ）は学校文化などを知る有力史料として期待されている。例えば東京の麻布高校においては、旧制麻布中学校の校友会雑誌をゼミ形式で読んでいく授業が行われている。

生徒、卒業生、市民のみなさんが深志の自治の歴史に関心があれば、史料調査、卒業生や元教職員へのインタビューなどを重ねて、自治の歴史を新たな角度から見いだしていってほしいと願う。そうした作業のお手伝いがもし必要であれば声をかけてほしい。

（以上、冨岡）

松本中学校・松本深志高校の歴史についての諸文献

松本中学校、松本深志高校の歴史について数多くの書物がある。学校や同窓会が発行したものだけでも、九十年史以外に、『深志百年』（1978年）『深志人物史』（1987年）『深志人物誌Ⅱ』（1996年）『深志人物誌Ⅲ』（2006年）『深志140年のあゆみ』（2016年）などがある。また、新聞社などが発行している松本深志高校関係の書籍も複数ある。

また1948年創刊の『深志高校新聞』、1965年創刊の職員雑誌『ふかし』、1958年創刊『松中深志同窓会々報』（以上いずれも刊行継続中）などの定期刊行物も『校友』同様、有力な歴史資料である。これら文献の多くは、松本深志高校図書館および同窓会の書庫に所蔵されている。

（冨岡）

【参考文献】
堤ひろゆき《「学校報国団による生徒の「自治」の変化　長野県松本中学校の「自治機関」に注目して》（東京大学大学院教育学研究科基礎教育学研究室『研究室紀要』第41号P159～170／2015）
堤ひろゆき《「声援」と「応援」の違い　第一高等学校と長野県松本中学校における応援団組織化による校友共同体形成》（『上武大学ビジネス情報学部紀要』第20巻P1～11／2021）
堤ひろゆき《「旧制中学校における「校友」概念の形成　1890年代の長野県尋常中学校の校内雑誌『校友』を手がかりとして》（『東京大学大学院教育学研究科紀要』第54巻P33～40／2014）
TSUTSUMI, Hiroyuki "Individualism of Student and School Identity Based on the "School Color": A Case Study of an Old-System Middle School in Nagano Prefecture" Bulletin of Faculty of Business Information Sciences, Jobu University. 2021, 20, P.13-19.
湯田拓史《「文検合格者」のライフヒストリー　本荘太一郎の経歴》（『研究論叢』第20号P15～25／2014）

——以上、堤担当分

岡田甫『たどりつつ』（銀河書房／1988）
小西謙『星条旗の降りるまで　占領下信州教育の回顧』（信濃教育会出版部／1957）
斉藤利彦編『学校文化の史的研究 中等諸学校の「校友会雑誌」を手がかりとして』（東京大学出版会／2015）
冨岡勝《史料紹介 松本深志高校における教育課程の実験的研究（1957年）》(『月刊ニューズレター 現代の大学問題を視野に入れた教育史研究を求めて』第77・78・79・82・84・86・88号／2021～21）
『深志人物誌Ⅱ』（深志同窓会／1996）
『深志百年』（深志同窓会／1978）
『高等学校普通課程における教育課程の実験的研究』（長野県松本深志高等学校／1957）
水村暁人《中等教育現場における歴史共同研究の実践　校友会雑誌研究とオーラル・ヒストリー》（早稲田大学教育学部社会科日本史攷究会『日本史攷究』第35号／2011）
水村暁人《生徒とつくる歴史共同研究の試み 「麻布中学校々友会雑誌」を読む》(『日本視学教育研究所紀要』第45号／2009）
村野正景・和崎光太郎編『みんなで活かせる！学校資料　学校資料活用ハンドブック』（京都市学校歴史博物館、／2019）

——以上、冨岡担当分

有賀義人・上条宏之・黒川真・山田貞光・鎌倉通敏『長野県松本中学校長野県松本深志高等学校九十年史』（同窓会九十年史刊行委員会／1969）

——以上、両者共通

4 應管と舞装　伝統を更新する深志生（後編）

井上義和

「深志の自治」の舞台裏

本章は映像作品『應管』『舞装』用語の解題であるとともに、第1章「鼎談深志と折衝会」とは姉妹編をなしている。

第1章で取り上げたのは、比較的最近の、自治の精神と民主主義の理念を体現した活動である。先進的な取り組みとして、メディアにも取り上げられ、教育関係者の関心を集めてきた。それに対して、本章で取り上げるのは、何十年も受け継がれてきた、自治の伝統の象徴である。外の目からは時代錯誤や非合理を煮詰めたように映り、保護者が眉をひそめるかもしれない団体や活動である。

この対照的な二つの章が姉妹編であるのには理由がある。

それは本章が、第1章という表舞台に対する、舞台裏の解明を試みるものになっているからだ。舞台裏で繰り広げられるのは、表からは見えにくい「裏方」の活動であり、「役者」の稽古である。このあとの第5章で取り上げるのも、教師という「黒衣（くろご）」の仕事である。

本章も、第1章と同じく、《中の人》――それも先人の魂をブレンドして濃縮還元した《中の人》――の視点から再構成していく。ここで示される解釈の枠組みは、バラバラの事象を整合的に理解するための仮説であり、《中の人》の無意識の水準を扱うので、その妥当性については意見が分かれると思うが、今後の議論のタタキ台として提示する。

深志生に生まれ変わる通過儀礼

対面式からとんぼ祭まで

深志の自治のスイッチは、どのように深志生に埋め込まれるのだろうか。

先に断っておくと、「自治を担う力」なるものを養成する教育プログラムが、深志の公式のカリキュラム（formal curriculum）として用意されているわけではない。もちろんそうした教育プログラムが他所（よそ）で実践されている可能性は否定しないけれども、少なくとも深志の自治は教育プログラムの成果ではない。

深志の自治の担い手を創り支える仕掛けは、いわば隠れたカリキュラム（hidden curriculum）として存在する。すなわち「学校における制度や慣行、教師の言葉や態度、教育実践等を通じて、潜在的なレベルで伝達され作用するカリキュラム」（『教育社会学事典』）である。どういうことか。

生徒の自治に関して、潜在的な（隠れた）レベルで伝達されるのは、第1章冒頭で述べたような、その学校の歴史に埋め込まれたユニークな意味のほうだろう。それは具体的な活動や年中行事と結びつけて解釈され、日常的な立ち居振る舞いとして身体に刷り込まれ、教師から生徒へ、先輩から後輩へと語り継がれるものだからだ。

深志の場合、そうした隠れたカリキュラムにおいて中心的な役割を担うのが、應援團管理委員會（應管）である。

応援団といえば、一般に、対外試合などで自校の選手を応援する集団である。深志の應管もその例外ではないが、実はそれ以外にとても重要な役割を担っていることが、映像作品『應管 〜自治を叫びて〜』（２０１６）からわかる。

さて、深志の新入生は、入学しただけでは深志生とはみなされない。

入学後、数か月間にわたる通過儀礼を経て、ようやく一人前の深志生となる。

通過儀礼とは、ある共同体にフルメンバー（完全な資格を備えた一人前の成員）として迎え入れられるための厳しい試練や承認の儀式のことで、イニシエーション（initiation）ともいう。通過儀礼を受ける当人にとっては、それ以前の自分が象徴的に死んで新しい自分に生まれ変わる、死と再生の儀式であるといえる。

深志の場合、通過儀礼は4月初めの対面式・応援練習用語から始まり、7月のとんぼ祭用語（文化祭）で完了する。應管主催の行事のほかに、出身中学校別の郷友会用語ごとに個性豊かな行事もあるが、後者の解説は割愛する。

新入生たちは、入学式の直後に、深志の自治の洗礼を受ける。

学校主催の入学式が終わると教職員は退場、應管主催の対面式に移行する。厳かで穏やかな空気が一変し、ドーンドーンという太鼓の音と應管の怒号が場を満たして緊張感が高まる。上級生たちが次々と前に出て歓迎（？）のメッセージを「叫ぶ」。それに釣られて同輩の新入生からも「叫ぶ」者が出てくる。異様な熱気と混沌のなかで呆然と立ち尽くす。とんでもないところに来てしまった……と戦々恐々としながら、1週間にわたる応援練習になだれ込むのである。

世間とは別のモノサシを身体化する

深志生になるための通過儀礼には、「死」と「再生」に対応する二つの意味がある。

中学校までの自分からの脱皮と、「世間とは別のモノサシ」の身体化である。

親や教師による管理・支配の下で、「親や先生に言われたから」と言い訳しながら生きてきた自分は、この通過儀礼において象徴的に死んで生まれ変わる。

親や教師だけではない。「規則だから」「男だから」「女だから」……。いろいろな世間のモノサシを当てはめては「誰かに任せて何とかしてもらう」「誰かのせいにして文句をいう」ことが習い性になってはいなかったか。

深志では、相手が教師でも上級生でも遠慮なく意見していいいし、教師や上級生も「先生だから」「先輩だから」という上下関係で相手を従わせることができない。そして「伝統だから」と思考停止せずに、深志の自治は問い直され、更新されてきた。

問題は、こうしたモノの見方や考え方の大転換はいかにして可能か、である。

深志生になるための通過儀礼は、懇切丁寧な言葉を使って理解させるものではない。対面式に始まるさまざまな行事では、中学生の頭の容量をはるかに超えた身体的・感情的な体験のシャワーを浴びることになる。

その出来事に圧縮された象徴的な意味の理解は、後から遅れてやってくる。理解できたつもりでも、それを言葉で説明するのは高校生では難しく、卒業後、多くの経験を重ねて自分自身の言葉を獲得してからであろう。

さて、4月初めの応援練習である。『自治を叫びて』は深志の代表的な、そして象徴的な応援歌である。長い校歌は卒業後に忘れることがあっても、『自治を叫びて』だけは身体が覚えている。

〽自治を叫びて百年（いっぴゃくねん）
五色の大旗翻（ひるがえ）し
一千健児の熱血燃えて
城下に轟（とどろ）く鬨（とき）の声

深志生にとって自治は、言葉による意味理解に先立って、全身を震わせて腹の底から「叫ぶ」ものとして出会うものなのだ。

この順序関係は本質的である。

中学生の自分が馴染（なじ）んできた世界の外部に、「それ」はある。「それ」が何なのかはわからないが、「ここ」にある。そのことを端的に体験させるためにこそ、理解可能な言葉ではなく太鼓の音とともに

「叫ぶ」。

そして新入生を圧倒する声量で先頭に立って「叫ぶ」のが、應管である。

彼らの弊衣破帽のバンカラ風ないでたちは、いかにも時代錯誤にみえるが、あれは秋田のナマハゲと同じで異形の鬼神なのである。「世間とは別のモノサシ」を注入できるのは、教師でも上級生でもなく「この世のものではない」異形でなければならない。性別を超えた存在だから、應援團長が女子でも本質は何も変わらない。

こうして応援練習を通して、世間のモノサシはいったんリセットされ、その後に深志で経験していく出来事を受け止める身体をつくるのだ。

これはある種の刷り込み（imprinting）でもある。

応援練習が無事終わって、あるいはとんぼ祭が終わって、あるいは卒業してから、世間のモノサシに浸って油断した生活をしていても、應管の太鼓が鳴ると条件反射のように「世間とは別のモノサシ」が起動する身体になっている。卒業生が、深志の自治とは何かを問われて、応援練習や應管の太鼓を思い出してしまうのも、そうした理由による。

表と裏の二元制

「自治の下の平等」を支える儀礼空間

應管は「深志の自治」の精神的な支柱である。

深志の応援団は、生徒会や部活動の一部門ではない。生徒会が生徒全員から成り立っているように、応援団も生徒全員から成り立っている。その全校＝応援団をまとめるのが應援團管理委員會（應管）なのだ。

従って應管は、生徒会の下部組織ではなく、独立した組織である。

もっといえば、生徒会と應管は表と裏の関係にある。

第22代應援團長の水野好清（26回生）はいう。

生徒会長が表の顔で、全部を仕切っている。だけれども、全体をまとめるときには、必ず應管が出て行って、應援團長の指揮の下に、いろいろな行事をやる。應援團長というのは裏の顔なんだ。

この生徒会（表）と応援団（裏）の二元制は、新制松本深志高校の礎を築いた校長、岡田甫（はじめ）[用語]の発明とされている。

應管が校舎屋上で上げたこいのぼり。岡田甫校長と生徒の雑談をきっかけに始まったという伝統の掲揚＝2003年5月（信濃毎日新聞社保存写真）

戦後の新制高校では、民主主義という理想の実現への期待を込めて、自治機関である生徒会が設置された。岡田校長はそれでは不十分と考えて、旧制中学[用語]から続く応援団の伝統を生かし、全校応援団制とそれを指揮する應管をつくった。こうして、戦後的な民主主義の理念と、戦前からの自治の伝統とを対峙させ、緊張関係のなかで両立させる仕組みが構想された（☞第3章）。

深志には、生徒会長と應援團長という表と裏の2人のリーダーが並び立つ。

生徒会長は生徒会活動を仕切る。それに対して、應援團長は應管を指揮して対面式やとんぼ祭などの全校行事の場を仕切る。

生徒会活動の中心は部活や委員会などの団体にある。そのうえに団体の代表たちによる折衝会[用語]があり、彼らが地域の自治へと踏み出していったのが鼎談深志である。つまり団体とその代表たちによる間接民主制である。それに対して、生徒会活動のなかでも生徒大会のような全校生徒が参加する直接民主制の場には應管が関与している。

應管が仕切る場には上下関係はない。太鼓の音とともに「自治の下の平等」が実現した厳粛な儀礼空間が開かれる。ここでは應管は別格であり、全校応援団をひとつにまとめる儀礼を執り行う祭司としての役割に徹する。その意味では、應援團長は、いわば深志生の統合の象徴なのだ。

新入生にとって應管は「この世のものではない」異形として立ち現れた。

しかし、このような深志の儀礼空間における役割を鑑みるに、應管とは本来、深志の自治の歴史に連なる死者たちが乗り移ったシャーマンなのだと理解できる。ここでいう死者とは、死んだ人という意味ではない。現役の深志生＝生者に対して、百数十年間の深志の歴史をつくってきた先人たちの魂をここでは死者と呼んでいる（だから、元気に生きている卒業生もここに含まれる）。

すなわち、表と裏はそれぞれ「生者の領域」と「死者の領域」に対応している。岡田校長がそこまで想定していたかどうかはともかく、戦後に発明された表と裏の二元制の歴史のなかで、結果として、應管はそのような「死者の領域」を引き受けてきた。

深志の自治は生者と死者のどちらか一方だけでは成り立たない。

應管の太鼓が召喚する死者たちは、深志の自治はそれでよいのか、と生者に問いかけてくる。生者は、死者からの問いかけに耳を澄ませ、変わりゆく時代のなかで自らを問い直し、繰り返し、深志の自治の再定義を試みてきた。自治を意味づける文脈が変われば、自治を体現する新しい伝統を発明してきた。

このようなダイナミズムこそが、深志の自治に命を吹き込んできたのである。

「すべてが我々生徒の手でおこなわれる」

新入生が深志生になるためには、世間のモノサシをいったんリセットして、その後に深志で経験していくたくさんの出来事を受け止める身体をつくる必要があった。それ以前の「誰かに任せて何とかしてもらう」自分が象徴的に死んで、深志の自治の担い手として生まれ変わるのだ。4月の対面式・応援練習から始まった通過儀礼の総仕上げとなる7月のとんぼ祭は、まさに死と再生の祝祭である。

高等学校の文化祭といえば、一般に、生徒たちの日頃の文化的活動の集大成であり、その成果を広く世間に知らしめる場である。学校の魅力をアピールする絶好の機会でもあるから、文化祭の「映える」写真は生徒募集のパンフレットには不可欠だ。各校が個性を競う文化祭写真を並べてみれば、いずれもキラキラした青春の躍動の発露であり、その点、深志のとんぼ祭も例外ではない。

けれども、本当の意味での学校の個性は、実は、表に出る展示や発表内容以上に、裏方として祭りを準備・運営する体制に現れる。文化祭は、文化的活動の集大成である以上に、その学校における生徒の自治の集大成でもあるのだ。

深志では、〈とんぼ祭はすべてが我々生徒の手でおこなわれる〉（生徒手帳）用語ということが額面通りに実行されてきた。教師の手を借りずに、自分たちの手でやり遂げる。そして、自分たちの手でやり遂げようとする生徒を、教師はつかず離れず見守ってきた。

とんぼ祭を通じて、深志の自治は試され、鍛えられ、新しい命が吹き込まれる。

一般に、伝統的な祭りには、単に「収穫への感謝」や「死と再生の儀式」などの象徴的な意味だけでなく、文化や技術の世代間継承という実際的な機能も備わっている。

例えば、伊勢神宮では20年ごとに社殿を建て替える式年遷宮が１３００年以上も続いている。これほどの頻度で建て替えるのは、社殿の老朽化のためだけではない。20歳の新人宮大工が、次は40歳の一人前として、その次は60歳の指導者として建て替えに参加する。このように、社殿を建て替えながら技術を代々伝承していくことは、頑丈な社殿を建てて物理的に長持ちさせるのとはまた違った、先人の知恵である。

とんぼ祭でも、〈すべてが我々生徒の手でおこなわれる〉過程で、深志の自治の技術伝承が行われる。1年生では新人として、2年生では一人前として、3年生では指導者として成長とともに関わることで、深志の自治の担い手が再生産されていく。

鼎談深志や折衝会が、一代限りの突出した才能頼みではなく、代替わりしながら徐々に「深志らしい」伝統へと深化を遂げているのも、このような、とんぼ祭を軸とした深志の自治の更新サイクルが寄与しているにちがいない。

謎の職人集団ブソウ

さて、とんぼ祭の運営体制の秘密は、単に〈すべてが我々生徒の手でおこなわれる〉点のみならず、ここでも表と裏の二元制が取り入れられている点にある。

表にあたるのは、とんぼ祭実行委員会（とん実）である。常設の専門委員会（各クラスから選出された委員で構成）であり、どの学校にもある文化祭実行委員会と同じく、とんぼ祭という一大イベントを仕切る強力な権限をもった執行機関である。

裏にあたるのは、舞台装置設置委員会（舞装［ブソウ］）である。演劇部、ギター部、軽音楽部を中心に構成され、とんぼ祭など各種行事の舞台設営を担当する。生徒会の機関でありながら、一般の生徒にとってブソウの活動実態は謎に包まれている。究極の裏方である。

その意味で映像作品『舞装』（２０１４）は大変貴重だ。

完璧な暗闇をつくり出すために、段ボールで何重にも目張りをする。舞台上の段差が完璧になくなるまで、ポータブルステージの高さをミリ単位で調節する。完璧な光の正方形ができるまで、照明の覆いを調節する。客席のシートのしわが完璧に取れるまで何度も足アイロンをかける……。ミリ単位の完璧さを追求する――ときには深夜まで及ぶ――設営作業が2週間も続き、ようやく舞台は完成する。

これほど気の遠くなるような時間と労力を、むしろ発表本番に向けた練習に充てたほうがいいのではないか、と思うかもしれない。この合理性を逸脱するほどの完璧主義はいったい何のためなのか。

教師として深志生を見守ってきた斉藤金司はこういう。

> 効率でいったら、あれはまったくナンセンスだ。だけどあのナンセンスな徒労を通して、獲得されるものがある

「舞台を造る」という目的を越えた、ナンセンスな完璧主義。それは舞装の生徒たちもよくわかっている。しかし何のためにそこまでやるのかを説明するのは難しい。

それを考えるためのヒントが、表と裏の二元制にある。

とん実は生者=深志生の力を組織して、次々と起こる突発的な事態に対して適切に判断して必要な手当てをしながら、とんぼ祭を運営する。刻々と状況が変転するなかでは、完璧主義よりも臨機応変な対応や効率的な資源配分が優先されるだろう。

「生者の領域」（いま・ここで祭りに参加する人びと）だけを基準にすれば、舞装のミリ単位のこだわりは確かに非合理に見える。

けれども、舞台設営の知識と技術のみならず、そこに埋め込まれた「舞台を造り表現を支える」精神を先輩から後輩へと伝承していく営みを、「死者の領域」として捉えるならば、彼らのこだわりに宿る合理性が見えてくるだろう。

例えば、茶道のような伝統芸能では、型の習得において徹底した——ミリ単位の——精確さを要求される。伝承の途中で型を緩めたが最後、茶道の精神も消えてしまうだろう。言葉で伝えることが難しいものを、先人は型に埋め込んできたからだ。

大事なのは、型を頑固に守ること自体ではなく、そこに込められた意味を解読し、型を通じて表現すること。型は、死者と対話し、未来に伝えるよりどころとなる。

行事やイベントのたびに、舞台を完璧に設営しては、跡形もなく撤収する。その倦（う）むことのない反復は、あの伊勢神宮の式年遷宮を思わせる。その長が「委員長」ではなく、「大将」の尊称で呼ばれるのは、彼が代々続く職人集団の棟梁（とうりょう）だからだろう。

舞装の原型が生まれたのは1970年代半ば。試行錯誤のなかで技術を確立し、代々伝承するなかで、應管と同様に「死者の領域」を引き受けるようになったのである。

自治の舞台をつくり支えるのは誰か

裏にあって「見えない」舞装は、深志の自治を支える活動のメタファー（隠喩）にもなっている。

舞台で上演され、客席から見える行事や「○○する力」は自治の一側面にすぎない。

舞台を造るために、役者たちは地道な稽古に励み、客席から見えないところで立ち働く多くの裏方たちがいる。脚本と演出がよくても、それだけでは舞台は成り立たない。こうした舞台裏では、実は教師たちも舞台の表と裏の両方で重要な役割を果たしている（☞第5章）。舞台をつくり支える者たちがいればこそ、新しい脚本や演出にもチャレンジできる。

もちろん、客席から見えるのは表舞台だけだ。

だからこそ、学校の外にいる私たちは、舞台を造り支える「見えない」ものへの想像力をもった、良い観客でありたい。その想像力とは、いま・ここの「生者の領域」からは捉えにくいものを安易に切り捨てない態度でもある。自治の舞台をつくり支える者には、生者だけでなく、いま・ここにはいない死者も含まれる。

例えば、客席からは、鼎談深志や折衝会は、高校の新しい必修科目「公共」のお手本のような素晴らしい活動に見えるし、他方、應管や舞装は、時代錯誤や非合理を煮詰めたような理解しがたい活動に見えるかもしれない。

だからといって、時代錯誤や非合理を「理解しがたいから」となくしてしまうなら、「角を矯めて牛を殺す」愚を犯すことになりかねない。もちろん、それは時代錯誤や非合理を「伝統だから」と無批判に受け入れることを意味しない。

第1章と第4章をここまで読まれた方なら、鼎談深志や折衝会が、伝統廃止からも伝統墨守からも生まれることはなかったことを理解するはずだ。

深志の自治にとって、伝統は、死者との対話を通じて、変わりゆく時代のなかで自らを問い直し、未来に伝えるよりどころである（☞第3章）。

深志の自治はそれでよいのか、と問いかけてくる死者の声に耳を澄ますこと。

型に込められた意味を解読し、それを己の身体を通して表現すること。

深志の自治は、いま・ここを超える「死者の領域」との対話を続けながら、この先も伝統を更新していくだろう。

【参考文献】
鎌倉貴久《権力の独壇場》（『ふかし』62号P56～105／2007年度）
《武装集団『舞装』》（深志高校新聞228号／2003年7月17日）

5 深志の自治を支える教師たち

西村拓生／加藤善子

内部の視点、外部の視点

第Ⅰ部で語られたようなユニークで魅力的な、そしておそらく有意義な、松本深志高校の教育は、如何にして可能になっているのだろうか。

「自治の精神に基づく教育」の主役は、もちろん生徒たちである。しかし、その活躍の舞台を造っているのは深志の教師たちである。いったい、どのような教師のあり方が、あのような教育を可能にしているのか。この章では、それを考えてみたい。

その際、私たちは、この共同研究の特徴を活かして、二つの方向からアプローチする。一つは、かつて深志を生徒として体験した教育学の研究者が、自らの出会った教師について回想する、いわば「内部」の視点。もう一つは、卒業生ではない教育学者が、第Ⅰ部で取り上げた映像作品の解題と教師たちへのインタビューに基づき、深志の教師の営みを可視化する、いわば「外部」の視点、である。

最初にいくつかの注釈が必要である。

前者の試みについて。かつてその場を生きた者の語りには、実体験に裏打ちされたリアリティーが期待できる半面、そこには、単に一人の個人の主観的な、時には偏った体験や記憶をもって全体を代表させてしまう危険もある。しかし、教育のような人間の生きた営みを研究しようとする際には、実証的・客観的な手法と並んで、ある特定の事例を深く、厚く記述することを通じて、その営みの典型を浮かび上がらせるという方法がある。本章前半では、筆者が自らの恩師の記憶を語ることを通じて、「深志の教師」という存在の一つの典型を描き出すことを試みたい。

そこで当然予想される偏りは、本章後半で語られる「外部」からの分析的な視点や、第3章における歴史的考察と照らし合わせることによって相対化されるだろう。筆者の教育学者としての知見が、自らの体験の特殊性に対して、何らかの距離をとることを可能にしているであろうことも期待したい。

「危機」の時代の前と後？

また「内部」の視点といっても、そこにはさらに大きな幅がある。前章で見たように、深志の教育は前身の松本中学時代から今日まで続く歴史をもつ。「自治の精神」というモットーは一貫していても、それぞれの時代によって教育のあり方は変化していることも、私たちの共同研究で明らかになった。これから語られるのは、ある特定の時期（筆者が生徒であった1978～81年）の深志である。それは深志の歴史の中で、一つの特徴的な時代の終わりに近い時期であった。第3章で登場した、戦後の深志のいわば中興の祖と目されている岡田甫（はじめ）校長用語の影響を強く受けた教師たち——私たちは研究中、遊び半分に「岡田チルドレン」と呼んでいた——が深志の教育の基調をつくっていた時代である。

しかし、筆者の卒業後、1980年代の間に、その「名物教師」たちが相次いで深志を離れた。本章で明らかにされることの一つは、深志の「自治の精神に基づく教育」というのが、何らかの明示的なシステム（例えば、生徒指導の方法論や教師集団の組織論）ではなく、極めて属人的な「暗黙知」（☞P218）——教師の見えざる手——によって支えられていた、という事実である。それ故、「岡田チルドレン」の退場が、80～90年代の深志において、これまでの暗黙知が継承困難になる危機的状況を現れさせたであろうことは想像に難くない。この「危機」の一つの様相は、第9章の「自治と受験」でも論じられる。「見えざる手」は、それが働いているときに見えないが、働いていない——単なる「手放し」になってしまった——時にも見えないのである。

本章後半で「外部」の視点から論じられる現在の深志の姿は、この「危機」の時代を経て、いわば再建された「自治」の姿である。インタビューに登場する教師たちの多くが、「岡田チルドレン」の時代に自ら生徒として深志を体験し、教師となって戻ってきた方々である。そこで描き出されるのは、新しい状況の中で、それぞれの今、目の前の生徒たちにとって、可能かつ意味のある「自治」の体験を促す「仕掛け」を工夫してきた教師たちの営みである。その仕掛けの内実が、ここではＰＢＬ（Problem-Based Learning＝問題基盤型学習）の概念を用いて分析的に可視化されることになる。

少しだけ結論めいたことを先取りするならば――「岡田チルドレン」の時代と今日の深志とでは、生徒たちのあり方も学校を取り巻く状況も大きく変化している。にもかかわらず、そこでの教師の姿は、結局のところ一つの基調によって貫かれている。深志の教師は「あえて教えない」。教え導く存在ではない、のである。

「伍朗ちゃん先生さようなら」

さて、先に「内部」の視点にも歴史的な幅がある、と述べたが、それは同時代の深志の中でも言えることである。学校の中には多様な生徒の多様な生き方があり得るが、筆者の時代の深志では、とりわけその幅が大きかったようにも思われる。何に熱中して（あるいは熱中せずに）高校生活を送るか――とんぼ祭用語への参加不参加すら――それぞれのスタイルが尊重される気風が、当時の深志にはあった。筆者自身のそれは、生徒会や部活動といった、いかにも「深志らしい」（？）活動に熱中したそれであった。これから語るのは、その中で出会った、あるいは、そのようなスタイルを促してくださった恩師の記憶である。

その恩師は、山本伍朗。第Ⅰ部の映像作品『ホームルーム』の主人公である（注）。１９５２年に松本深志高校を卒業（４回生）して東北大学文学部で

在りし日の「伍朗ちゃん」。常念岳を望む書斎で（映像作品『ホームルーム2019』より）

学んだ後、いくつかの県立高校勤務を経て、70年に母校に赴任した。第4回の卒業生ということは、まさに岡田が校長となって最初に入学した学年である。第3章で論じられたように、ホームルーム[用語]を基盤とした生徒会活動、新しい応援団の体制、そして男女共学といった、新制高校の教育理念が深志においても独自に全面展開した時期である。その理念を山本がどのように受けとめ、自ら体現したのかは、インタビューに即して後述する。

山本の担当教科は英語。私たちの時代は生徒部長（生徒会顧問）を務められていた。81年には離任されたが、91年に深志に戻って3年間、教頭を務められた。生徒から見ると、最も「深志らしい」名物教師のお一人だった。比較的若い頃からの白髪と小柄でがっしりとした体格、いつも穏やかで落ち着いた口調が印象的で、生徒たちは敬愛の念を込めて「伍朗ちゃん」と呼んでいた。本稿でも「伍朗ちゃん」で通させていただく。「山本先生」ではピンとこないのである。

（注）ここでの「ホームルーム」は、第3章で論じられた戦後の新制高校教育の一つの特徴であったそれとは、いささか趣を異にするものである。これから語ることは、その説明でもある。その意味で、以下の論述は第Ⅰ部の映像作品「ホームルーム」の解題ともなっている。

生徒大会と檄文（げきぶん）

筆者にとって伍朗ちゃんの最初の記憶は、実は英語の授業ではない。2年生の1学期、その頃は秋の開催だったとんぼ祭について審議する生徒大会が、定足数不足で流会になる事態が続いた。当時の生徒の間には、「自治」なのだから、総会に出るも出ないも自由、という雰囲気があった。それに対して、出席しなさい、というような指導は教師の側から一切なかったことは明記しておこう。何度目かの流会の直後、講堂の入り口で、2年生になって文系英語のクラスで一緒になった鎌倉英也、中村大祐と長時間立ち話をした。こんなことではいけない、というようなことを言い合って、「檄」用語を出そう、ということになった。

当時の深志には「檄」という文化があった。私たちの時代にはもうそれほど頻繁ではなかったけれど、時折、昇降口の前の掲示板に、模造紙に書かれた意見表明が貼りだされる。それを檄（檄文）といった。学校に近かった筆者の家で、中村の終電まで文案を練り、翌朝3人で、生徒部長だった伍朗ちゃんに、檄を貼りだす許可をもらいに行った。伍朗ちゃんは目を通して「うん、よし」と許可した後、ニコニコしながら、「今度は君たちが生徒会を担っていくことになるだんね」と、安曇野方言の語尾で言った。2年生になりたてで、まだヒヨッコ気分の抜けていなかった私たちにとって、それはずいぶん意外な言葉で、目を白黒させた記憶がある。

この「予言」の効果があったかどうかはわからない。が、私たちはその後、2年生の冬から3年生にかけて、生徒会の議長団・評議会の中心メンバーとして、生徒会執行部とやり合うことになった（私たちの時代の生徒会には、会長・執行部と議長団・評議会の二権分立みたいな構造があり、私たちはそれを松本中学時代の矯風会と相談会を継承するものと、勝手に理解していた）。これは伍朗ちゃんの巧みな「指導」だったのだろうか？

英語の授業と夏の「補習」

鎌倉、中村と連むことになったきっかけは、たぶん伍朗ちゃんの英語の授業だった。伍朗ちゃんのリーディングでは、毎時間の終盤、通常の英文読解の範囲を超え、その文章に関する思想的解釈や哲学的問いを考える、挑戦的な発問が必ず準備されていた。その問いを好んで受けて立つ生徒が、ホームルーム横断で構成されたそのクラスの中で何人かいた。私たちは、それぞれそんなタイプだった。

私たちの時代、2年生の夏休みには「補習」があった。これは普通の意味での補習とはずいぶん違い、何人かの教師が思い思いのテーマで3日間の集中講義をして、生徒は自由に選択できる、というものであった。私たちの年のテーマは、例えば日本史教師、渡辺恭治郎の「鎌倉仏教」（これは生徒から希望のテーマを募って、それに応えてくれた）、世界史・中村磐根の「阿部謹也の『ハーメルンの笛吹き男』を読む」（この歴史的名著は2年前に出されたばかりだった）。生物・柴野武夫の「安曇野の植物」というのもあったと記憶する。そして伍朗ちゃんは、J・S・ミルの『自由論』を原書で読む、というテーマだった。高2の英語の補習としては、極めて挑戦的なこのテキスト、檄の一件以来、自治とは何か、自由とは何か、を考えては議論していた私たちの問題関心に正面から応えてくれるものであった。

木曜会

今となっては、きっかけは思い出せないが、生徒会活動と並行して、鎌倉、中村に、赤羽真爾、赤羽理也、三尾稔の6人で、読書会をしようということになった。職員会のため放課後が早い木曜日に集まるので「木曜会」と称した。まったく自主的な活動なので、許可も顧問も不要だったはずだが、私たちは伍朗ちゃんにお願いして「顧問」になってもらった。ここは、やっぱり伍朗ちゃんだった。といって、何を相談するというのでもなく、自分たちで勝手にテキストを選んで（例えば三木清の『人生論ノート』など）、勝手に議論していた。

木曜会で同人誌を作ろうという話になった。思い思いにエッセイや論文のごときものを書いて、当時はまだガリ版刷りで、冊子を作った。そこに伍朗ちゃんにも寄稿をお願いしたら、喜んで書いてくれた。その原稿は、ピアジェとチョムスキーの論争をそれぞれの原典に即して紹介する、本格的な論文だった。恐れ入った。その内容が理解できたのは後に大学生になってからだったが、私たちの生意気な活動を一人前のものとして受けとめて応答してくれたようで、嬉しかった。

「知」と「自由」への問い

伍朗ちゃんは惜しくも２０２０年の秋に亡くなったが、その少し前、本書の共同研究の一環として、筆者は（コロナ禍のため、残念ながらオンラインではあったが）インタビューをすることができた。

前述のように回顧してみると、意外なことに私たちは、深志の「自治の精神」について伍朗ちゃんから何か「教わった」り「指導された」記憶はない。伍朗ちゃんがしていたのは、ひたすら私たちに「問い」を投げかけることだった。例えばミルの『自由論』の講読を通じて「自由」について考えることを促した。また自らも探究者として問い続ける姿勢を示しつつ、生意気な私たちをも一人ひとり探究者として遇して応答してくれることだった。第Ⅰ部で見た『ホームルーム』は、そして私たちにとっては英語の授業での哲学的な発問や「木曜会」の同人誌が、まさにその場だった。それが私たちには「深志らしい」教師のあり方と映っていた。インタビューで聞いてみたかったのは、そのような伍朗ちゃんの姿勢が如何なる思想に基づき、何に由来するものだったのか、である。

「自治の精神に基づく教育を成り立たせていたものは何であったのか？」という質問に対して、伍朗ちゃんがまず語ったのは、自らが深志の生徒だった時の岡田校長の教えだった。それを伍朗ちゃんは「真理への一筋の道」「人間であることの証左としての知と自由への問い」と言った。――「自治の精神」とは畢竟、「知と自由への問い」である、というのである。それが教育学で慣れ親しんだ「生徒指導」とか「生徒の自律性・主体性の尊重・形成」といった言葉ではないことに一瞬、意外の感をいだきつつ、すぐに、なるほど、と思った。

「自治の精神」の具現化としての授業

それゆえ、「深志の自治は生徒と教師のどのような姿や活動に具体的に現れていたと思うか？」という質問への答えは、端的に「授業」であった。「特別活動」ではないのである。それは筆者にとっては、決して意外ではなかった。筆者の時代、ホームルームの活動というのはほとんどクラス担任の裁量に任されていたようで（それには後述の注のような事情もあったと思われる）、少なくとも筆者のクラスではまったく形骸化していた（ただし、伍朗ちゃんの担任クラスは異なっていたかもしれない。それ故に続いたのが、映像作品で描かれたような卒業後の「ホームルーム」なのであろう）。また「應管」用語も、第4章で論じられたような「表と裏の二元制」の一翼として機能していたかというと、かなり疑わしい記憶しかない。確かに応援練習用語は入学後のイニシエーション（通過儀礼）ではあったが、そのアナクロニズム（時代錯誤）は、岡田校長の新制深志の理念とは、むしろ逆行していたように思う。要するに伍朗ちゃんの時代の深志において、岡田時代の「自治」のシステムは、もはやそのままでは機能していなかったのではないか。では、それにもかかわらず継承されていたことは何だろうか。

伍朗ちゃんの時代の深志の中核であった同僚の教師たちは、いずれもかつて生徒として岡田校長の薫陶を受け、あるいは岡田校長の招きで深志に赴任した。筆者の記憶の範囲内だけでも、上述の渡辺、中村、柴野の各教師をはじめとして、国語の藤岡改造（筑邨）、小林俊樹、政経の上島忠志、英語の鎌倉通敏（前述の英也の父親で、私たちとすれ違いで深志を離れていた）各教師といった名前が挙げられる。岡田校長の教えであった「知と自由への問い」の精神は、これらの同僚に暗黙のうちに共有され（注）、それはそれぞれの授業において具現化されていた、と伍朗ちゃんは言った。確かにこれらの教師たちの授業は、それぞれ極めて個性的で、いわば教科書の枠に収まらない奥行きを持っているように、私たちにも感じられていた。伍朗ちゃんの英語は、当時の深志の中では決して特別なものではなく、多くの「深志らしい」授業の一つだった。

この「授業」というのは、時間割に位置づけられたものに限らない。後に伍朗ちゃんが教頭として深志に戻った際には、放課後に教師も生徒も自発的に行う「授業」を企画して、それを最も大切にした、と回顧していた。「ホームルーム」は、その継続であったに違いない。私たちの「木曜会」も、決して伍朗ちゃんに勧められて始めたわけではないけれども、そのような自発的な学びの営みとして、暗黙のうちに促され、励まされていたのかもしれない。

（注）「暗黙のうちに」ということは、何か明文化された指針や組織的な連携があったわけではない、ということも意味する。少なくとも生徒の目から当時の深志の教師たちは、組織的な連携プレーというよりは、互いに一目置き合い、阿吽（あうん）の呼吸で協働している一匹狼たちのように見えた。しかし、そのように繊細微妙な――必ずしもシステムの裏付けをもたない――文化の継承が極めて困難であることを、生徒ながらに感じてしまう経験もあったことを想起する。おそらくそれが、先に触れた「危機」の要因でもあっただろう。

「問い」としての自治

一つの時代の終わり

そのような深志の「自治の精神」の体現としての学びを、伍朗ちゃんは、「東大進学」を求めるような進学校としてのあり方とは対照的なものだ、と断言した。

しかし、それに続いて「これは個人的な嘆きだけれど」と断った上で、私たちの学年が卒業した後の数年間に、長年、深志を支えてきた教師たちが、県教委の方針によって次々と「出されてしまった」と言った。それによって深志の教育は変質を余儀なくされた、というニュアンスを言外に漂わせながら。

先に名前を挙げた教師は、1985年までには全て深志を離れている。確かにそれは、一つの時代――岡田校長の教えを受けとめた世代の教師たちが深志の基調を形成していた時代――の終わりではあった。

もちろん、「自治の精神に基づく教育」はその後も継承された。伍朗ちゃん自ら、後に教頭として再び赴任し、中村磐根校長と共に深志を主導している。また、伍朗ちゃんたちに教えを受けた世代の卒業生も、教師として次々に深志に戻ってきた。この共同研究の中核メンバーであり、「ホームルーム」の世話人である林直哉や、現校長の石川裕之をはじめ、名前は枚挙に暇(いとま)がない。「その後」の深志において、『東大進学』を求めるような進学校」化への大勢との緊張関係のなかで、かつての深志を体験した卒業生の教師と他校出身の教師との協働によって、「自治の精神に基づく教育」がどのように模索されてきたのかは、本章の後半を通じて、さらには第Ⅰ部で活写された現在の深志生たちの姿そのものによって、明らかにされている。

不在の理念が促す「問い」

翻って、伍朗ちゃんのインタビューのなかで最も印象的だったのは、深志に「自治」が存在していたのは松本中学時代のごく一時期だけで、すぐに消滅してしまった、と回顧されていたことだった。もっとも伍朗ちゃん自身は新制深志高校の第４回卒業である。それが何を意味するのかを重ねて尋ねる機会は、残念ながらなかった。

では、私たちの時代の深志はどうだったのか。それについて伍朗ちゃんは、「真理への一筋の道」の現れである「本当の知的討論」を求める生徒というのは、いつでもほんの一握りであった、と話していた。とすると、「自治の精神に基づく教育」をモットーとする深志において、しかし「自治」というのは、ほとんど存在していなかったということになる。この逆説を、どのように理解すべきだろうか。

おそらく大切なのは、伍朗ちゃんが深志の「自治の精神」の核心を、生徒会とか應管とか部活とかの目に見える活動においてではなく、広義の「授業」に、そこでの「知と自由への問い」に見ていた、という点である。深志の「自治」とは、現に行われているあれこれの活動ではなく、もはや失われ、これから求められるべきものである。それが何であるのかも、もはや（未だ）明らかではない。少し気取った言い方をすれば、それは「不在の理念」である。不在の「自治」を追い求め、議論する過程そのものが「自治」である、「自治」とは何かを問い続けることが「自治」である、という逆説。――そう考えてみれば、なるほど、私たちは生徒会活動のなかで、しばしば「もはや自治は死んでいる」と言い合っては議論していた。まさに「自治」が不在であるという意識が、私たちの活動や学びを駆動していた。

そういう姿勢を、私たちは決して明示的に「教わる」ことはなかったと記憶する。けれども、伍朗ちゃんをはじめとする教師の「授業」を通じて、そして教師たちが自ら探究し、問い続ける姿を通じて、いわば文化的な空気のようなものとして学び、促されていたように思う。

未来のためのノスタルジー

どのような教師のあり方が、深志の「自治の精神に基づく教育」を可能にしているのか、という問いに対して、教育学で言うところの生徒指導論や学校経営の組織論のような議論を予想された読者がいたとしたら、この章でここまで語られたことは、いささか意外なものだったかもしれない。ことによると、もはや浮世離れした、古きよき時代の思い出話であると感じられたかもしれない。

前節の見出し《伍朗ちゃん先生さようなら》は、日本でもよく知られたジェームズ・ヒルトンの名作『チップス先生さようなら』（原著1934年）から拝借した。英国の架空のパブリックスクールの一人の教師の半生を描いたこの小説は、かつてのエリート中等学校のあり方を温かく追想しつつ、それが時代と共に去りゆくもの、変わるべきものと知る者の、淡々とした哀惜の念を感じさせる。伍朗ちゃんたちの時代の深志も同様かもしれない。

80年代に「岡田チルドレン」の名物教師たちが次々に離任したのは、もはや深志――のような旧制一中タイプの学校――だけを特別扱いできない、という県教委の方針だっただろう。私たちの学年の県立高校入試は総合選抜制（いわゆる輪切りをやめ、地域の県立高校に生徒を均等に割り振る）の導入がいったん決まり、後に撤回される、という時代だった。また、私たちが1年生の時、国立大学入試の共通一次試験が始まった。平準化への志向とは裏腹に、以前からあったではあろう「『東大進学』を求めるような進学校」化への圧力が、いっそうシンプルに強まり始めた時代でもあった。

本書の基になった共同研究の趣旨は、深志の「自治の精神に基づく教育」が未来の高校教育の一つのモデルとなる可能性を追求する、というものであった。伍朗ちゃんたちの時代の深志の教師のあり方が、そのまま、現在とこれからの、あらゆる高校や教師のモデルになる、などということは、もとよりあり得ない。恐らくそれは、かつて存在したある特定の条件の下でこそ可能かつ有意義なものであった。もし深志の「自治」が、何らかの具体的な生徒の活動や教師の指導や学校のシステムを意味するのであれば、それをそのまま今日の一般的なモデルとすることには無理がある。

しかし、「知と自由への問い」が深志の自治の精神であり、「自治」とは何かを問い続けることこそが「自治」である、と理解するならば、そのような自治の理念そのものは、どのような時代に、どのような状況で、どのような高校生と向き合っているとしても、私たちが決して捨て去ることのできないものではないだろうか。目の前の生徒たちの多様な生き方に即しつつも、何らかの意味で「知」の高みを追求しない、人間の「自由」を希求しない高校教育というのは、あり得ないと筆者は考える。少し固い言い方をするならば、それこそが後期中等教育（高校教育）の本義であり、伍朗ちゃんの言葉を借りるならば、人間が人間であることの「証左」であろう。――もし伍朗ちゃんたちの時代の深志が「未来の学校」のモデルになるとしたら、それは、この意味において、である。

「その後」の深志において、この「自治」の理念が、平準化と進学校化との狭間で、どのように継承され、追求されたのか、それがどのような卒業生たちを育ててきたのか、そして今日、どのように具現化され、どのような課題や困難に直面しているのかは、本書の全体を通じて明らかにされている。そこで語られる過去と現在の深志の姿が、今日、きわめて幅広い社会的、文化的、経済的なバックグラウンドを持つ生徒たちを、それぞれ固有に偏りつつ抱え込んでいる日本の高校教育の多様な場において、「自治」――という言葉で深志が追求してきた理念――の具現化が試みられる手がかりとなることを期待して、本章後半にバトンタッチしよう。

（以上、西村）

教師の見えざる手

映像作品『折衝会』の衝撃

予算配分は、小さくは自分の小遣いのやりくりから、大きいところでは国家予算まで、あらゆる場面で直面する悩ましい問題である。学校でどのような活動をするにもお金がかかる。学校には予算があり、その予算は公平に配分される必要があるという当たり前の事実を、生徒につきつけるのが折衝会[用語]だ。

　映像作品『折衝会』を見て感銘を受けるのは、イマドキの高校生のイメージを打ち破る深志生の姿である。他人を傷つけないように空気を読み、相手を思いやる心優しい若者のイメージはそこにはない。堂々と自己主張するだけでなく、相手の主張の根拠に踏み込みながら真剣勝負の攻防戦を繰り広げる。生徒が主体となって試行錯誤する過程や、限られた予算を皆が納得する形で配分するという課題に向かって、生徒同士が激論を交わし、工夫や努力を重ねる様子がとてもよく伝わってくる。やはり深志生はスゴい、ここまで堂々と白熱した議論を繰り広げる力があるのだ、自治の力だ、と片付けることはできる。

　一方で、深志の出身者ではない教育学者として、特に大学で初年次教育に携わってきた経験からこの作品を見ると、この活動には教師の手が実に多く入っていることがわかる。生徒が自分たちで運営するが、試練はその過程に組み込まれていて、生徒はそれを乗り越える経験をする。生徒が自分で達成する経験をするように、教師が伴走するプロジェクトになっている。

　折衝会の始まりは２０００年、繰越金問題が直接の契機であった。しかし「繰越金をなくすためにはどうすれば良いか」という問いをそのまま教師や生徒に問うのではなく（恐らく「気を付けます」という答えしか返ってこない）、「予算をどう配分するか」「誰が配分するのか」「なぜそれだけの予算が必要なのか」「他の団体の活動のために自分たちの予算を減らせるか」「現実といかに折り合うか」という問題にブレイクダウンし、生徒が取り組める課題に設定しなおした、という教師の仕事が、この背後にあったはずなのだ。深志の教師の見識に、筆者は衝撃を受けた。

生徒の経験

折衝会で生徒はどういう体験をするのか。映像にはない部分も含めて、教育学的に読み解いていこう。

作品を見て、折衝会のシステムがうまくできているなと思ったのは、期間が５日間に設定されていることである。一発勝負ではないので、何かうまく対応できないことができても、持ち帰って相談できる。女子バスケットボール部の会計担当者は、課題を持ち帰って「みんなと」「顧問の先生と」相談すると言った。彼女は、その日の成果や葛藤や課題を持ち帰って報告し、どうやって皆を説得するか、どこまでなら折り合えるかを皆と相談したはずである。質問や指摘を直接受けていない団体からの出席者も、どこかで折り合わなければ予算が決まらないわけだから、遅かれ早かれ、どの部分の予算をどこまで諦めるかを考えることになる。譲れない部分については、皆が納得できるように説明しなくてはならない。

そして、議論の末に過不足金がゼロになる時、この活動に終わりが来る。増額でも減額でも、予算獲得は自分のプレゼンテーションと折衝の結果であり、成果になるのだ。ある程度持続するが長すぎない緊張と、その結果が明快な形で見えることで、自分の行為と結果の関係が理解しやすい。自分の戦略の反省や評価も容易である。同時に、かなりのプレッシャーが5日にわたって持続するイベントなので、終わった時の解放感と達成感がすべての参加者に共有され、その一体感はインパクトのある「深志の共通体験」となって残るのだ（ここにいる皆でやり遂げた！）。

教師の仕事

折衝会は、表向きは〈生徒会すべての予算を、生徒だけで分配する活動〉であり、〈予算の決定は「自治」の基盤〉である（YouTubeの説明書き）。映像作品に映らない教師の仕事を確認するべく、この折衝会（２０１４年と15年）にかかわった教師たちに、話を聞いた。

折衝会の生みの親、池田昭弘。既に鬼籍に入り、直接話を聞くことはできなかった
（映像作品『折衝会』より）

「こういった活動は軋轢を生む。軋轢を経験したことのない生徒にとって、ストレスの中で解決を模索する経験はとても大切で、成長につながると思う」。作品にも登場した当時の会計経理委員会の主任・守屋光浩（諏訪清陵高校教諭）は話す。彼は映像作品の中でこうも言っていた。「必ずしもうまく生きられないから、折衝会みたいな場において泣いちゃったり、ひどく個人攻撃しちゃったり、ということになったりすると思うんで、そういう意味においても、こういう場があるっていうのは、深志生だからこそ必要なんじゃないかな、という風に思います」

いかに「優秀な」深志生であっても、話し合いや議論のマナーが身についているわけではない。批判を受け止められずに泣いたり、礼儀正しく指摘できずに特定の個人や団体を攻撃したりしている。当時、生徒会の主任だった石川裕之（松本深志高校長）にとって「折衝会といえば、この年の女子バスケ部の顧一件がずっと印象に残っている。女子バスケ部の顧問が同じ科目の先生で、毎日毎日そのことについて話をしていた」。折衝会がそろそろ終わる時間に様子を見に行くことはあり、「これはまずいな」と思っても、その場で介入することはなかったという。「生徒がどんなに厳しく追及されていても、そこで口を挟むことはない。終わった後に、会場の片付けや戸締まりをしながら、折衝会で生徒もストレスが溜まっているし、基本的に自分は生徒の話を聞きながら応援しているだけなのだけれど、『あの言い方はちょっと切ないよね』などと、それとなく会計経理委員の担当者に言ったことはある。それを聞いた生徒がそうだと思えば、生徒たち自身で考えて対応を変える。あの時も、生徒たちがちゃんとしてくれた」

守屋は野球部顧問としても折衝会に関わった。生徒が折衝会から帰ってくるのを待って、対策を一緒に話し合ったという。どうすればこの予算が必要だと納得してもらえるか、何をどういう順番で、どのような表現で話すか、野球部の部員と一緒に「毎日、遅くまで作戦会議をした」。

石川の前に生徒会主任を務めた市原一模（諏訪清陵高校教諭）は、運営側で折衝会に関わった。多めに申請をすれば、折衝会本番で多少譲歩しても前年度よりも多額の予算を獲得できると踏んだ団体が出て、２日目が終了しても赤字額がほとんど減らなかった。それまでの折衝会では、クラブ活動を中心とする団体の予算を折衝の対象としていたが、予算を多めに要求した団体が、暗黙の了解では減額の対象でない委員会の予算（しかも、予算自体も非常に少ないとのこと）を減らすよう要求してきたという。その日の反省会で、委員の生徒たちがその話を始めた。「前年度はどういう希望が出てどのように配分したのかを整理して、その団体の要求が今年いかに突出しているかを証明できればいいんじゃないかなあ」と市原が「独り言」を言ったところ、生徒がエクセルの一覧をグラフ化して可視化することを考案し、準備も折衝会自体も、議論すべきことを議論できるようになったという。

何が問題で何がうまくいっていないか、それを素早く見つけるのは教師である。その問題を、現場にいる生徒が自分たちの問題として取り組めるように、さりげなく声掛けをする。とはいえ、その対応の度合いは教師によってさまざまではある。問題があることを承知していても「自分は、生徒が何か聞いてきたら対応するが、生徒から言ってこない限りこちらからは何もしない。何かあったら生徒から聞きに来るはず」とは、深志出身で14年に教師として赴任し、音楽部の顧問として関わった松本純一郎（松本深志高校教諭）。「生徒との距離の取り方はそれぞれ。いろいろな先生がいていい」と、深志の教師たちは口をそろえて言う。

実は、折衝会のすばらしさは、生徒たちの真剣な議論と、それを陰で支える教師の存在だけでは終わらない。折衝会自体が持つ周到な教育的な仕掛けが、この実践を生きた教育にしている。次節では、折衝会に埋め込まれている周到な仕掛けと、この実践が向かうところについて、もう一段掘り下げて解き明かしていこう。

共同体が議論を成立させる

議論を成立させる仕掛け

この映像作品を見たとき、教師の裏方としての仕事に加えて、折衝会の運営が、PBL（Problem-Based Learning＝問題基盤型学習）の仕様になっていることに気がついた。PBLは、〈社会で起こりうる現実的な問題を基に学習し、問題の発見と解決策を検討するプロセスを通じて学ぶ技法〉であるとか、〈世界で直面する問題やシナリオの解決を通して、基礎と実世界とをつなぐ知識の習得、問題解決に関する能力や態度等を身につける学習〉である、などと定義されている。PBLの力は、机上の学習と社会にある現実の問題がつながっていること、その問題が自分たちの問題でもあることを、部分的にでも実感できるところにある。問題を解決することが課されるので、グループ学習として取り組む場合は、異なる考えを批判検討したり、すりあわせたりする必要も出てくる。知識、実行力、タイムマネジメント、人間関係の調整や自分の感情のコントロールなどが総合的に求められ、否応なしに鍛えられる学習である。

教科書的には、ＰＢＬの設計で大切なのは、①明確なゴールとルールによる周到な設計と、これは特にアメリカの初年次教育で強調されていることだが、②学習者が今どういう状態にあるかを知っていて、学習者が「自分の力で」ゴールまで到達するように導くメンターが必要である。①はデザインの力、②は教師のスキルがものを言う。

ゴールとルールは、学習者だけで試行錯誤しながら取り組むための仕掛けになる。折衝会の場合は、予算申請の過不足金が「ゼロ」になることがゴールで、非常に明快である。参加しなければ予算が獲得できないので、授業で行うグループ学習などとは比べ物にならないほど切実なものになる。

ルールは、

- すべての団体（の会計担当者）が参加する
- 生徒だけで決定する
- 予算を要求した団体はすべて同じ条件で話し合う
- 期間は5日間（折衝会の開始当初は、最終日は深夜まで続いたらしいが、現在は下校時間までに何とか決定する）

——と明確に決まっている。

ゴールとルールが明確に定められ、議論のプラットホームができれば、その後は、その年その年で譲り合いや攻防が起こり、新しい戦術（スマホ！）が生まれたり、新しい問題（コロナ禍で一堂に会せない状況や、ウクライナ危機に伴う物価全般の上昇）が浮上したりして、皆で対応策を考えたり譲歩したり交渉したりする、「生きた」実践が軌道に乗る。自走するが形骸化しにくい、秀逸な設計である。

協働を可能にする教師の力

さて、ＰＢＬをはじめ、グループワークでは全員参加が必須条件だが、これがまた大変な難問だ。グループワークが成立するには、全員が「発言し、聞き、議論し、まとめる」必要があるが、まず全員の「発言」からままならないことは、授業でグループワークを導入した教師なら、誰もが苦い経験とともに知っているだろう。「間違っても良い」「どんな意見も重要だ」といったところで、学生や生徒が生き生きと話し出すはずがないのだ（大人だってそうだ）。自分の考えを表明したり、人の意見を批判したりすることにはリスクが伴う。自分が反対意見を言ったとしても不興を買う恐れがなく、人間関係が壊れる心配がないという保証がない限り、誰も発言などしまい（大人の会議も同じである）。

認知心理学者のStrange and Banningが、マズローの欲求段階説を発展させて、学習者が単なるグループからチームになるまでの発達段階を提唱している。全員が話し、全員の話を聞き、問題解決に向かって協働する体制が整うには、三つの段階を踏む必要がある。まず、自分は受け入れられていると全員が感じ、安心できる状態にある必要がある（①受容と安全の段階）。学習者全員の受容と安全が保証され、それぞれに役割が与えられて遂行する経験を積んでいけば（②参画と関与の段階）、自分から未知の経験に飛び込んで行けるようになる。この段階（欲求段階説では自己実現の欲求にあたる）になると、学習者の多くは自発的に参加できるようになり、より発展的な結果を求めて、リスクを引き受けて努力できるようになる。グループが共同体となり、思わぬ発展を見ることもあるのだ（③共同体が成立する段階）。

折衝会の設計には、この三つの段階が織り込み済みだ。

生徒たちには、まず団体に所属する仲間と、後ろで支えている顧問の教師がいる（＝①受容と安全）。その仲間集団は、折衝会から帰ってきた生徒が、つらかった、明日立ち向かえる自信がないとこぼせる安全基地の機能を持つ。そこで仲間や教師に励まされ、次の日もまた次の日も、それぞれ自分が所属する団体の利益を追求するという役割を背負って予算獲得に挑む（＝②参画）。皆を納得させるにはどうすれば良いか、団体の皆に相談して知恵を絞り、課題を認識して行動を修正し、妥協もしながら予算を勝ち取る。役割を遂行するために、自分たちのエネルギーを投入して必死で考え、対応を試行錯誤し、失敗するリスクも覚悟し、勇気を振り絞って主張したり、折り合ったりする（＝②関与）。この経験は、生徒が出来ることを一つずつ増やしながら、最終的に出た結果を自分たちの責任として受け入れることを学ぶというかけがえのないものだ。そして全員で予算を成立させる（＝③共同体の成立）。

この過程で、教師たちはメンターとして、生徒たちが最後まで議論を尽くせるように環境整備をし、生徒に寄り添う。連日の丁々発止のやり取りで生徒が傷つくこともあり、それを家で聞いた保護者が心配して、学校に相談しに来ることもあるそうだ。保護者の声に耳を傾け、関係の教師に事情を聞いたり、生徒に状況をさりげなく聞いたりして確認し、必要に応じて必要な手当てをするという。

最初から成熟した議論などできないのが自然であって、作法を含め、何をどう主張するか、準備して練習を重ねなければ、礼儀正しい（が白熱した）大人の議論など、できるはずもない（自転車や楽器の習得と同じである）。実際のところ、その軋轢も最後には生徒たちが自分自身で解決するのだ。予算成立＝軋轢解消なのである。

教師たちは、これだけの仕組みを維持し運営しているだけでなく、あくまでも黒衣（くろこ）に徹している。教師と生徒との間に深い信頼関係が築かれていることも明らかであろう。

「民主主義」と「主体性」の教育

折衝会で何をしているのかと問われれば、それは「民主主義的なもの。予算には限りがあり、それを分け合って使うしかない。全員が納得できるよう議論をしつくす場であり、そういうことを追求していると思う」（石川）。

女子バスケ部のケースと同様の申請がなされるこ

とはあり、ユニフォームなど個人で使用するものは申請できないことが、予算申請説明会で十分に伝わっていなかったこともある。それをルールだからと無理やり取り下げるのではなく、「受理申請を行ったうえで会議の冒頭で発言すればいいことなのでは」とアドバイス（市原）。会計担当委員が初日に取り下げるようにと発言したが、ユニフォームは団体として管理しているので申請可能ではないかという意見も出た。議論を尽くした後、その団体がユニフォームの申請を取り下げたとのことだった。

また、予算の申し込みが期日内に提出されないことがあった。その対応策として、会計経理委員会の生徒たちが、提出の遅れた団体の予算を半額にするという罰則を考えたという。その時の主任の守屋は、「話し合いで解決しないといけない」と「とっさに」、しかし「そこはビシッとダメだと言った」（「それは絶対にだめだと思ったんです」と守屋）。連絡が滞ったり、議論の経過が見えなかったり、という折衝会の課題が浮上し、電子黒板を購入して全校生徒に周知することになったそうだ。

生徒の方も、その意義を十分に理解している。当時生徒として折衝会に参加した波多腰啓（諏訪清陵高校教諭）にとって、「折衝会は、どうやって折り合うかを模索する場だった」。兎にも角にも「合意に至る」練習をするのだ。そこでは、全員が納得しているとは言えないまでも、「納得せざるをえない」ことを理解して合意するのだという。

２０２２年度、会計経理委員会で折衝会のファシリテーター（進行役）を務めた矢嶋愛子は、何が議論されるべきなのかを考えたという。折衝会では「かなりの高額を扱う。皆から集めた大切なお金は、公平に振り分けないといけないし、皆が納得できるように終わらないと、と思う。自分たちにかかっているという使命感があった。予算をいい加減に決めたら、（配分された予算を生徒が）いい加減に使う。予算のことは真剣に考えてもらいたかった」。そこで「個人攻撃が始まったら『こちらについてはどうですか』と目先を変えたり、休憩を挟んだりした。折衝会では皆、困りながら話をする。中日には話し合いは滞って進まないが、妥協するポイントになる」。

最終日には皆がギリギリのところで減額を申し出るが、過不足分が数万円まで減ってくると「『あともうちょっと』という声があちこちから聞こえてくる。減額を申し出た団体が、全員に対して『あと少しなので、もうちょっと頑張りませんか。こちらも頑張るんで』と声をかけてから着席したりする。コロナ後初めての対面開催で、対面ならではの温度感があった」。

こうやって配分されたお金を、生徒は大切に使うらしい。「野球のボールは1個千円だという話をしたところで、生徒には響かない。物を大切にさせたいと思ったら、折衝会に出てもらうのが一番だ。折衝会に出た生徒の方が、ボールを率先して拾うし、他の生徒がボールを粗末に扱っているとすごく怒る」(守屋)。

話を聞いた教師は、口々にこうも言っていた。折衝会は無駄だと言えば無駄だ。無駄なことを一生懸命やるのが深志という学校なんだと。折衝会の経験は、教育学的には「主体化」の機能を持つ教育実践である。学習者が文字通り「主体」となるプロセスであり、他の二つの機能、〈資格化(知識・技能を習得させ、職業訓練を提供する機能)〉と〈社会化(所属する社会の行動様式や存在様式を身に着けさせる機能)〉とは本質的に異なるものだ。予算は各団体が提出し、職員会議で調整し決定すれば、軋轢も起こらず時間もかからず効率的であることは確かである。効率的な学校運営や、効率的に成果を出す教育はもちろん大切だが、それに加え、時間と労力をかけて主体を育てる大切さについても、深志の教師たちは情熱を持って取り組んでいる。

「卒業して何年たっても、折衝会の話をする卒業生がいる。生徒には満足感があり、達成感を得ているのだから、続けさせてあげたい」(石川)。この経験は、生徒の心に残るのである。

「自治」の危機を感じているのは誰か
——暗黙知としての自治

同時に、こういった実践を教師が支えていることについて、多くの教師が「こういったことを生徒がすべて自分たちでできるのが理想だが、今の生徒にとっては難しい」と考えている。岡田甫校長とその次の世代（山本伍朗をはじめとする名物教師☞本章前半参照）からの伝統を知る世代が深志から去ったら、深志の自治は残らないのではないかと、一部の教師は危機感を募らせる。

教師たちにさらに聞いてみると、生徒を支え励まし、徹底的に裏方に徹する指導法は、誰も明示的に教えてもらっていない。深志出身で、大学卒業直後の1984年、教師として深志に戻ってきた塩野英雄（松本県ケ丘高校教諭）は、「自分が高校生だった時には、自分たちですべてやり遂げたと思っていたが、教師として戻ってきた時に、先生方がいろいろと支えてくれていたことに気が付いた」。深志の出身ではない市原、守屋も、赴任した時に「何かあったら生徒から言ってくるから」とだけ先輩教師から教わり、どう指導するかについては指示や研修などは全くなかったそうだ。日々生徒と接し、試行錯誤する中で、「こういう風にすればこの学校の生徒が伸びることがわかった」のだと、自分で「発見」した。つまり、この折衝会をはじめ、生徒が自分たちでやり遂げることを裏で支える実践のノウハウが、「暗黙知」として伝達されている。塩野は「自分たちは、教師たちがつくった仕掛けの中で伸び伸びと過ごしていた。その仕掛けをつくることが教育の醍醐味だと思うし、生徒がそのことを知る必要はない。しかし、教師が本当に何もしていないように見えるのも良くない」と考えている。「暗黙知の共有化が必要だ」。やはり深志出身の林直哉（松本深志高校教諭）は、「深志は教師の半分を、『自治の精神』の中で育ってきた深志出身者で確保してきた。これが維持できなくなると、深志の自治は生き残らないのではないか」と考えている。この仕組みを肌で感じ取り、息をするように自然体で実践する教師が少なくなれば、継承されなくなってしまうからだ。

生徒が自治を経験し練習する仕掛けを、未来に向かって如何（いか）に継承し実践していくか。このノウハウは身体化された属人的な暗黙知として伝達され、脱属人化された集合知として伝える方法は確立していない。この点については、第Ⅲ部の課題編で検討したい。

（以上、加藤）

【参考文献】
松下晴彦《教育原理を組みなおす》（松下晴彦・伊藤彰浩・服部美奈編『教育原理を組みなおす』P１～12／名古屋大学出版会／2021）
溝上慎一・成田秀夫編『アクティブラーニングとしてのPBLと探究的な学習』（東信堂／2016）
中井俊樹編『アクティブラーニング』（玉川大学出版部／2015）
Strange and Banning『Educating by Design: Creating Campus Learning Environments That Work』（San Francisco, Jossey-Bass ／2001）

6 とんぼ祭への視角 初年次教育論から

加藤善子

深志高校の自由と自治

深志高校には自治の伝統がある——。

入学式の校長の祝辞、PTA会長のあいさつ、新入生代表あいさつで、三者が一様に述べる一節だ。生徒にも卒業生にも教師にも、自治とは「自分で自分を治める」「自分のことは自分で決める」という意味で理解されているようである。日常のレベルでは、基本的に何をするにも自由であり、自分で決めろということのようで、本人が自分で決めた以上は尊重される、ということであるらしい。

深志の自治は、この自由の上に成立している。深志には校則がない。服装はもちろん、髪型などもすべて自由であり、クラブ活動や委員会活動、学校行事への参加・不参加も自由である。

しかし何をしても自由だというとき、放任され、強制されることなく、何をしても（しなくても）よい、ということを意味するわけではない。生徒は、自由、自治の校是の下、中学校までは学校や親に決めてもらってきたことを、一つ一つ自分で決めていかねばならない。自分で決めた後も、できなければ簡単に諦めたり、他人のせいにして行動しない、というわけにはいかないのだ。周りに働きかけ、助けを得て、どうすればできるか考えるよう期待され、実際にそれができるようになっていく。

一方、教師たちは、前章まで見てきたように、民主主義的な学校運営と、民主主義を担う主体形成を目指して努力を続けてきた。校則がない状態では、教師は「規則だからこれをやってはいけない」と言えなくなり、「なぜこれをしてはいけないか」を生徒に説明し、説得しなければならなくなる。自治の下では権威主義的な対人関係は否定され、この関係が、生徒間にも延べ広げられて、「鼎談深志」用語や「折衝会」用語のような教育実践を可能にする土壌を育んでいるのだ。

では、深志の生徒は、この自由と自治をどのように身に着けていくのか。第4章ではそれをもう一人の編者、井上義和が《中の人》の視点から論じたが、本章では《外の人》の視点から、深志高校の文化祭である、とんぼ祭用語の観察を通して考察してみたい。アメリカの大学の初年次教育論（と、筆者がアメリカで初年次生を教えた経験）を理解のベースに置き、文化人類学における通過儀礼の枠組みに当てはめながら、深志の自治を読み解いていく。それは、深志に入学した生徒たちが試行錯誤を重ねながら、創立時から連綿と続く深志共同体の正式メンバーになるまでの道のりであった。正式メンバーになった生徒たちの成長と活躍は、第Ⅰ部と第Ⅱ部に活写されているとおりである。

正門のアーチ。「蜻蛉祭」の看板は代々受け継がれている＝2022年7月（林直哉撮影）

アメリカの大学における初年次教育

深志の自由と自治、そして、とんぼ祭の観察を通して、深志高校の教育実践を理解するには、アメリカの大学における、初年次教育の文脈が適しているように思われた。特に「自由の扱い方（managing freedom）」を学ぶのは、大学の初年次における重要な課題の一つである。初年次教育の究極の目的は、学生を「自立した個人」に教育することであり、「自立した個人」として大学で生活し学び、卒業後の人生の準備をすることが強く意識されている。そこで教師は、学生を大人として扱い、学生が自ら決断し、行動し、結果を受け入れ、責任を取る練習をさせる。その一連のプロセスに、寄り添うのである。

初年次教育は、「高校から大学への円滑な移行」として定義される。日本では、それが、友達づくり支援や、学び方の転換支援、といった、狭義の教育実践として導入された。アメリカの大学で初年次教育が行っているのは、ズバリ「自立・自律支援」である。そのために、学生が自立をせざるを得ない環境をつくって、学生に自立を強いるのだ。

アメリカの大学では、1年生全員に寮生活を送らせるところが多い。学生を親元から引き離し、キャンパスに閉じ込めるためである。それは、生まれ育った地域や宗教など、これまで学生がなじんできた価値体系（＝伝統社会）から、多様な価値観を認め合うリベラルな社会へと移行させることを意味する。週末に学生を実家に帰さないにはどうするか、教員会議では真剣に議論する。学生のキャンパス滞在時間というのも毎年数字になって出てくる。そこで、土日に文化イベントを企画して授業活動の一環として組み込んだり、初年次セミナー受講生の食事会を開いたりして、学生が週末に実家に帰らないように画策する。リベラルな大学から自分の狭い世界に逃げ込んで、たまった洗濯物をそのまま両親に渡し、両親の作った料理を食べて週末をぬくぬくと過ごす、といったことを全力で阻止するのだ。

例えば、筆者が勤務していたアパラチアン州立大学は南部のノースカロライナ州にあり、キリスト教以外の宗教や進化論を教える際には、今でも炎上を覚悟する必要がある。人種や宗教、性的志向が異なる人々と日夜の生活を共にすることに困難を覚える学生も少なからずおり、それを理由に退学する学生も少なくない。8月末に大学に入学してから、11月末の感謝祭休暇が（理想的には）初めて学生が里帰りする機会になるのだが、学生はその時、親や伝統社会とは自分の考え方や目指す生き方がすでに異なってしまった、という事実を突き付けられる。大学に適応した学生は、自分にはもう帰る場所がないことを悟ることになるのだ。

19世紀初頭のハーバード大学では、入学要件に「試験によって受け入れられ、大学共同体に加わることを許可されたものはすべて仮入学で、1学期を経ないうちは大学の正規のメンバーとはなれない」と規定していたと、アメリカのリベラルアーツ教育の第一人者、アーネスト・ボイヤーは書いている。民族的宗教的多様性の下で民主主義を信じるアメリカで、大学が掲げるリベラルアーツ教育の基盤として、学生は、この移行を経験しなくてはならない。多様性が普遍化している世界で、学生たちが周りの世界について学び、市民的社会的責任を発達させて、自分がその一部である大きな社会に如何(いか)に貢献できるかを発見するのが、リベラルアーツ教育の目的だからである。移行を終え、大学に適応した学生たちは、リベラルな大学社会の正式なメンバーとして、のびのびと学び、議論し、青春を謳歌(おうか)する。

初年次教育は通過儀礼である

この、「親と伝統社会からの分離」というイベントを経て、「自分の力で試行錯誤しながら学び」（移行期としての大学初年次）、「リベラルな大学社会に自立した個人として適応する」（2年次への進級）までの一連の流れは「死と再生」の通過儀礼であり、強い衝撃と痛みを伴うものである。

このアメリカの大学初年次の経験と、深志に入学してからの経験とは、同じ枠組みで考えられるのではないかと筆者は考えるようになった。つまり、伝統社会から切り離して、自立した個人への変化を強いる、通過儀礼の枠組みである。深志への入学がいかに衝撃的であり（特に応援練習用語と、自治の精神）、地元から遠く離れた大学への入学がそれに比べて「どうってことない」「たいしたことはなかった」と《中の人》井上が繰り返し言うのを聞いて、そして一連の観察を通して、次第にそれは確信に変わっていった。深志の教育実践で狙っているのは、

「生徒を自立した個人にすること」であり、卒業時に生徒は「自立した個人」として、それぞれの世界に羽ばたく準備ができているのだ、と。

とはいえ、そう考えたところで高校に寮はないし、生徒は相変わらず地元に住んでいて、毎日親元から学校に通う。アメリカの大学では少なくとも最初の1年間、寮生活が義務付けられているために、有無を言わさず学生は親と離され、自立せざるを得ない（ただし、都市部の大学では通学生は一定数存在する。昨今の学費問題を背景に、通学生が増加しているのも事実である。全米初年次教育学会でも、通学生の移行支援が注目された時期もあった）。

果たして、同じ生活空間を共有していながら、生徒と親の関係性を再編する仕組みが、とんぼ祭には組み込まれていた。とんぼ祭は、深志生になるための通過儀礼なのである。正確にいえば深志の通過儀礼は、入学と同時に始まる。応管[用語]による対面式と応援練習が、強い衝撃と痛みを伴う分離儀礼であり、統合儀礼としてのとんぼ祭では圧倒的な達成感が経験されて、通過儀礼の過程が完結する。とんぼ祭は通過儀礼全体のプロセス（分離・過渡・統合の三つの段階）を再演し、4日間という時間と文化祭という空間の中に象徴的に凝縮した祭りであり、儀礼であり、長い通過儀礼の総仕上げである。

ここでは特に、通過儀礼の総仕上げとしてのとんぼ祭を記述することになる。「死と再生」のうち、「再生」の過程である。強い衝撃と痛みを伴う分離儀礼としての応管行事については、第4章を参照してほしい。

通過儀礼とは

文化人類学者のヘネップによると、通過儀礼とは〈ある状態から別の状態へ、ないしはある世界（宇宙的あるいは社会的な）から他の世界への移動に際して行われる儀式上の連続〉であり、「分離儀礼」「過渡儀礼」「統合儀礼」の三つで構成される。この分類には①分離、過渡、統合の三つの特徴を具備した儀礼が独立してあるだけでなく、②一つの儀礼全体に、分離、過渡、統合、の三つの段階が認められる、という二重の意味がある。

儀礼空間において過渡の状態（＝境界領域）にある人々は、「何者でもない状態」に置かれると、文化人類学者のターナーは分析した。そこには儀礼の長老たちの権威にともに服従する平等な個人で構成される共同体が生まれる。儀礼において起こる人間関係の再編過程を体験的に記述したのが文化人類学者の青木保である。自身が参与観察をしたタイの僧院で何者でもない状態に置かれ、それ以前の身分や経歴、年齢がすべて消し去られて、そこにいる仲間との平等性と共同性が生まれ一種独特の共同体が形成されていく過程が描かれている。

学校を儀礼空間として分析したのが、教育社会学者の山本雄二である。人間を後戻りできない形で次のステップに引き上げるのが通過儀礼であり、学校で過ごす間に子どもは「大きな世界」のメンバーとして「生まれ変わる」ことが期待される。いったん学校で過ごした後は、その前の状態には戻れない。

この、外の世界から分離した境界領域において、属性を消去した共同性が同学年の生徒たちの中に醸成されるのである。この人間関係の再編のプロセスは、とんぼ祭でも確認できた。

さて、とんぼ祭は、生徒が一人前の深志生になるための重要な通過儀礼だが、深志の自由の例にもれず、とんぼ祭への参加・不参加も自由である。昔から、とんぼ祭の期間は旅に出るといった生徒が一定数いたらしい。それを教師も学校も受け入れてきた。

深志にはおそらく、いくつもの通過儀礼（入学式直後の対面式、応援練習、春の縮小とんぼ祭や折衝会など）がある。それらが相互補完的に機能し、かつ、互いの違いや自由を認める校風とも相まって、「とんぼ祭こそ深志」であると同時に「とんぼ祭を知らずとも深志生」であることを可能にしているように思われる（ただ、この辺りは、卒業生によって考え方に濃淡がありそうだ）。

開祭式は「分離の象徴空間」

2021年7月、第74回とんぼ祭の初日、学内者限定の開祭式に出席するべく、伝統ある深志高校の正門をくぐった。正面玄関で「自治の研究　観察者」

と書かれた札を受け取り、体育館に案内してもらった。体育館は真っ暗だった。出入り口の近く、ステージからは後方に着席することにする。

用意された席はほぼ埋まっており、最初にバンドの演奏、運営実行委員長による開祭宣言、校長（深志出身者なので、生徒にとっては先輩である）のあいさつ、「とんぼ祭100連発」と、見る者を退屈させない巧みな演出が続き、だんだんと会場が盛り上がっていく。「100連発」とは、各団体や教師がパフォーマンスをしながら「とんぼ祭」と言って締めくくる数秒のビデオを約100編つなげたものだ。筆者もYouTubeで予習はしていたが、実際に会場で見てみると、事前には分からなかった「ビデオに映される人々はみんな自分が知っている人である」「教師も生徒も深志の仲間である」という一体感と興奮が伝わってきた。歓声や拍手が起こっては体育館内に反響して音が増幅し、暗いので外のことは一切遮断され、この世に存在するのはここにいる深志生の自分たちととんぼ祭の熱狂だけ、といった感覚になる。休憩時間になり、空気を入れ替えるために窓とドアが開けられて光が入ると、生徒も教師も「とんぼ祭」のTシャツを着ていることに気が付いた。外部の目を忘れて、ここにいる全員がつながる儀式なのだと気が付いたので、気配を消して後ろで静かにしていることにした。

休憩が終わると、次はステージとPR映像が交互に披露される。自分たちのパフォーマンスや展示の宣伝だが、単なる宣伝というよりも、自己表現の場になっているように感じられた。アメリカで言えば、学生が毎週末に寮の一角で行うタレントショーのような雰囲気だった。機会をとらえて学生たちはこういったことをするのだが、上級生が出てきて「Express Yourself!」と新入生に何か言わせたりやらせたりするのだ（もちろん強制はしない）。開祭式は体育館を閉め切って行われるので、生徒たちはそれまでの自分や自分を取り巻く世間の目を気にすることなく、新しい自分に（なる決意をすれば）なれる環境がうまくつくられていると思った。これは、ファイヤーストームも同様で、徹底的に自己表現を促す仕掛けになっている。

とんぼ祭のパンフレット＝2022年7月（筆者撮影）

すべての光を遮断するべく、講堂の窓ガラスに段ボールを幾重にも貼る『舞装』の映像作品を見た時も、「なぜここまで取りつかれたように何層にも段ボールを貼っているのだろう」と不思議に思いながら見ていたが、開祭式を観察した後は「光が一切入らない遮断した空間をつくる」必然性があることがよくわかった。それは、各団体のパフォーマンスが披露される講堂が、生徒がそれ以前に所属していた社会との「分離」、そして「生まれ変わり」を象徴的に体験するための大切な空間として機能するからなのだ。

生徒が「自分たちでやり遂げる」ための　教師の見えざる手

とんぼ祭は深志生にとって「自治の集大成」であり、自治活動を最も象徴するものである（☞第2章）。とんぼ祭に関わる生徒にとって、とんぼ祭は最初から最後まで、「自分たちでやり遂げる」ものである。共同研究者の《中の人》も、誰もが、「先生たちは何もしなかった。すべて自分たちでやった」と断言する。

しかし、開祭式を観察して真っ先に気が付いたのは、「17歳や18歳の子どもが、どんなに頭がよかろうがソーシャルスキルがあろうが、これを企画・設計できるはずがない」ということである。ここに大人の手が多く入っていることは、教育学者であれば一瞬で分かる。しかし、卒業生も生徒も、とんぼ祭は「生徒の自治活動」と言ってはばからず、教師もそれを否定しない。生徒が自分で成し遂げたと自信を持って言えてこそ、深志の自治が成立するからである。教師の指導はまさに「見えざる手」であり（☞第5章）、教育学的に表現するならば、「生徒主体・教師主導」ということになろう。

どういう仕組みでこれが可能になっているのか。教師の設計の下、運営と実施は生徒に委ねられるが、生徒がどの段階でどういった問題に突き当たるかは、教師には大体の予想がつくものだ。したがって、対応が自動化できるものは自動化しておく。生徒に発想の転換が必要な問題などは、その段階になれば、次への突破口となるヒントを生徒の目に付くところにさりげなく置いて知らぬふりをしたり、あたかも今思い付いたかのように「あれってどうなってたかな？」といったキューを出したりして、生徒の意識を望ましい方向に向けるのだ。

結果的に生徒が問題解決の主体として考え行動し、答えを出してゴールにたどり着く。もちろん、生徒がすることなので抜け落ちていることもある。そこは、教師がさりげなく手当てをしたり後始末をしたりして、生徒の失敗も分からないように繕っておく（☞コラム「深志生の事件簿」。また《中の人》西村拓生からも「高校時代、自分たちも色々と『やらかした』記憶はある」との証言を得た）。教師たちが背後をしっかりと守っているからこそ表向きは「放任」という形を取ることができ、生徒たちは「自由に」「主体的に」活動していると思うことができるのである。

深志生の事件簿（複数の教師へのインタビューに基づく）

①クレーン事件

あるとんぼ祭で、巨大壁画を校舎の壁に貼り付けることになった。おそらく最初は何も考えていなくて、生徒が自分たちでできると思っていたのだろう。しかし、あんな巨大なものを自分たちで上げるのは不可能だから「今度一緒に相談しようね」と言ったのだが、次に会った時には、生徒が勝手にクレーンの会社に行った後で、もう話をつけてきたと言う。

びっくりして「費用などどうしたのか」と聞くと、「ボランティアで、タダでしてくれる」と言う。本来なら学校長から文書を出してお願いをするのが作法だから、一緒にこれから行こうとその生徒に促しても、もう日程から何から全部話はついている、と。しかし普通クレーンを半日でも借りるとなると、重機に加えて職人さんたちに操作してもらうわけだから、費用はかなりかかる。生徒会で話し合い、とんぼ祭の予備費3万円を都合し、最初は受け取ってもらえなかったが、自分も一緒に行ってなんとか受け取ってもらった。そのクレーンの会社もおおらかで「何かあったらまた使ってください」と（笑）。

②学外講師追い返し事件

個性的な有名人を講演会に呼んだことがあったのだが、その講師が、ラジカセを腰から吊るし、君が代を流しながら会場に入ろうとしていたところを、一人の生徒が「深志高校で国歌を流すとは何事か、けしからん」と講師を呼び止め、言い合いになった。講師は不愉快だと腹を立てて、講演せずに東京に帰ってしまった。それを後で知った教師が、慌てて電車に飛び乗って東京の事務所まで謝りに行き、なんとか事態を収拾したらしい（生徒の方はそんなことはお構いなしで、意気揚々としていたとのこと）。

実際に、生徒や教師への、とんぼ祭をめぐってのインタビューでも、それは確認できる。とんぼ祭実行委員会の下位組織である班長会には教師も出席しているが、口を出さず、最後に生徒が意見を聞くと、感想のようなものを言うらしい（そこでの教師の関わり方は、おそらく折衝会と同様のものであろう。☞第5章）。事務局・統括の担当者は、教頭に呼び出されて、保護者の質問メールへの回答を校長名で書かされたそうだ。何度も書き直しをさせられて「泣きそうになった」。一番よく知っているのは君だろう、（コロナ禍に対応するため）最初にチケット制を考え出したのも君たちだろう、そうしたら最後までやれ、と熱血指導が入ったとのこと。しかしこれを生徒は「指導された」というよりは、「最後まで責任をもってやり遂げた」と言い、「これが自治だ」と言ったのである。

ここでの秘密は、「自分で決めたことはやり遂げる」と何度も指導されることである。それに「深志の自治である」と名前が付くことで、生徒の中でゆるぎない成功経験として残るのだ。「自治」という言葉かけは魔法の杖（つえ）の一振りのようなものであり、自分で決めた以上やれ、それは百年前から連綿と続く伝統なのだと、ことあるごとに自覚を促す、威力ある教育ツールになっていると筆者は理解した。そしてこの魔法の効力は、深志を卒業した後も長く持続する。

「自分で決める」というところだけを見ると発達課題の一つでしかなく、どの学校でもある程度は実践しているはずなのである。しかし、途中で挫折することを繰り返すと、無力感が学習されてしまう（アメリカの初年次教育で取り組むのは、授業にせよ課題にせよ、最後まで取り組んで成功体験を積ませることである）。教師がそこは絶対に譲らずに、生徒に最後までやり遂げさせるという教育実践がセットになっており、この「自分で決める、そしてやり遂げた」という成功体験は、強い達成感と自己効力感という輝きをもって生徒の中に残ることになるのだ。

深志生になる
——通過儀礼の総仕上げとしての「とんぼ祭」

とんぼ祭は、深志生を伝統社会から深志共同体へと移行させる通過儀礼の最終段階であり、そこで分離・過渡・統合を凝縮して再演する。とんぼ祭は、学校内に限定して、（親と伝統社会からの）分離と

とんぼ祭の締めくくり、ファイヤーストームを取り仕切る應管
＝2022年7月（林直哉撮影）

（深志共同体への）一体化の濃密な儀式から始まる。この一体化の儀式は、「とんぼ祭」の伝統を更新するものであるから、過去の深志生との一体化も含まれる。この1日目の儀式と、準備期間を含む濃密な《中の人》だけの時間は、伝統社会での生徒の属性（親の社会経済的位置や出身中学、性別など）を消し去り、そこにいる深志生と教師たちとの間で、深志生としての平等性と共同性をつくり出す。教師―生徒関係の境界線が一度消滅し、時間を超えた深志共同体がつくり出されるのである。

2日目と3日目は過渡に当たる。つくられたばかりの深志共同体が、外部からの来訪者を受け入れるという形になる。地域住民や生徒の家族などは「深志共同体」の「外の人」として位置づくことになる。「深志共同体」と「外の人」たちの間に境界線が生まれる。

最終日には、もう一度、外部を排した「深志共同体」としての行事がある。閉祭式と運動会、ファイヤーストームだ。閉祭式は開催式と同様に体育館で

ファイヤーストーム終了後の泥かけ。円陣を組んで踊り、歌う
＝2022年7月（林直哉撮影）

行われ、とんぼ祭の各場面で撮られた写真のスライドショー、企画展示の授賞式などが行われる。それに前後して自由参加の運動会が行われ、体力が残っている生徒はそこでエネルギーを出し尽くす。

最後の締めくくりに、日没を挟んで應援團管理委員會が取り仕切るファイヤーストームが行われる。初日に正門に飾られたアーチを、全校生徒が見守る中、櫓を組んで焼くのだ。その火を前にして、應管委員が太鼓をたたき、應援団長が「何か言いたいことのある者はいるかー」と全校生徒に呼びかける。近年は思い人に告白し、交際を求めるものが多いが（カップル成立も少なくない）、とんぼ祭に向けて努力した思いをぶつける生徒もいる。それぞれの発表に、應援團長が短いコメントを付す。最後は校歌斉唱、そして花火が打ち上げられる。櫓に水をかけて消火した後は、ぬかるんだ地面の泥をかけ合って円陣を組んで踊り、歌う。ここまでやるのかと正直なところ驚くが、4日間やり尽くした、十分にやった、という気持ちになるのだろうなあと、観察者としても理解できた。

その昔は、とんぼ祭のために作った展示品や法被など、すべてを焼いていたそうだ。とんぼ祭で成し遂げたものは、すべて焼き尽くす。とんぼ祭での成功と高揚は（おそらく失敗も）、そこですべて焼かれて過去のものとなる。本書執筆者で《中の人》西村拓生も、ファイヤーストームが終わった後、何か「憑き物が落ちたように」スッキリとして、迷わず次の目標に向かって進んでいけるのだと言っていた。

ファイヤーストームは、應管の太鼓によって――自治の伝統を担ってきた死者が召喚されるからなのか（☞第4章）――とんぼ祭の非日常性を際立たせ、生徒たちを深志共同体に統合した後、翌朝からの日常に戻すのである。自分たちの力でやり遂げ、生まれ変わった「深志生」として。時間と空間を越えた深志共同体の正式なメンバーとして。

【参考文献】
青木保『儀礼の象徴性』（岩波現代文庫／2006）
有賀義人・上条宏之・黒川真・山田貞光・鎌倉通敏『長野県松本中学校・長野県松本深志高等学校九十年史』（松本深志高等学校同窓会九十年史刊行委員会／1969）
山本雄二《儀礼＝神話空間としての学校》（稲垣恭子編『教育文化を学ぶ人のために』／世界思想社 P86～107／2011）
ヴィクター・W・ターナー『儀礼の過程』（ちくま学芸文庫／2020）
ファン・ヘネップ『通過儀礼』（岩波文庫／2012）
アーネスト・L・ボイヤー『アメリカの大学・カレッジ』（メディアファクトリー／1988）

深志高校周辺の家を歩き、「とんぼ祭」の日程を記したビラを配る実行委員のメンバーたち。騒音などへの理解も求めて回った＝2016年６月（信濃毎日新聞社保存写真）

第Ⅲ部

課題編

伝統の危機と未来

とんぼ祭の日程を議題にした生徒大会で、
発言を求めて一斉に挙手する生徒たち
＝2016年6月（信濃毎日新聞社保存写真）

7 たたかう麻布の自治

水村暁人

自己紹介

今回は松本深志高校の自治を研究する上での比較対象として、麻布中学校・高等学校（以下、麻布）を取り上げてくださるということで光栄です。私自身は麻布の卒業生ではありませんので、これまで私が教師として麻布を眺めてきた中で感じたことを中心にお話しできればと思っています。

私は２００４年に大学院の修士課程を出たタイミングで就職したので、麻布での教師生活は18年目（21年度現在）になります。麻布は65歳が定年ですので、教師全体のなかでは中堅というところでしょうか。いま43歳ですから、あと22年ぐらいはこの学校にいると思います。

異動のある公立とは違い、麻布のような私立だと最長で40年間ほど同じ学校で教えることになります。ベテランの教師は、校風を後輩教師に伝える役割を担っていると同時に、ある意味、学校の歴史を

麻布中学校と江原素六

麻布中学校・高等学校は、東京都港区元麻布に所在する私立の男子校である。１８９５（明治28）年にカナダ・メソジスト教会の経営する東洋英和学校（現在の東洋英和女学院大学）から分離独立し、麻布尋常中学校と称したことに始まる。創立者である江原素六（えばらそろく）は戊辰（ぼしん）戦争にも参加した旧幕臣であり、明治以降は洗礼を受けたキリスト教者であり、さらに自由民権運動にも参加し、第1回衆議院議員選挙で当選し議員を務めた政治家でもあった。

東洋英和学校から独立後の１８９９年に現在の校地（港区元麻布2丁目）へ移り、私立の旧制中学校（5年制）としての道を歩んできた。戦後は新制の中学校（3年）、高等学校（3年）の中高一貫校となり、現在に至る。

東京都港区にある麻布中学校・高等学校の校舎＝2023年２月（筆者撮影）

体現した存在として、校風そのものをつくり出す存在と言えるかもしれません。

私が就職した当時は、１９７０年前後の学園紛争を経験した教師もまだ現役で数多くいました。紛争そのものを思い出として語る教師はあまりいませんでしたが、その時代の空気の断片のようなものがまだ教員室に残っている――そんな空気感を、新人としてなんとなく感じました。

例えば、労働組合（正式名＝麻布学園労働組合）はとても強くて、学園全体をリードしているという気概があり、組合総会は深夜まで行われることも日常茶飯事でした。また毎週行われる職員会議でも、教師同士の侃々諤々の議論が繰り広げられていました。大人同士の話し合いというより、喧嘩に近い雰囲気のようなものに感じられ、新人として何となく「えらいところにきてしまったな」と思ったのを覚えています。ですが喧嘩を繰り広げていた教師たちは、職員会議が終わると全く何事もなかったかのようにお互いに談笑していたり、会議で論点になっていたところを延長戦という感じで熱く語り合っていたりして、職場の「風通しの良さ」のようなものも感じました（今でもその雰囲気はあります）。

私の教科担当は社会科で、主に日本史を教えています。年度によって担当学年は変わりますが、中高一貫校なので基本的に中学1年から高校3年までの全学年を担当します。クラス担任としては、本年度（21年度）は中学3年生を見ています。

部活動の顧問は、赴任以来ずっとサッカー部を担当してきたのですが、3年ほど前から陸上部に移りました。一応、名目上はまだ両方の顧問ではあるのですけれども、サッカー部の方は若手の教師に譲って引退したという感じです。

また教科担当として日本史を教える以外に、総合学習（選択制）を使って、少人数の生徒と一緒に明治期の学園史料を読むという試みをライフワークと

麻布の校則

現在の麻布には明文化された校則は存在しない。江原素六以来の寛容な旧制中学的雰囲気にその校風の淵源をたどることもできるが、現在のような「自由闊達・自主自立」と称される校風が定着した直接的な契機は、1970年代初頭の麻布学園紛争（☞P208）が大きい。

校則はないが、生徒の間で語り継がれる麻布三禁（校内での麻雀、校内での鉄下駄、授業中の出前）ならある。

麻雀禁止は、過去に賭け麻雀が横行し人間関係トラブルが多発したことから、当時の教師が校内での麻雀を徹底的に取り締まったことによる（今でも雀パイが見つかれば没収される）。

鉄下駄の禁止は、かつて漫画『柔道一直線』が流行した頃、鉄下駄を履く生徒が出現して廊下が傷ついたことが由来であるといわれる（当然今はそんな生徒はいない）。

授業中の出前に至っては、「授業中の」と但し書きがあるところが麻布の実情を逆にあぶり出している。もし悪ノリした生徒が授業中にピザの宅配を頼んだ場合には、確実に教師から現物を〝没収〟されるであろう。

生徒・教師間の紳士協定によりすべての物事が成り立っていることを示す好事例といえる。

してやってきました。

本校では20年ほど前から、総合学習の時間を「教養総合」と称し土曜日に2時間を確保して選択制の講座型授業を行っています。私はその時間に、本校に所蔵されている旧制中学時代用語の学内誌「麻布中学校々友会雑誌」を共同研究してきました。あと「オーラル・ヒストリー入門」と称して、紛争当時の教師や生徒だったOBに聞き取りを行うという講座もときどき行っています。ひとまず私の自己紹介としては以上になります。

麻布の総合学習「教養総合」

2004年度より、麻布では「教養総合」という名称の総合学習の時間を設けている（当初は「特別授業」と呼称）。紆余曲折を経ながら続いており、21年度は高校1～2年を対象とし、土曜日の3、4時間目に実施されている。

教師やOBが趣味や専門に基づく講座を各学期30講座ほど開設し、生徒は自由選択で受講する。ジャグリングや漫才などを学ぶものから、弁護士や医師あるいは第一線で研究をするOBによるキャリア教育的なもの、また韓国語やドイツ語といった言語学習など多岐にわたり、生徒の中には教養総合を通じて将来の進路を決めたものもいる。

麻布に赴任してみて

麻布に赴任した頃の第一印象から話してみます。

繰り返しになりますが、私は麻布中学・高校の卒業生ではありません。本校は、教師に占めるOBの割合は私立としては少ないほうだと思います。専任教師約90人のうち麻布OBは10人強ぐらいでしょうか。最近、少し増えてきているとはいえ、ほかの私立に比べると少ないのではないかと思います。

私の出身高校は埼玉県立浦和高等学校（以下、浦高）ですが、深志と同じく旧制中学以来の長い歴史をもつ地方公立伝統校です。

都心の私立中高一貫校である麻布にも、浦高とよく似たところがあります。

どちらも男子校で、自由や自治という言葉が重んじられている。生徒は伸び伸びやっていて、教師との距離感も近いなど。それから休み時間や自習の時間に近くのコンビニやラーメン屋に行っても誰もとがめたりしないというところも同じだなと思いました。それから教師のことを基本的に「さん」付けで呼ぶところ。何か生徒と教師のあいだに対等な空気が流れているところを懐かしく感じました。

ですから、自由な学校として知られる麻布に、私は勝手に親近感を抱いていました。

ところが、着任してみると少し（かなり）違うと感じる場面がよくありました。

それは、教師が生徒の自治に少しでも踏み込もうとすると、途端に「そこは一線を越えないでくれよ」と反発するような雰囲気を、生徒が露にしてくることです。最初の頃は、特に強く感じました。

例えば、生徒がクラスで話し合いをしているときは、「教師は口を出してはいけない」という暗黙の了解がある。何かの委員を決めたり、文化祭の予算や決算について話したりしているときなどに、よかれと思って口を挟もうものなら「先生は黙っていて」と遮られる。

文化祭などイベントでは、教師側は「生徒委員会」（生徒指導部のような担当部署）が窓口になって生徒側との交渉に臨みます。学校として許可できること、できないことがあるのですが、生徒側は「俺たちのやりたいことに口出すな」「踏み込んでくるな」と反発するので、交渉は喧嘩のようになります。教師と生徒の間に何か利害の対立があった際には、途端にピリピリした空気が流れる。

私が経験した「浦高の自治」とは違う、麻布に固有の文化を感じたのは、そこです。

中学受験の世界では、麻布は入るのがとても難しい学校の一つです。

少し前まで小学生だった子供が、難しい入試を突破したことで、いわば「中学受験エリート特有の全能感」を持って入学してきます。「麻布に入った俺たちは何をやってもいいのだ」という根拠のない自信に満ち溢れている。先輩たちも「何をやってもいいんだぞ」という感じで彼らを迎えます。先輩たちが「ここでは教師に対して遠慮せずに好きなように振る舞っていい」という態度や姿も見せながら、中学受験エリートたちの自信やプライドをくすぐっているのです。

着任した初年度は中学3年生のクラス担任になりました。

中学3年というのは、「麻布の自治」を体現するべく背伸びをしたい盛りの学年です。麻布の場合、文化祭などのイベントや部活動のリーダーシップをとるのは高校2年であり、高3になると引退して受験に専念する。高3は文化祭にも参加はしますが、運営側よりもお客さん側に近い立ち位置です。

従って、中学3年というのは5学年の中堅として、文化祭でも先輩から責任ある仕事を少しずつ任されるようになり、いい気になり始めている。当然、教師にどう対峙するべきなのかも先輩から学んで身につけてくる。そういう学年なのです。

着任早々受け持ったのが中学3年だったので、私が受けた「麻布の自治」の衝撃はより大きかったのだと思います。

教師と生徒の関係

初年度と2年目は、日本史の授業では中学2年と3年を担当しました。

時間になり生徒を座らせて授業を始めるまでに、随分と時間がかかりました。ワイワイガヤガヤやっている教室に入っていって、全員座らせて静かにさせて「気を付け、礼」をすることは無理だ、ということを痛感させられました。しかし、これは受け入れるしかない。ここは「気を付け、礼」をビシッとやる学校ではないと思いながら慣れていった感じです。

もちろんそれは中学2〜3年という背伸びをしたい盛りの学年だったせいでもあります。高校生になっても「気をつけ、礼」をビシッとやるわけではないのですが、もっと自然体になってきます。中学2〜3年はわざと騒いで教師を試すような雰囲気があります。

ただ、だからといって教師がそうした生徒の振る舞いに迎合するわけではない。

着任した初年度に他の教師たちを観察していて面白いと思ったのは、席に着かない生徒を肯定している教師は一人もいないし、彼らに対して本気で怒っていたことです。

生徒の振る舞いを飲み込んで掌（てのひら）の上で上手に転がしてやっている、というよりは、本気で怒る教師たちと、それを本気で面白がる生徒たちがぶつかって火花が散る。だから「教師らしさ」を無理に演じなくてよくて、生徒に腹が立ったときは怒ればいいし、腹が立たなければ怒らなくていい。「教師ならここで怒るべき」だから怒るのではない。そういう感覚で、生徒も教師もぶつかっているようでした。

生徒と教師の上下関係を前提に「黙れ」と言って

「まいったな職員会議」

2020年8月、学校内にて筆者撮影。作成者不明。コロナ休校明けの学校内、文化祭関連の装飾を担う文実美術局のたまり場「地下備品倉庫」の前に立てかけてあった看板。この当時はコロナ禍により文化祭や部活動をはじめとする自治・自主活動にかなりの制限を加えざるを得ない状況が続いていた。また、急きょエレベーターの設置で生徒のたまり場「地下備品倉庫」の取り壊しが取り沙汰されたことにより、生徒・教師間の緊張感も生まれていた。こうした状況下で、生徒側から見た「体制」「権力」「抑圧」の象徴ともいえる職員会議に対し、フラストレーションを表明したものと推察される。

も黙らない。「だったら授業の中身で生徒を黙らせよう」という姿勢で授業をやると、不思議なもので、だんだん生徒も黙ってくる。そうやって試行錯誤しながら、ある意味、対等な関係性が出来上がっていく感覚はありました。

麻布の自由については、前校長の氷上信廣（ひかみのぶひろ）の言葉――「麻布は柵のない牧場である」――という言葉が印象に残っています。「普通の学校は危険な場所に生徒が行かないようにあらかじめ柵が設けてある。でも麻布の生徒たちには柵がない。いわば放牧状態に近い。その向こうが崖であっても、柵があるから止まるのではなくて、止まるかどうかは自分で考えろというのが麻布だ」と。まさにこの通りだなと思います。

紛争の記憶の継承

現在の「麻布の自治」の原点とは何かと問われれば、多くの教師・生徒が「麻布学園紛争」と答えるでしょう。１９７０年前後の学園紛争を経て校則のない自由な校風が確立したという歴史がそれです。もはやそれは、歴史というより生徒にとって神話と化しているかもしれません。

新入生には、学校から『麻布学園の一〇〇年』（１９９５年発行）という、百周年を記念して作られた学校史が配布されます。紛争についても詳しく書かれてますが、それを真面目に読む生徒はほとんどいないでしょう。新入生には、生徒の自治機関が編集・発行する『ウェルカム』というガイダンス本も配布されるので、そこでも紛争の歴史を知ることができます。あと、文化祭のときには実行委員会が麻布の自治の歴史を模造紙にまとめて展示するコーナーを作ります。そんなにお客さんを集めるわけではないのですが、毎年毎年懲りずに設置される。ただ、そうやって、目に触れる、耳に触れるところに紛争の歴史があるのを感じています。

ちなみに『ウェルカム』というのは、文化祭実行委員会（以下、文実）が作成するものなのですが、雑多な記事が盛り込まれています。文実の組織の紹介や部活動の紹介、そして「教員紹介」なんていうのも勝手に掲載しています。そこには文実目線から見た教師像が、皮肉や悪口も交えて書かれているのです。教師が本気で怒るくらい失礼な内容が書かれ

麻布学園紛争

1969~71年に、学園内で起きた生徒・教師による諸運動の総称で、その内容から第1次紛争と第2次紛争に分けられる。概要を『麻布学園の一〇〇年』を基に整理してみよう。

「第1次」は、69年2月~70年3月の間に起きたもので、68年前後の全国的な大学闘争（紛争）の展開に影響を受けた高校生による、学校教育改善を求める運動である。69年の建国記念日反対運動に端を発し、平均点制廃止や定期試験廃止などの運動に発展。その後校長室占拠事件や全校集会を経て「生徒の自主活動は基本的に自由である」こと、生徒・教師の関係は一方的で従属的なものではないことなどが確認され、沈静化した。

「第2次」は、学校混乱の責任を取って辞任した藤瀬校長に代わり70年4月、山内一郎（本校理事、卒業生）が同窓会・理事会から「校長代行」に選出されたことから始まる。彼は4月の新年度開始早々、職員会議の場で、前年度の生徒との確認事項を全て破棄すると宣言、教職員に対しても締め付けを強める態度を露（あらわ）にした。71年度に入ると生徒たちは「山内体制打倒」を掲げ、10月の文化祭で反撃を準備。その気配を知った山内代行は文化祭へのガードマン配置を決めた。対する生徒は文化祭2日目に、「突撃部隊」を組織して学園に突入、生徒とガードマンとの小競り合いから機動隊が出動する事態となった。複数の生徒が身柄を拘束されて文化祭は中止、学校は閉鎖に。翌日は後片付けのために登校した一般生徒と教師による討論会が自然発生的に行われたが、その中でさらに事務室前に座り込んだ生徒300人が、山内代行が再び投入した機動隊によって排除された。

その後、生徒たちは超党派の「山内打倒共闘会議」を結成。また、山内体制以後に結成された教職員の労働組合は、山内退陣を正式に要求書として提出した。山内代行は無期限の学校閉鎖（ロックアウト）を実施、正門前で警官ともみ合ったり、校内に押し入った生徒計6人が逮捕された。11月に入ると生徒たちは学外デモ、ロックアウトの解除を受けて全校集会を行った。その場に呼び出された山内代行は、激しい追及に対して強気な姿勢を示したが、2度目の全校集会の場で退陣を表明することになった。

文化祭の様子＝ 2017 年 5 月（麻布学園ホームページより）

ることもあるのですが、新入生からしてみれば、これはカルチャーショックなんだろうなと思います。「先生についてこんなこと書いちゃっていいんだ」と。つまりそこで教師・生徒の関係性を学ぶようなところもあるのかなと思っています。

浦高では、応援団が新入生を集めて「校歌を覚えてこい」なんていう「オリエンテーション」を実施して、暗闇の中竹刀で床を叩いて脅して、と自治や自由の精神を身体に注入するような行事があったりしましたが、深志にも似たような行事があるそうですね。どこかの地方の公立高校では最近問題になったそうですが……。

麻布にそのような通過儀礼があるのかといえば、そういうのは一切ありません。歴史のある男子校だというのに、硬派な伝統行事が全然ないことに、私は逆に驚いたぐらいなのですけれども。

では麻布生は入学後、どのように自治や自由について学んでいくのか。

私が観察した限りで言えば、「麻布には学園紛争というものがあって、そこで勝利して自由を獲得したのだ」という認識は、何か一つのイベントを通じで学ぶというより、日々の生活の中でじわじわ浸透していくようです。

先ほどの「中学受験エリートの全能感」と、学園紛争の記憶がつながるような回路があるのかもしれません。浦高や深志のような公立高校では、中学時代に身につけた秀才特有の全能感を、入学直後にヘシ折るような少し痛い体験をわざわざさせます。ところが、麻布は必ずしもそうではない。むしろその全能感を、教師たちとの日常的な闘争に振り向けて、自治・自由の歴史を理解させているのではないかと。詳しいことはまだ理解し切れていないのですが。

自治と勉強の関係

あらためて考えてみると、麻布の生徒の全能感はどこでヘシ折られるのだろうか、という問題がありますね。

勉強で培った全能感なので、勉強で挫折したら（学業成績が落ち込んだら）ヘシ折られるかというと、そうでもありません。勉強については、こう言っては言葉が悪いのですが、麻布の場合は他の進学校に比べたら放置気味といえるでしょう。成績が悪いからといって自治・自由を制限することはありません。それよりも、「高2の引退」までは目いっぱい全能感を堪能し、自治・自由を謳歌し、行けるところまで行ってほしい。そして高校3年になったら、自分の足で自分の目標に向かって歩み出しなさいと。もちろん実際には、個々の生徒の状況に合わせた対応はやっていますが、全体の方針としてはそんなイメージです。

そもそも自治・自由と学業成績をトレードオフの関係で考えるという発想を教師は持っていません。突き抜けたメンタルを持っている子たちなら、大学受験程度は乗り越えてしまうだろう、というのが共通認識ではないかと。

自治・自由を引き受けるプライドと「大学受験程度は乗り越えられる」というプライドが渾然（こんぜん）一体となった感覚は、麻布だけでなく、公立を含めかつての進学校特有のものでしょう。ただ、いまは麻布の教師のなかでも、そういう感覚と「いや、もっと中学から勉強させなければ、このままではまずい」という感覚が同居しており、ギリギリのところでせめぎ合っています。

不祥事が増えてきた背景

麻布における教師と生徒の関係は、基本的に教師は生徒にとって立ちはだかる壁であり、生徒はそれと対峙して自治を勝ち取っていく、というものです。この対立の構図が自主活動や文化祭などで繰り返されることで、「麻布の自治」は成り立っています。

「麻布の自治」に特有の問題として、不祥事が頻発するということがあります。

文化祭などのイベント運営の中心的な実行部隊として文実があります。彼らは生徒の代表として教師とたたかいながら自由や権限を勝ち取っていく強力な生徒集団といえます。実は、そこに参加するような活発な層が減ってきているのが近年の傾向です。文実は各担当のパートに分かれていて（かつては「部門」と呼ばれ、現在は「局」という）、局どうしは協力関係でありつつ競合関係にあるので、生徒たちは自分たちの仲間を増やすために「内輪ノリ」をどんどん強めていく。内輪化が行き過ぎると外の世界が見えなくなり、高校生がやってはまずいことなどが起きやすくなるのです。

ここ10年から20年、そうした不祥事が増えてきた背景の一つとして、自治のパイ（人的資源）の枯渇化に伴う先鋭化と、一部生徒の先鋭化に伴う一般生徒との乖離（かいり）があるのではないかと分析しています。一般生徒というのは、「たたかう麻布の自治」への意識がそれほど高くなくて、普通に文化祭をやって楽しみたい、というぐらいのスタンスです。

ちなみに麻布の自治には二つのベクトルがあります。サークル活動や生徒予算の管理、選挙の運営といった日常の自治運営を担うベクトルと、文化祭や運動会といったイベントを取り仕切るベクトルです。「二応」と「三応」と呼ばれています。これは「第二応接室」と「第三応接室」の略称で、生徒の自治機関が実効支配している部屋を指します。

「二応」「三応」の入り口＝2023年2月
（筆者撮影）

「二応」は予算委員会や選挙管理委員会、サークル連合が実効支配する部屋で、いわゆる生徒会のような、学校全体を調整する予算編成などに関わる、比較的穏健な生徒たちが集まっています。教師から見たらまだ話が通じるという意味で、いわば「穏健派」といえるでしょう。何か不祥事が起きたときに、教師と話が通じるバランサーとして出てくるのが二応系の生徒たちだったりします。

それに対して「三応」というのが文化祭、運動会の実行委員会が実効支配する部屋で、「俺たちでイベントをつくるぞ」という、どちらかといえばマッチョな生徒たちが集まっています。先鋭化して不祥事を起こしてきたのは主にこの三応系の生徒たちです。

中学1年に入学した生徒たちも、何となくどちらの水が合うかで中学2年、3年ぐらいになると自然と色分けされてくるので、この二つの流れが連綿と受け継がれているように思います。

「第二応接室」の人びと

現在の麻布に、いわゆる生徒会は存在しない。1970年代初頭の紛争期の混乱を経て生徒会（生徒協議会）は解散した。生徒会を唯一の生徒の意思集約・決議主体とすることで、学校側が生徒会のみを交渉相手とする可能性があること、代議制により個人の主体性の発揚が切り捨てられることなどが、その理由とされている。

とはいえ現実問題として自治活動における予算配分やサークル活動の利害調整は必要であり、現在ではいくつかの生徒自治機関が成立し、それらが連携と対立をくり返しながらバランスをとり、分権的状態を構築している。

なかでも教師集団と生徒集団との調整や交渉を主に担うのは「予算委員会」である。委員は各クラスから二名選出され、文化祭そのほかの生徒自治関連予算の配分を担う。同じくクラスから選ばれる「選挙管理委員会」は、文化祭・運動会の選挙関連事務を行う。部や同好会が集まる「サークル連合」は、サークル全体を束ね、予算配分や支出のチェック、部室棟の管理などを担う。こうした自治機関の事務局が置かれている部屋が、事務棟二階にある第二応接室（通称「二応」）である。

「第三応接室」の人びと

文化祭や運動会の準備と運営は、かつて直接選挙で選ばれた委員長・会計局長と、委員長が指名する部門長によって担われていた。部門長のリーダーシップの下に有志が集まり、各部門は独特の文化や個性を育んできた。

しかし度重なる不祥事と、その背景にある各部門の過剰な特権意識や内輪意識、一般生徒との乖離などへの反省から、2013年前後から組織改革が行われ、クラスから選出された代表による「文化祭執行委員会」「運動会執行委員会」によるボトムアップ型の組織となった。

まずクラス代表としての執行委員が文化祭（運動会）の方針を集約し、それに基づいて、直接選挙によって選ばれた委員長を中心とした「文化祭実行委員会」が実行部隊として準備を担う。いわば立法機関としての「執行委員会」と行政機関としての「実行委員会」が分立することで実行部隊たる文実（運実）の暴走を防ぎ、一般生徒の意思集約に基づいた文化祭（運動会）の実現を目指すのである。

この分立体制はようやく軌道に乗り始めたが、それが実際に機能するか否かは、その年の文執委員長と文実委員長との関係性に左右されるところが大きい。

「麻布の自治」の危機

「麻布の自治」は教師とのたたかいのなかで勝ち取られるものである、という雰囲気を形づくる上で、学園紛争の歴史はいわば起源の神話になっていて、毎年毎年、それを自分たちで再演しながら継承している。ただ、近年では「たたかう麻布の自治」に対してあまり生徒が集まらなくなってきていることもあって、教師としては、闘争のエネルギーというかパワーが少し落ちているのではないかと思うこともあります。その意味では「麻布の自治」は危機に瀕しているといってもよい。

そもそもいまは、麻布に限らず社会全体が、「運動」「闘争」のような枠組みで、何か事を成してやろうという考え方を持つこと自体が難しい時代にはなっているのではないかと感じています。時代の流れは大きいでしょうね。たたかって何かを獲得する感覚そのものが薄れている。

以前は、生徒にとって教師はたたかう相手ですから、何か問題が起きて教師が生徒にいろいろと聞き込みをしても、生徒に都合の悪いことは教えてくれなかったんです。でもここ10年ほどでしょうか、「こんな〝裏〟のことまで教師に相談しないでほしい」ということまで生徒が相談しに来て、身も蓋もなくなってしまうようになってきました。

昔の生徒なら教師に見えない〝裏〟に隠して相談しないことはたくさんあって、教師のほうもうすうす気づいているけれど、あちらから言われないから結果として対応せずにすんでいた。ある意味、そういう阿吽の呼吸があったと思います。

でも言われてしまったら対応せざるをえない。それで〝裏〟で処理していたことが顕在化して、教師が乗り出さざるをえなくなった結果、つぶされてしまうとか。そういういろいろなことが噴出してきているとは思います。

ですから正確に言えば、最近になってから不祥事が増えたのではなく、もともと不祥事はあったのでしょう。顕在化しなかっただけです。

先鋭化した生徒たちに一般生徒が引いてしまうということもあります。以前であれば、一部のリーダーたちの盛り上がりに呼応して自分たちも騒ぐというノリがマジョリティーに通じていたのが、「ちょっとそれはないのではないか」と冷めた目で離れていく生徒が増え、盛り上げようとする生徒が孤立してしまうようになってきました。これは学校の外の社会が不寛容になっていることの反映でしょうが。

かつては、過激な生徒も一目置かれていたんですよね。過激な一方で、文化祭の裏方仕事も引き受けて、あるいは生徒の権利を背負い教師とたたかって、一般生徒の信頼を得ながら引っ張っていた。それがあるから過激な部分も許容されていたという面があります。

しかし、だんだん過激な部分だけが引き継がれて、地味な実務仕事や裏方仕事がおろそかになった。それで一般生徒から「こいつら過激なばかりで仕事をしないじゃないか」と見られるようになってきてしまった。

文実、運実のようなイベント実行部隊の生徒たちのあいだでは、先輩後輩のつながりが強く、良い意味でも悪い意味でも、ＯＢの影響力も大きいと思います。そうした伝承回路があるにもかかわらず、自治のパワーが低下していると感じられるのです。

「麻布の自治」の危機は、生徒からも教師からも叫ばれています。それぞれ違う、いろいろな文脈から危機が叫ばれています。教師は、生徒が喧嘩に弱くなってきたという。生徒は、教師からの介入が増えてきたという。いずれにせよこれでは「たたかう麻布の自治」が成り立たないと危機感を募らせています。

保護者からのご意見は、個々の事件や事故についてはいろいろありますが、「麻布の自治」を制限する方向での意見は、幸いなことに今のところありません。麻布は自由な学校、自主自立を重んじる学校ということは分かって入学してきている、という事情もあると思います。保護者の我慢強さによって持ちこたえている面もあると思います。ただ、先ほども述べたように社会から寛容さが失われてくれば、麻布の自治は外的な要因からも危機にさらされていくことになるでしょう。

こういう学校が絶滅危惧種と言われながらも存在意義をこれからも持ちうるのか。あるいは必然として滅び行くのか。それは私にもわからないというのが正直なところです。同種の危機感や課題は、深志にもあるのではないでしょうか。

本章は2022年2月8日にオンラインで行ったインタビューを基に構成した（聞き手・構成＝井上義和）。
この文章および第10章（座談会）での発言は、筆者の個人的見解であり、麻布中学校・高等学校の公式見解ではありません。

8　《外の人》が見た深志の自治の課題

加藤善子

「見えざる手」の問題

松本深志高校は自治の精神によって運営されており、教師は生徒の自治に口出ししないことになっている。けれども、第Ⅰ部で紹介したような、生徒が主体となって学校の内外を巻き込んで取り組んでいる活動は、第Ⅱ部で分析したように、自治の重層的な歴史に支えられ、日々の現場では教師の見えざる手に導かれている。この教師の見えざる手――生徒の自己確立を助けて促し、生徒自らが自分たちで取り組むことを支える教育手法――が、深志生の「自分（たち）で決めて、自分（たち）でやり遂げる」自治活動を支え、深志生のゆるぎない自信の基盤となっている。

しかし、深志の教師の見えざる手にも限界と課題がある。「見えざる手」は、暗黙の裡に獲得され、意識されずに発動される「暗黙知」なのである。そのため、見えざる手が発動されているときにそれは見えず、そしてもちろん、それが働いていないときや失われるときにも、気づかれることはない。

暗黙知としての見えざる手が発動するメカニズムを考えるとき、深志の教育現場における課題は以下の四つのポイントに集約されよう。

①まず、教師の見えざる手が働くのは、それぞれの教師が問題に気づく範囲に限られる。その教師が問題だと思い、解決すべきだと考える問題に限定される。

②教師が気づかない問題は、生徒からの何らかの問題提起がない限り、顕在化しない。しかし、生徒が自分たちだけで問題を認識するにはハードルが高いことが多い。従って、教師

と生徒が問題意識を共有したときに初めて、教師自身が見えざる手の使い手となり、生徒が「自治」として取り組むことになる。

③見えざる手に導かれ、「自分たちでやり遂げた」生徒たちにかけられた〝自治の魔法〟は非常に強力である。生徒は、自分の力を卒業後も信じ続ける。自分の成功の裏に、どれだけの人たちの導きと支えがあったかに意識が向かないまま、自分の力を過信する危険もある。

④見えざる手のノウハウは身体化された属人的な暗黙知として伝達され、脱属人化された集合知として伝える方法が確立していない。そのため、深志の教師の中でも習得している教師とそうでない教師がいて、その発動の仕方や程度にも差がある。とりわけ卒業生ではない《外の人》が、自治の魔法の杖(つえ)を使えるようになるには、可能性がないわけではないが、難しいであろうことは容易に推測できる。

　ここでは、①と②の点に注目して、見えざる手の問題を分析する。③については本章に続くコラ

暗黙知とは

　言語で明確に表現することができない知識のこと。アスリートの運動技能などの身体知、顔の認知などのパターン認知、数学の証明を直感的に洞察するなどの直感知など、さまざまなものがある。アリストテレスをはじめとして、古代から議論されてきたが、近年ではポランニーの議論が有名である。

　科学者のポランニーは、暗黙知の伝達や習得について、次のような例を使って説明している。例えばチェスのプレーヤーは、名人の勝負を何度も見て、個別の手の背後にある法則や戦略を感じ取る。ピアノの練習者は、名ピアニストの技術や指の運びに注意しながらも、それによって表現される音楽性や精神性を感じ取らねばならない。

　つまり、暗黙知を習得するには、暗黙知を持つ相手に同一化し、その行為のもつ体系的な意味や心性を感じ取らなくてはならない。従って、相手を信じ、同一化できるくらいの関係性が必要になる。

ムにおいて、《中の人》でジェンダー・フェミニズムの歴史社会学者が自身の体験から考察する。④に挙げた、いかに伝達し継承するかという問題については、第10章の座談会で検討する。

二重の見えなさ

見えざる手の問題はさまざまな場面で現れるが、特にわかりやすいのがジェンダーの問題である。ここには、二重の見えなさ――一つには教師の指導の有無が見えないこと、もう一つには、マイノリティー（ここでは女性）には問題として見えることがマジョリティー（ここでは男性）には見えないこと――が存在する。この二重の見えなさを言語化することによって、問題の本質が浮き彫りになるであろう。

《外の人》であり、かつ女性の立場からは見えることが、見えざる手の使い手の関心の範囲外にあるために、見えないことであり続けることの問題性を強く意識したエピソードがある。「どこに座るか生徒の自由に委ねられている深志の卒業式で、男女がきれいに分かれて着席した」というものだ。アメリカの学校でも着席は個人の自由であるが、性別で別れることは人種で別れることと同質の問題だと考えられているので、ありえない光景なのだ。この共同研究では、これを問題だと思わない人が多かった。

男女が自然に分離する現象は日本社会で広く見られる。このことは、問題であるとは認識されていないから、深志だけの問題ではないのかもしれない。誰と友だちになるかは自由だが、友だちや仲間集団は、小学校で既に性別によって分かれてしまう。自由に選択されるはずの進路や職業についても同様である。幼稚園と小学校には女性教師が多いが、大学になると男性ばかりである。病院だと医師や技師の多くが男性だが、看護師はほとんどが女性。国会や地方議会に至っては９割が男性で、女性が半数を占める国民や県民、市民全体のことを決めている……。

このように、誰の目にも映っているはずのものが、見えないままで残されてきた問題、つまり顕在化することのなかった問題の一つに、深志の校歌がある。深志の校歌には女子生徒が存在せず、男子から分離されている。そして、この問題が見える教師の中に、見えざる手の使い手がいなかったために、女子生徒の存在しない校歌が今も歌い継がれている。このことを中心に論じてみたい。

女子生徒のいない校歌

新型コロナウイルス禍の厳しい規制が少し緩んだ2021年4月、観察のために入学式に参列した。校歌斉唱に際し、式次第に印刷された歌詞を見る。

〽蒼溟遠き波の涯　黒潮たぎる絶東に
　たてり大和の秋津洲　光栄の歴史は三千年
　そのうるはしき名を負へる　蜻蛉男児に栄えあれ

さらに第5番の歌詞。

〽古城空しく苔古りて　濁世の波は高けれど
　清き心のひとすぢに　志あるますらをは
　自治の大旗翻へし　前途遥かに望む哉

九十年史用語によれば、この校歌は1922（大正11）年に誕生した。作詞は松原威雄、作曲は岡野貞一である。戦後、共学になって75年が過ぎた今も、旧制中学校時代用語の校歌がそのまま歌われているのだ。「蜻蛉男児」「ますらを」。男子生徒しかいない校歌である。驚いて「校歌に女子生徒が存在しませんね。これ、変えないのですか」と《中の人》に聞いてみるが、「そうだね」「自分の在学中に歌うのを拒否した女子生徒がいた」程度の反応である。深志高校の複数の女性教師からも「校歌のこの文言は問題だと思うのだが、変わる気配が全くない」と聞いたことがあった。

校歌の歴史を研究した音楽学者の渡辺裕によれば、校歌は、唱歌や社歌などと同様、コミュニティーソングである。学校というコミュニティーに所属す

創立140周年の記念式典の様子。在校生や同窓生やPTA関係者ら1000人余が出席し、学校の歩みを振り返る映像を見た後、全員で校歌を歌った＝2016年10月（信濃毎日新聞社保存写真）

る人たちが、皆で歌うための歌だ。だから、戦後、多くの学校は校歌を修正・変更した。戦前に設立された学校は、その校歌に皇国史観（天皇を中心として展開されてきたとする歴史観）を反映した歌詞が使われ、かつ男女別学も多かったからである。民主主義と平和を志向する文言に変え、男女両方を含む歌詞に変更することで対応した学校が多かったが、中には、新しく校歌を作った学校もあった。

戦後の深志で、校歌を変更するかどうかの議論があったかはわからない。九十年史でも、女子生徒の登場や女子生徒をめぐる教育方針の議論の経緯については触れてはいるものの、校歌に関わる議論は見つけられなかった。ちなみに、１９４９（昭和24）年８月に新校章が決まり、52年にはとんぼ祭関連の歌が３曲発表されている。山で遭難した生徒を偲ぶ歌が60（昭和35）年に作られるなど、深志の生徒は、歌に関して思い入れがあるように感じられるが、校歌の中のジェンダー問題（「蜻蛉男児」「ますらを」）には意識が向かなかったのかと不思議に思われる。

女子生徒が49（昭和24）年に入学して以来、３割を超えたのが79（昭和54）年。４割になったのが91（平成３）年、５割になったのが２０２１（令和３）年である（☞第９章）。女子初の生徒会長は１９９４年、女子初の応援團長は99年に生まれた。女子生徒の増加を追い風にして、校歌の歌詞の変更を、例えば檄文（げきぶん）用語で訴えたり、生徒大会に諮ったりすれば可能性は開かれたはずだが、今もその気配はない。

「見えざる手」のないところ

つまり、この校歌の問題は見えざる手の使い手たちに気づかれずに今日までできたということ、そして、この問題に気付いた生徒はいても、自分たちだけでは学校内のムーブメントにできなかったということなのだ。生徒手帳用語に、生徒会会則が書かれていても、問題に気付いた生徒が、生徒大会に議題として提出することに思い至るわけでは必ずしもないのである。生徒会に女子が増えていっても「これは私たちの問題だ」「檄を出そう」「生徒大会に諮って校歌を変えよう」という輿論（よろん）（どころか世論の形成）にもつながらなかった（☞第１章）。

どこかの瞬間で「見えざる手」が一度でも働いていたら……。しかし、問題に気付くのが教師であり、教師の見えざる手によって生徒に伝えられ、生徒が自治活動としてその問題に取り組み解決する運びになるところでは、教師が気づく問題しか解決すべき問題にならず、かつ、見えざる手を使える教師が問題解決にもっていくことしかできない。岡田甫校長用語と岡田チルドレンの世代の名物教師がみな男性で、戦後しばらくは女子生徒も少なかったために、この問題は「見えなかった」。その次の世代の教師たちも多くが男性であり、彼らのアンテナにも引っ掛からなかったのである。事実、筆者の問いかけに対して反応がほとんどなかったことが、それを裏付けている。

女性教師はマイノリティーであり、かつ、男性教師たちに100年遅れて深志にやってきた。たとえこの問題に気が付いていたとしても、若い教師であれば特に、問題提起するのは簡単ではないし、問題提起したところで、男性教師には問題だと思われなかっただろう。ましてや「これは生徒に自治として取り組ませるのが良い、その方法は……」といった先輩教師からのアドバイスもない。当の先輩教師も、自分が見えざる手の使い手であることを知らず、自治の魔法の杖をどう使っているのか、意識化していないからである。

深志の自治の宿題――新しい時代の民主主義へ

校歌の問題は、①見えざる手に気づかれないまま、解決の端緒にもついていない問題である。同時に、②マイノリティーの問題でもあるために、マジョリティーである男子教師と男子生徒に見えず、その切実さが理解されてこなかったのである。

問題解決に向かうには、《外の人》でマイノリティーに属する、多様な背景を持つ教師の声が、マジョリティーの《中の人》である男性教師たちに届くことが、まずは必要だ。そのために、教師の中の《中の人》《外の人》の対話をさらに促進すること、学校空間に存在する男女分離を見ようとする意識が求められる。そうすることで、女子生徒の声が男性教師と男子生徒に届き、共感を生み、女子だけの問題から生徒全体、学校全体の問題として発展していくだろう。

見えざる手の使い手たちに気づかれていない問題は、これ以外にも残っていると思われる。だからこそ「見えざる手」の職人技を継承していく必要がある。生徒の自己確立を助けて促し、生徒自らが自分たちで取り組むための教育手法は、ある程度言語化されて形式知としても蓄積されてきている。暗黙知の共有と継承も、方法がないわけではない（☞第10章）。今回の共同研究が明らかにした知見を生かして、マイノリティーに属する教師たちも、暗黙知としての見えざる手を習得していくことを期待したい。

深志をはじめとする旧制中学校用語は男子校として始まり、既に150年近い歴史を重ねてきた。ジェンダーの問題だけでなく、時代とともに変わっていくべきだった慣行も、伝統としてそのまま保持してきた側面がある。それは、伝統に支えられて過ごしてきた《中の人》には見えにくいものだ。ここではジェンダーの問題を手掛かりとして提起したけれども、女子生徒に限らず、新しい時代に新たなメンバーが入ってくることで初めて気づく課題も多くある。深志だけではなく、日本の学校教育全体で変えていかなければならない課題である。

ここから先は、深志共同体の正式メンバーたちに宿題として託したい。ここに指摘した課題に実際に取り組むか否かを含め、どのように、何のために取り組むかを決めるのは深志高校の当事者たちだ。生徒たちだけでなく、教師たちの多様性も意識され、多様な「見えざる手」が働いて、次の段階の民主主義に向かう深志高校を見たいと思う。

【参考文献】
有賀義人・上条宏之・黒川真・山田貞光・鎌倉通敏編『長野県松本中学校・長野県松本深志高等学校九十年史』（松本深志高等学校同窓会九十年史刊行委員会／1969）
廣松渉ほか編『岩波　哲学・思想事典』（岩波書店／1998）
渡辺裕『歌う国民　唱歌、校歌、うたごえ』（中公新書／2010）
マイケル・ポランニー『暗黙知の次元』（ちくま学芸文庫／2003）

コラム

恩師の見えざる手と母の見えざる手

田中亜以子

恩師と母の「見えざる手」

松本深志高校に在学していた時、初めて新聞委員長として発行した学校新聞に、私たちはある記事を無批判に掲載してしまった。「新しい歴史教科書をつくる会」に傾倒する後輩が執筆した、「大東亜戦争」を肯定する記事である。

発行の直後、それを読んだ日本史の先生から対話を求められた。歴史的な不見識を叱るというのではなく、異論のある主張を無署名で新聞に掲載することの意味を考えてみよう、という趣旨だった。一方、新聞委員会の顧問だった先生は、むしろその日本史教師の行為を生徒の自主性を損なうものとして不満げであった。つまり、顧問だった先生は、教師が関与しないことこそが自治であると考えていたのだ。なにはともあれ、自分たちの考えで新聞を発行したことを称えてくれた。私も同様に考えていた。

そういう状態の中で、私の新聞づくりに関与した最初の大人は、大卒の私の母であった。母は、実際に戦争を経験した方たちにインタビューしてみることをさりげなく提案してくれた。特攻隊員として志願しながら生還した方に、話を聞くことができたのだ。

そのインタビューが掲載された深志新聞が、深志高校のOBで、他の高校で教鞭を取っていたNさんに、母から渡った。Nさんは、私たちの新聞をほめちぎった上で、旧制松本中学の卒業生で、特攻隊員として戦死した上原良司(安曇野市出身)の手記のことを私に教えてくれた。それだけでなくNさんは、存命だった上原の姉に連絡を取り、自ら車を出して取材に連れて行ってくれた。

こういう誘導があって、「大東亜戦争」などという言葉を臆面もなく誌面に掲載した私たちは、その数号後に上原良司の経験を通して戦争について考える特集記事を出すことができた。↖

関与の不可視化

このような私の経験は、「教師の見えざる手」に支えられた深志の自治のメカニズムにぴったりと符合する（☞第6章）。

放送部の顧問を長年務めた林直哉は、生徒の「自治」へのかかわり方のポイントとして「待つこと」の重要性を強調する。林によると「待つ」とは、生徒が蛇行しようが遠回りしようが手を出さないことであり、「失敗を許す」ことである。ただし、放置とは違う。見守っていて、生徒による試行錯誤の後で、必要な助け舟を出す。生徒たちの思考を整理し、知恵を授け、スケジュールを見据えて作品として完成させるための軌道修正も行う。放置していれば、生徒が自然に学ぶわけではない。生徒には、生徒会や部活動などの取り組むべき活動が用意され、必要な手が差し伸べられているのである。

私自身も、教師や母の支えを受け、社会で活躍する「自立／自律した個人」の予備軍として、「自治」活動を謳歌した女子の一人であった。教師の指導を不可視化（＝見えなくする）しながら「自立／自律した個人」として生徒が民主主義の実践やプロジェクト運営に従事する。生徒会や折衝会では民主主義的に議論して調整するスキルを、とんぼ祭では他者と協働してプロジェクトを運営するスキルを学ぶ……。

自立／自律した自己イメージをもって、自分の目標に突き進んでいた。自分で目標を設定し、実現するために行動を起こす。計画し、周囲と議論し、ひたすら努力する。深志では、そういう力を蓄えることはできたと思う。得難い経験をさせてもらった。

能力主義を超える自治

ジェンダーやフェミニズムの研究に携わりつつ、自分自身も親として子を育てる立場になって、見えてきたものがある。子に寄り添う母は、サポートする自らの手を意図的に隠す。幼い子どもが積み上げる積み木のバランスをそっと整えながら、積み木が高く積みあがると、「すごいね」と手をたたく。なわとびがなかなか跳べない子にコツを教えながら「ほら、あなたは運動神経がいいんだから すぐにコツをつかんだよ」とほめる……。適切な時

コラム 恩師の見えざる手と母の見えざる手

期に適切な習いごとをさせ、受験生に程度な休息をとらせ、そして成功すると、その子の力として称えるのだ。そっと夫に助言をし、あたかも自ら決断したように思わせながら、夫を誘導する妻の役割にも似たところがあるかもしれない。

こうした母の、知的労働でありケア労働でもある関与は、子どもの目からは見えない。母の関与が不可視化されることで維持されるのは、自律／自立した個人という幻想である。そして、何かを成し遂げたのは、自立した個人、あるいは、そのような個人のグループであるという幻想。

深志の教師による生徒の指導の不可視化も、同様の側面があるのではないだろうか。このことは麻布中学・高校の「闘う自治」と比較すると、いっそう際立つ（☞第7章）。深志の教育は「母」の教育であり、ケア倫理にも通ずるものである。

教師は自らの指導の成果を隠し、生徒たちは自分たちの力だけでやり遂げ、成果を出したという、自立した個人としての意識と自信を得る。その過程で仲間と協力したり、計画し実行するスキルを身につけたりすることができるのは、生徒にとって大きなメリットであることは間違いない。

しかし、「母」の関与を不可視化することは、「私」の成功を「私」の実力としてのみ理解させることで、自己責任論や能力主義を支えることにもなる。いま必要なのは、「母」の関与を可視化することである。

だとすれば、教師による自治への関与を可視化することは、そのノウハウを教師間で伝達するというメリットにとどまらず、より積極的な意味を見いだしていくことができるのではないだろうか。すなわち、自治の理念を、自分で考え、自分で決めることのできる「自立／自律した個人」の確立で終わることなく、ケアとつながりのなかで生きる私たちを創造するまでを射程に入れて、意識的に舵（かじ）を切ることである。これは、深志の自治教育に、ケアの思想を導入するという提案である。

そのために、生徒の自治を支えるケアの営みを意識化・言語化し、教師間、そして、生徒と共有するとともに、社会にも発信していく。これこそを、私は次なるステップへの課題として提示したい。

（再構成＝加藤善子）

9 自治と受験

仙石祐／井上義和

A＝1980年代初めに深志を卒業。2000年代半ばから深志で教える。生徒会担当の経験あり。

B＝80年代半ばに県内の高校を卒業。2010年代半ばから深志で教える。進路指導担当の経験あり。

C＝90年代末に深志を卒業。民間の教育支援事業で中高生を教えており、中学受験から大学受験まで県内の受験事情に詳しい。

誰が深志生になっているか

仙石　自治と受験、一見関係ないように思われますが、深志の入り口（高校受験）と出口（大学受験）に関わります。深志の自治の担い手は3年間で総入れ替えしていきますから、入り口と出口のあり方は、中の自治のあり方にも何らかの影響を及ぼすと考えられます。

以下では、このテーマに詳しい3人を迎え、覆面座談会の形でざっくばらんに議論します。私が整理したデータを提示し、意見や感想を聞いていくという形で進めます。

まず、入り口の部分の大前提として、長野県の公立高校の通学区制用語について確認しておきます。

戦後はしばらく4通学区制でしたが、74年から2003年までが12通学区制（深志は第11通学区）、04年から4通学区制（深志は第4通学区）に戻ります。その間に隣接通学区から一定数の入学を認めるパーセント条項が導入されます（95年から10％、03年から20％）。そして06年から深志は隣接通学区による定員の制限なく、つまり長野県全域から生徒を受け入れられるようになりました。

また、公立高校の定員は、その地域の15歳人口の増減に左右されます。特に少子化の局面では募集定員は一度減らされるとなかなか増やせません。かつて360人から400人程度（ベビーブーム世代のときは450人程度まで増員）の新入生を迎えていた深志も、1997年度以降はほぼ320人で推移しています。人口減少に対して、通学範囲を拡大することで定員を維持してきたといえます。

以上を前提として「誰が深志生になっているか」について、男女の構成と、出身中学校の構成の二つの観点から変化を見ていきます。

女子の割合の増加

仙石　深志が女子の受け入れを始めるのは1949年からです。それ以来、入学者に占める女子の割合は増え続けて、2021年に初めて5割に達しました

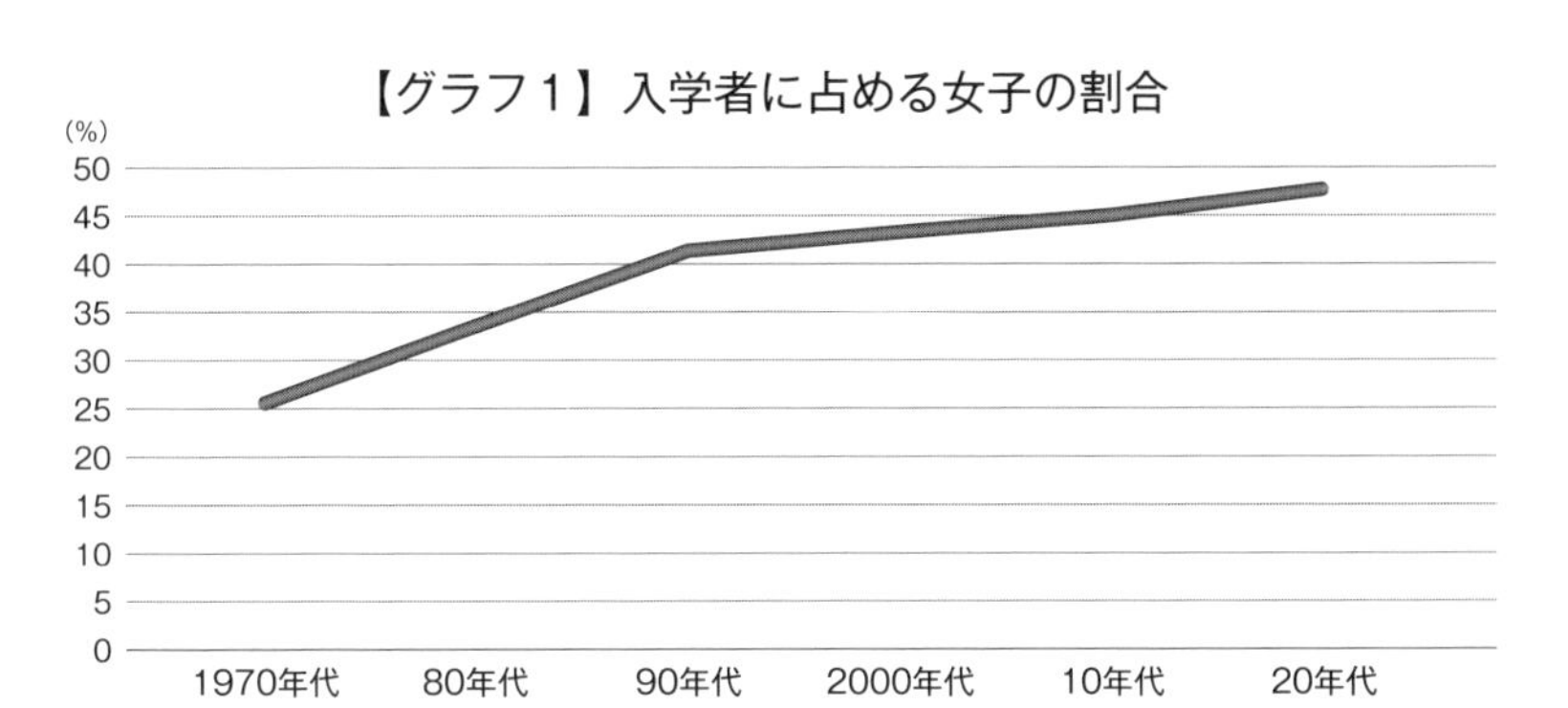

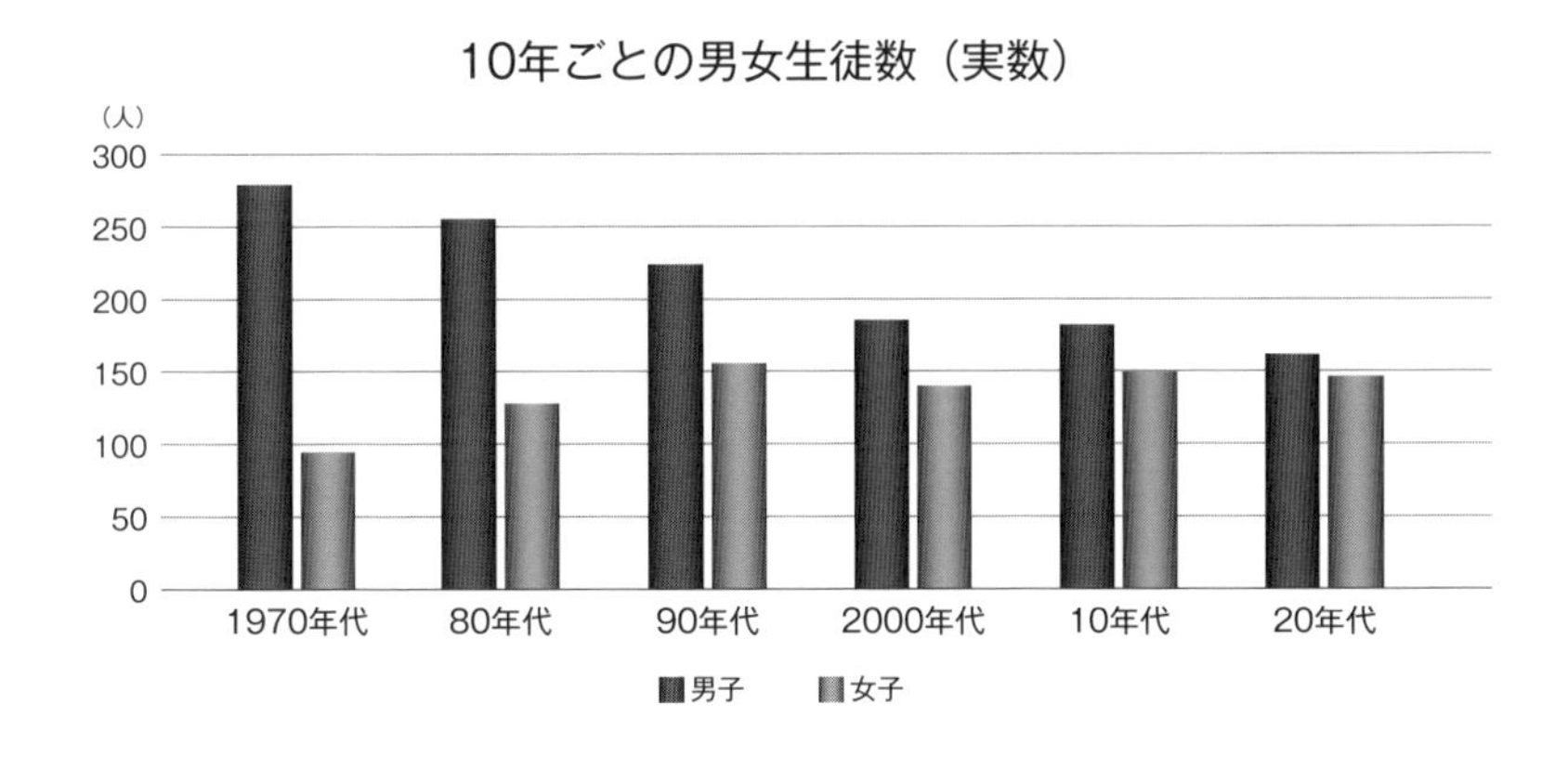

【グラフ1】。自治活動への「女性進出」が具体的に目立ってくるのは、女子が4割を超えた90年代以降です。生徒会長は94年、應援團長は99年に、それぞれ初めて女子がなりました。

私は98年の卒業（50回生）で舞装大将の経験もありますが、当時の舞装は完全な男社会でした。それが今はむしろ女子の方が多いと聞いて驚いた記憶があります。女性進出という点では、この四半世紀の変化は非常に大きいといえそうです。

井上　私は91年の卒業（43回生）ですが、久しぶりに深志の様子をうかがって、女子の存在感がとても大きいのが印象的でした。むしろ深志の自治は女子が引っ張っているのではないかと。生徒たちと直に接している教師から見ていかがでしょうか。

A　私は2000年代後半に深志に着任して、10年代には生徒会担当をやりましたが、少なくとも2010年前後には、女子が活発に引っ張るスタイルになっていました。特に文化系クラブは圧倒的に女子です。吹奏楽部、音楽部、ダンス部などは女子が多く、軽音楽部も女子と男子が大体1対1で、音楽系で男子が多いのはギター部ぐらい。だから舞装も生徒会も應管も女子の方が多かったと思います。数の上で多いだけでなく、主導権も女子が握っていました。

仙石　深志の伝統には、荒っぽい男社会の名残があります。應管はバンカラな立ち居振る舞い。舞装は深夜まで続く肉体労働。郷友会用語は、最近は少し下火のようですが、昔の若者組のような猥雑な親睦組織。こういうのは基本的に男子限定の文化だったと思うのです。女子が増えることで、それがどんな影響を受けるのか気になります。

井上　実際の人数でいうと、女子の入学者数は1990年代以降140から160あたりを推移しています。男子は多いときでは290ぐらいいたのが、今は160から180。90年代以降で男子は100人以上も減っている。だから、男子の存在感が小さくなってきたという見方もできるかもしれません。だとすれば、自治活動への「女性進出」というのも、最初は消極的なきっかけだったように思うのですね。例えば生徒会役員や應管というのは、もともとは男子が立候補するから女子は遠慮していたのでしょうけれど、男子で手を挙げる人がなかなか出なくなったときに「誰もやらないなら、私がやります」という女子が出てきた。

つまり「男子限定の文化が女子の増加によって変容した」というよりは「男子だけで維持できなくなったから女子が進出してきた」といえるのかもしれないわけです。

なぜ女子のリーダーが増えてきたのか

A　女子の方が仲間をまとめようと熱心に働きかけをするのに対して、男子は個人主義的なところがあるような感じは受けます。

社会性という点でいえば、女子の方が大人ですね。だから、みんなを引っ張っていくリーダーには女子の方がなりやすいのではないか。同年齢の男女を比べると成熟の度合いには明らかに差がある。男子は高校入学時には、まだまだ幼い印象があります。私たちが高校生だったとき（80年代初め）と比べても幼くなっているのではないか。あくまでも個人的な感想ですが。

B　男女の歴然とした違いについては、現象としては私も同感です。ただ、原因としては、発達の早い遅いとは別に、社会的な圧力のかかり方の違いもあるのではないか。場をまとめるとか協調する場面で、なんとかしなくちゃという圧力を敏感に察知するのは女子の方で、男子はぼんやりしている。それが結果的に幼さに見える。「ぼんやり」が男子にのみ許容されるというのは、ずっと以前から日本社会にはありますよね。

ほかに現象面の違いとしては、受験の頑張り方にも感じることがあります。妥協せずに最後まで踏みとどまるのは、間違いなく女子です。男子の方は「もう僕はこれでいいです」と最後に日和る。私は深志のほかにも2校、南信と北信の高校で教えてきましたが、その点はどこも似たような印象を受けました。

井上　なるほど。進学先でいうと、文系理系や、特定の専門分野の選択に性差が出るというのはよく知られていますが、ただいま指摘のあった、受験の最終局面での姿勢にも男女の違いがあるのではというのは、意外な感じがしますね。男子の方が頑張らせる圧力が強く働いているイメージを持っていたので。

Ｂ　自分はもうやるだけやったのでいいです、という割り切りと、失敗したくないという守りの姿勢。これは誰でも持っているものですが、男子の方がその度合いが少し強いように感じます。最後の最後まで諦めない、浪人も辞さないと攻める姿勢は、明らかに女子が多かった。もちろん、私が直接関わった範囲からの印象ですが。

Ａ　攻めの姿勢に関しては、そこまでの性差を感じたことはないです。地域や時代の違いもあるかもしれません。私の初任校は南信の進学校でしたが、90年前後はまだ男性が外で働き女性は家庭を守るという雰囲気が強く残っていて、受験でも男子の方が攻める姿勢が強かった。女子は1ランク落として、浪人はしない。ベビーブーム世代で現役合格が難しい時代だったので余計にそうだったのかもしれません。

仙石　高校受験に臨む中学生、特に深志を志望するような生徒たちはどうですか。

Ｃ　女子の割合は増えています。また女子の方がこつこつと勉強をして、公開模試の偏差値が62とか63で安定しているような子が多いです。半面、男子の方は突き抜けた生徒もいますが、女子に比べるとバラツキが大きい。

私は深志の高1を対象としたクラスも10年ほど持っていますが、こちらも女子の割合は増えています。早くから大学受験を視野に入れて勉強する生徒、医学部医学科を志望する生徒などが目につきます。

附属中出身者の割合の増加

仙石　次に出身中学校の構成の変化についてですが、信州大学教育学部附属松本中学校（以下、附属中）と、合併前からの松本旧市街地に位置する他の

【グラフ２】10年ごとの入学者数に占める割合　４校合計 vs 附属中平均

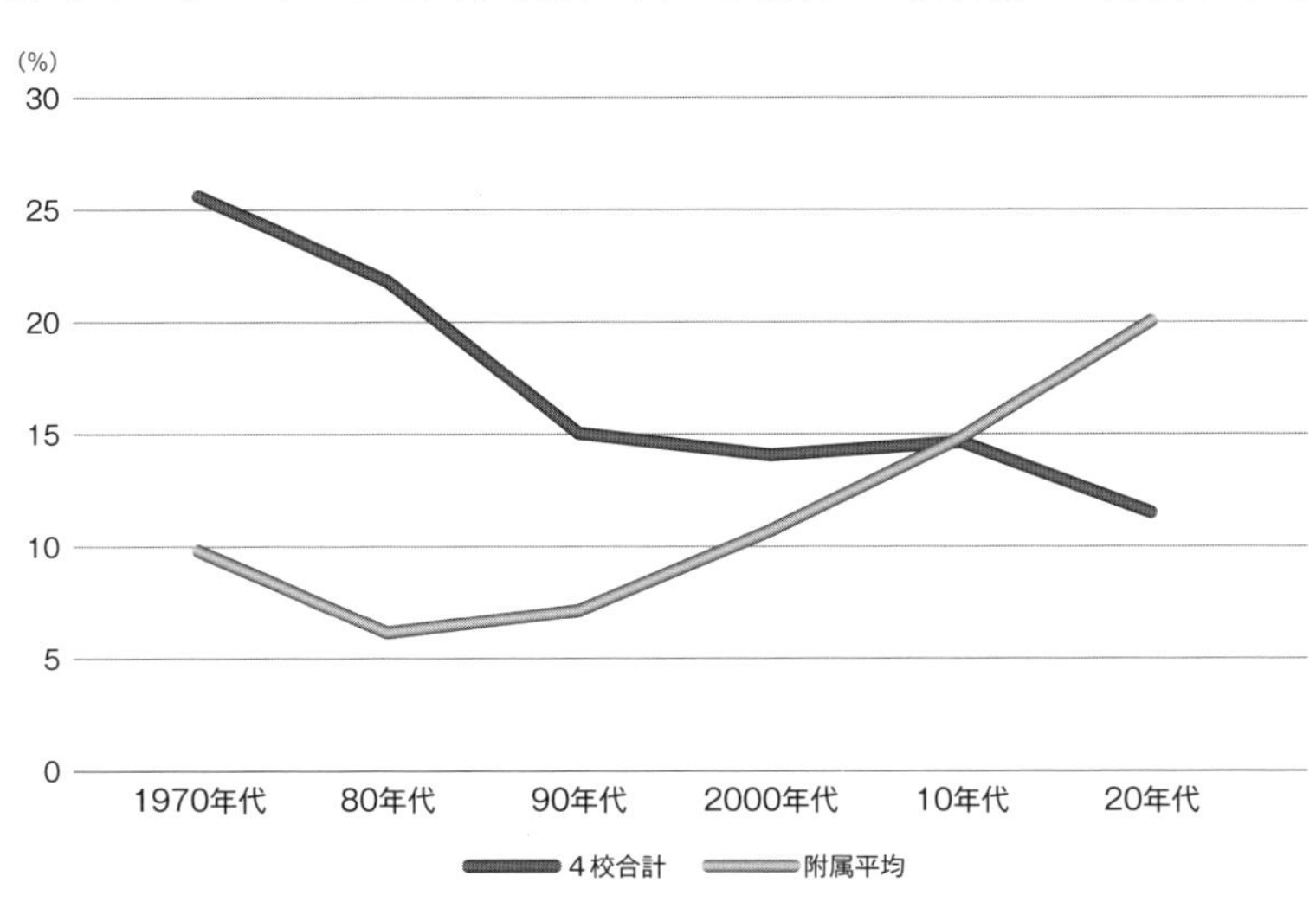

中学校の関係を中心に見ていきます。

１９８０年ころは松本旧市街地の中学校が入学者の５割を超えていましたが、90年代以降どんどん減少していき、２０２０年には３割を切りました。塩尻など松本周辺地域でも、安曇野を除いて減少しているところが多い。

逆に増えているのが附属中、才教学園中です。附属中は80年には10％だったのが増加を続け、２０２０年には25％、つまり４人に１人が附属出身者ということになります。松本旧市街地の中学校を足し合わせて附属一校とほぼ同じです。附属中と松本旧市街地の中心部に位置する４校（旭町、鎌田、清水、丸ノ内）の入学者数に占める割合変化を見ると、傾向は顕著です【グラフ２】。県内で深志と並ぶ伝統校である長野高校の場合、４割近くが附属長野中の出身者で、深志以上に附属の影響が大きいことも分かりました。

附属中出身者の増加はなぜ起こったのか。また、どのような影響があるのか。

受験のため試験会場の松本深志高校に入る中学３年生
＝2013年３月（信濃毎日新聞社保存写真）

　まず私から話題提供してみます。実は私とCさんはともに附属中から深志に進んだ同期です。90年代後半の当時、他の中学出身者と比べて附属中には「おとなしい、優等生」というイメージがありました。深志には同じ中学出身者が集まる郷友会という団体がありますが、塩尻とか穂高とかの郷友会が過激な活動をしているのを見聞きして、衝撃を受けた記憶があります。それに比べると、附属中出身者は確かに既に最大派閥でしたが、大した影響力はなかったと思います。けれども、最近深志と関わりを持つようになって感じるのは、深志の合唱コンクールにおける附属中の文化の影響力です。附属中は合唱に力を入れていますから。

　それから、附属中の郷友会の写真を見せてもらいましたけれども、教室に入り切れなくて、講堂でやっていたことです。２割だとしても1学年60～70人、全校で附属中出身者は２００人ぐらいになるということですから。
Ｂ　補足させてください。95年以降、パーセント条項により隣接通学区からも受け入れが可能になっています。ただ、出身中学でみると、この条項の該当者はあまりいないように見える。ところが、例えば諏訪の方から附属中に通ってくる生徒さんは結構いたりします。つまり、深志は附属中を経由して広域から生徒を集めているともいえます。

仙石　確かに私のときも附属中には遠くから来ている生徒がたくさんいました。ただ、当時はそこまで進学校という意識はなくて、あくまでワンオブゼムの中学校だった気がするのです。今では、附属中はいわばブランド化されて、教育意識の高い家庭を引っ張り込む力を持っているようにも見えますが。

C　附属のほかに、私立小中一貫校の才教学園中（2005年開校）も、高校受験に強い中学としてのブランドを確立してきました。また、中高一貫校として私立の松本秀峰中等教育学校（10年開校）や公立の諏訪清陵高等学校に附属中学校（14年開校）ができたこともあり、この地域でも、中学受験への関心は確実に高まっているといえます。

A　深志が入学定員を減らしてきたという話がありましたが、少子化の影響はむしろ公立中学校で顕著に出ていて、旧市街地の中学などは生徒数が激減しているのです。そんななか、国立の附属中はずっと4クラス（140人）を維持しているのですよ。だから地域の公立中学校が縮小していくなかで相対的に浮上してきたという側面もあると思います。

井上　なるほど。そうだとすれば、地域の公立中学校にとっては附属中に「生徒を奪われた」と感じるかもしれません。附属中のブランド化と公立中学校の縮小とは、双方が原因であり結果でもある、ということになりそうですね。

附属出身者の引け目

A　私も附属中出身なのですが、当時は「中学、どこだった」と言われるのが本当に嫌でした。附属中というと「こいつは……」というような目で見られたからです。だから、むしろ郷友会活動はきちんとやりました。とんぼ祭の灯籠を作る、試肝（したん）会も他の郷友会と一緒にやる、夜行軍もやる。附属中でもやることはやっているのだ、ということを示しました。ところが、私が深志で担任を持ったときの生徒たちは、附属中出身に何ら引け目を感じていない。非常に堂々としていました。２０１０年代初めごろですね。自分のときとはメンタルの持ち方が違うなと思ったのを覚えています。

仙石　附属中出身の私はすごく分かります。広域から集まっている、ということが根無し草のような弱みとして感じられるのでしょうかね。

A　附属中にいたときは、非常にアットホームで居心地がよかったのです。ところが深志に来てみたら、最大派閥であるにもかかわらず肩身が狭い。それなのに、例えばわれわれより数が少ない塩尻郷友会の人たちの方が大きな顔をしていたような印象がありました（笑）。

B　大体、そういう出身中学の集まりというのは、遠くから来る生徒たちの方が団結して、気合の入り方が違いますからね。

井上　私はかつての旧勢力の一角、旭町中学出身なのですが「大」旭町郷友会と名乗るほど、他の郷友会に負けまいとする競争心のようなものは確実にありました。それが田舎的メンタリティなのかもしれませんが（笑）。

A　そこなのです。実は私はずっと附属郷友会の顧問でしたので、灯籠を作り続けるぞと、口うるさく言ってきました。これで灯籠をやめてしまったら大変だぞ、やれる人だけでもいいからやろうぜと。それから、ずっとやっていなかった「テンカミ」（ハイドン『天地創造』第1部の終曲《天は御神の栄光を語り》）を歌うぞと、合唱コンクールで歌うように働きかけました。

仙石　あれは附属中の文化です。附属中で歌われているハイドンのオラトリオがあるのですけれども、それを中学3年生にもかかわらず、やるのですよね。深志でやったのはA先生でしたか。あと吹奏楽部や音楽部も附属中出身者はたくさんいました。

A　みんな歌えるからやろうよ、と、しばらく途絶えていた合唱コンクールでのテンカミ復活を焚きつけたのを覚えています。

附属郷友会も、彼らの居場所づくりの一環だと思って関わりました。私が顧問だったときは、もう試胆会も夜行軍もやっていませんでしたが、せめて灯籠だけは他の郷友会と同じように作ろうといって、私が自ら軽トラを出して竹を買いに行っていましたもの。塩尻の大きさや穂高の精密さには圧倒されつつも、やはりできるだけのことはしようと焚きつけて、お菓子やジュースを買って差し入れていました。

仙石　附属中出身者にとって郷友会活動は、深志共同体に馴染んでいくためのイニシエーション（通過儀礼）でもあったということですね。

附属と深志のギャップ

井上　私が仮説として考えていたのは、附属中というのは教育意識の高い家庭で芸術系表現系のハイカルチャーにも親しんできた生徒が多いのではないか。だとすれば、深志の文化変容を考えるときに、附属中の存在感の大きさというのは重要な要素になっているのではないか――深志文化は附属中文化に規定される――と思っていたのです。ところが、実は出自に引け目を持っていたとか、何とか附属中出身者の居心地をよくしたいとか、そういう涙ぐましい努力というのを、今初めて聞いてびっくりしています。

B　私は逆に、何となく分かります。引け目を感じるというの。

もしかしたら、学習面でも特有の馴染みにくさがあるのではないか。中学で早くから勉強を頑張りすぎたために深志に入った後に続かなくなる、というのがステレオタイプな見方になりますが、そうなのかどうか。

井上　それも意外ですね。附属中の、教育意識の高い家庭と先進的な教育実践による、学習面でのアドバンテージは、深志入学後も効いていると思っていたのですが。

Ａ　附属中の教育は、教育課程政策の先取りで実験をやりますから。知識・技能中心ではなくて、思考力・判断力・表現力を中心に主体性を育てるというところの実験を、ずいぶん前から先取りしてやっているのではないでしょうか。

Ｂ　よく問いは子どもから生まれると言われますが、高校で教えている立場からすると、適切な問いは膨大な知識があって初めて成り立ちます。知識なくして問いは生まれません。「思いて学ばざれば則(すなわ)ち殆(あやう)し」です。高校レベルの知識量を、中学までのやり方の延長で身につけるのは難しいと思いますよ。時間も限られていますし。

保護者に何を説明しているか

井上　保護者が深志の卒業生かどうかで何か違いますか。

Ｂ　県外出身で、地元の中学高校についてよく知らない保護者にとっては、国立大学附属中学や私立中学（才教、秀峰）というのは、分かりやすい選択肢なのだと思います。進学実績というのは、地域特有の文脈を共有していない方にも通じる、普遍的な指標になりますから。

　そしてその延長線上に、深志に対しても、まず受験指導を期待するという保護者も一定数はいます。ですから、やはり深志で何をやっているのかを、保護者に丁寧に伝えて、実際に見ていただくというのは大事だと思います。

井上　それは受験指導はもちろんしっかりやるけれども、生徒の自治活動についても知ってもらう、ということでしょうか。

Ｂ　深志の特徴として文化部が非常に活発にやっているというのは、説明します。そこは県内の他の高校と比べても突出していると思いますから。

　自治に関心を持たれて深志を選ぶ方は、正直なところ少ないと思います。ただ、進学実績を見て深志に入ってみたら、自治活動が盛んで、結果として、すっかり染まって深志生として出ていく。そういう意味で「自治で身につける力」は深志の付加価値ですが、「勉強で身につける力」と比べると保護者には伝わりにくい。

だから、深志を知るには、説明会や授業もいいのですが、やはりとんぼ祭に足を運んでもらうのが一番です。これだけのことをこれだけの規模で、しかもほとんど生徒だけでやっている。そこを直接感じ取ってほしい。よその高校との大きな違いです。

部活動

C　公立中学校の部活の地域移行がいま進められています。公立高校でも、生徒数の減少や指導者不足などで部活動の維持が難しくなってきたとも言われます。部活動というのは学校の魅力の一つだと思うのですが、深志の場合、生徒中心でかなりできているという強みもあるのでしょうか。

B　特に音楽系ですと、学校の外にも活動の場が広がっているのです。クラシックからポピュラーまでいろいろな団体があって、生徒は結構そういうところに出入りしている。私たちに黙って（笑）。教えてくれないのですよ。

深志に来る生徒というのは基本的に好奇心が旺盛ですから、いろいろなところへ首を突っ込んで活動しているのです。昔のように学校の部活だけに限定されません。

A　学校の中にも、興味関心を惹き付ける仕掛けがそこら中にあって、そこに生徒が吸い込まれていきます。理科系の研究主体の部やクイズ研究会、棋道部もそうですしね。囲碁将棋は、他の学校では衰退しているところも多いようですが、本校は相変わらずしっかりやっている。最近、百人一首ができて、また人数が増えている。

B　ダブルダッチ部は比較的新しいですが、ギター部やダンス部と並んで、本校の中でもすごく求心力が強いです。運動部が、そこに人を取られてしまうと言っていました。

深志生はどこに進学してきたか

仙石　次に大学進学についてです。

国立難関10大学と言われている東京、京都、北海道、東北、名古屋、大阪、九州、一橋、東工大、神戸の各大学と、国立大学医学部医学科の現役合格者数のデータをみてみます【グラフ3】。まず、1970年代半ばに〝栄光の時代〟のピークを迎えます。75年には東大の現役合格者数が16人（現浪合わせて26人）でした。

その後、共通一次試験の導入（79年）を挟んで苦戦するようになり、80年代半ばがどん底です。深志が創立110年を迎えた86年には、現役大学進学率が28％と過去最低を記録します。栄光の時代からわずか10年。いったい何が起こっていたのでしょうか。

井上　この問題については、深志固有の事情と、公立高校の事情、全国的な事情などを切り分けて考える必要があります。

70年代半ばまでは、深志だけでなく全国の地方公立伝統校にとっても〝栄光の時代〟だったのです。それが共通一次の導入あたりから非常に苦戦するようになる。難関大学に行きたい生徒は依然として多

【グラフ3】国立難関10大学と国立大学医学部医学科の10年ごとの現役合格者数の平均

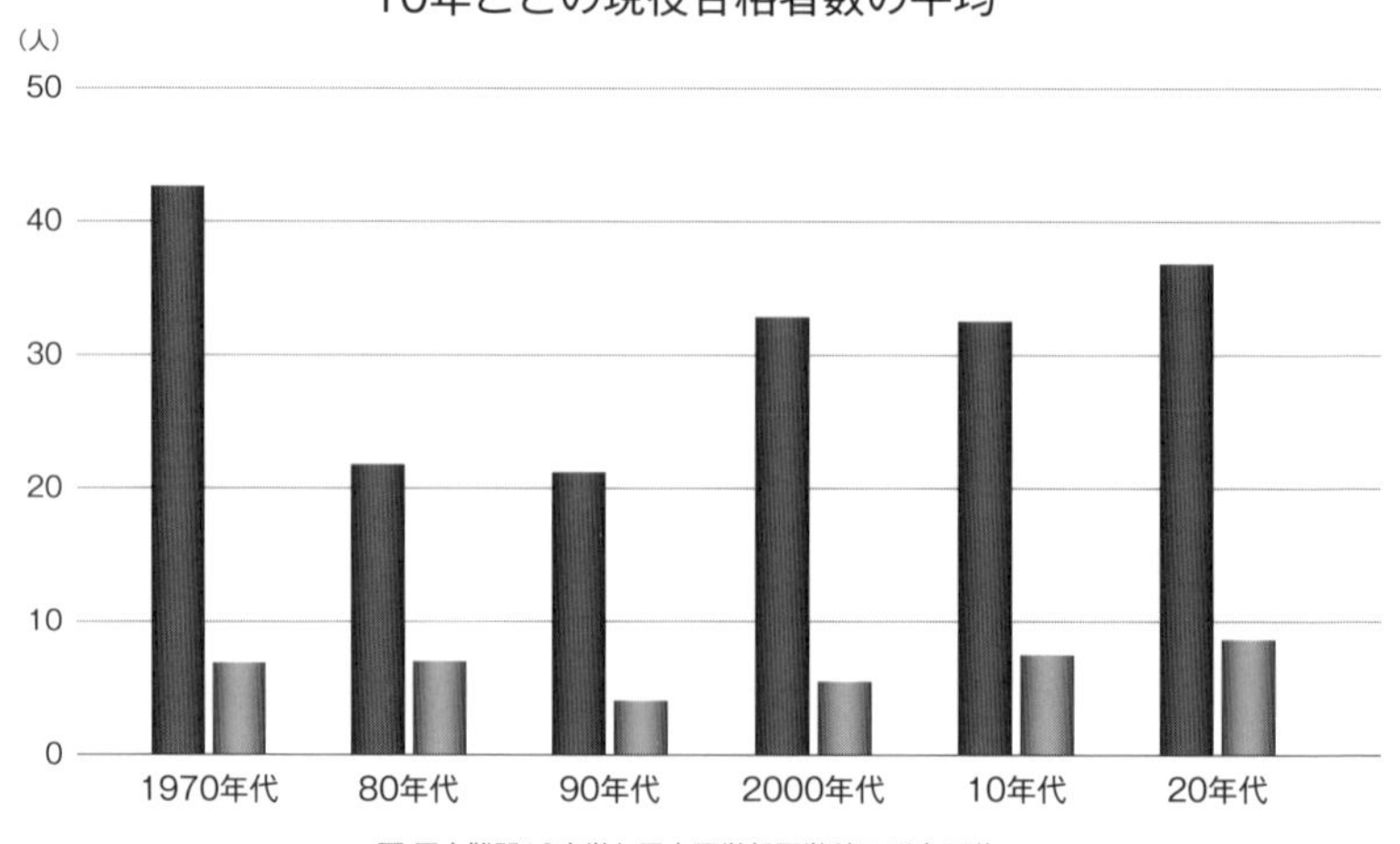

いけれど、現役合格が難しくなる。全国的に「浪人するのが当たり前」になるのが80年代です。松本大学予備校の駅前校舎が開校したのも86年でした。

その後、90年代から現役進学率は上昇していきます。これには、18歳人口の減少や現役志向の高まりという全国的な事情だけでなく、深志の教育が受験準備にも力を入れてきた結果であるとも思います。
A　70年代から80年代というのは、東京の私立中高一貫校が東大合格者をどんどん出すようになった時代ですよね。東京では学校群制度の導入（67年）をきっかけに、教育意識の高い層が公立高校を避けて中学受験するようになり、私立中高一貫校が台頭してきます。74年から長野県も12通学区制を導入しており、第11通学区の人しか深志に行けなかった。それでよいのかという議論がありました。
公立高校の進学実績というのは、学校や生徒の個別の努力とは別に、地域全体の学区制度がどうなっているのか、また学区に縛られない私立という選択肢がどのぐらいあるのか、などの影響を受けると思います。

国立大学医学部医学科については、各大学の推薦入試の募集定員（地域枠）が拡大してきたことは大きいです。そこにうまく合わせて合格者を増やしています。

教科書・受験・学問

井上　１９８０年代というのは学習塾や予備校が台頭してくる時代でもあると思うのですが、学校の授業をきちんと受けるだけでは受験に対応できなくなってくる、ということなのでしょうか。
B　いえ、授業が第一であることに変わりはありません。受験に通用する授業をやっていたと思いますし、それは現在も変わりません。ただ、授業のレベルに比べて、生徒の勉強する姿勢の方に迫力が足りていないのではないか。深志には「切る」という言葉があるのですよね。授業をさぼるという意味です。私が通っていた南信の高校には、堂々と授業をさぼるような風潮はありませんでした。せっかくの深志生のポテンシャルを活かしきれていないような気がします。

A　やはり深志には学問的な志向を持った先生が多かったです。世界史の授業がローマ時代までで終わってしまうから、あとは自分で勉強するしかない。私の頃はテーマに特化した授業をしていました。国語の藤岡改造先生などは教科書もやるけれども、その俳句の背景にあるものは何かとか、授業はとても面白かったですよね。生徒に背伸びをさせる、大学の授業のような内容でした。

それが、2000年代半ばに教師として深志に戻ってきたら、とにかく教科書を終わらせなければ駄目だということになっていました。学問的な話もしながら教科書をやらなければいけないので、プリントを200枚も作って大変な詰め込みでやりました。深志も教科書を全部終わらせるような学校、丁寧に面倒をみる学校になったのです。

仙石　私たちのとき（90年代後半）はその過渡期かなと思います。アカデミックな背伸びをさせる先生と、教科書をきちんとやる先生の両方がいました。ただ、それでも余裕がなくて、世界史も大学入試センター試験のちょっと前にようやく終わりました。

B　確かに、だんだんと教科書を早めに終わらせるようにはなっています。ただ、生徒の方が焦っているのですよ。2年生のうちに全部終わらせないと受験で戦えないとか。それで先取りで自習して理解した気になっている。

でも本当は、教科書と受験と学問は対立しないのだと思います。教科書の一行一行にはアカデミックな意味が詰まっており、そこの本質的な理解こそが実は受験準備にもなるわけで。そこは昔から変わらないはずなのに、余計な情報に惑わされて浮き足立ってしまう生徒は少なくないです。

3年生のとんぼ祭

仙石　先ほど、附属中が、教育意識の高い層の受け皿になってきたという話題のなかで、私立小中一貫校の才教学園の名前が出ました。才教は1学年40

人で15～20人程度が深志に進学します。開校当初（２００５年）は深志を第一に考えていましたが、その後、県外の有名進学校など、深志以外にも進学先は多様化しているそうです。

また、私立中高一貫校の松本秀峰（10年開校）は1学年80人で、東大をはじめ難関大学にコンスタントに合格者を出していますから、進学実績という点でいえば、もはや深志の寡占状態にはないということです。

井上　中高一貫校であれば、高2までに高校の内容は終えるということですか。

C　そうです。中3から高校の内容に入ります。高3は受験対策ですね。

B　そういうのを横目で見ているからでしょうか。深志にも焦って、早く終わらないと、とか言う生徒が出てくる。

井上　結局、中高一貫校は公立高校よりも1年余計に受験勉強ができる、ということですよね。部活動や生徒会、文化祭などの活動も高2で引退することになります。深志の場合、みんな高３までやっていますね。

B　それは深志だけでなく、長野県の公立高校の特徴かもしれません。例えば、とある県の公立高校の教師と話していて気づいたのは、その県は大学に行くために高校があるのに対して、長野は高校生活を楽しむために高校がある。また、東京の都立高校の校長からは、３年生にいろいろやらせたらかわいそうだよと言われたことがある。高３は受験準備に専念させるという意識は、中高一貫校に限らないと思います。

井上　深志の３年生にとっては、とんぼ祭が区切りになりますね。１９９６年までは夏休み後の8月下旬から9月開催でしたが、97年から夏休み前の7月開催になったのですよね。

B　かつての深志は高３の8月まで、とんぼ祭の準備などで忙しくしていた。いくら高校生活を楽しむといっても、これはやり過ぎではないかと。それで夏休み前の開催になったのですが、それでも7月まで3年生がいろいろやっていると、よその教師からは「え、まだ何かやっているの」という感じで見られたりします。そのぐらいギリギリまで活動している。

そのかわり、とんぼ祭が終わると受験モードに切り替わります。やることはやったので、あとは進路に向けて頑張る。最後のとんぼ祭にもそのつもりで臨む。

ただ、現役で志望校に合格するような人は、2年の秋ぐらい、新人戦が終わったぐらいから、受験勉強と部活動を両立させていくようです。だから一番しんどいのはその頃で、高3のとんぼ祭の後は受験勉強だけしていればいいので、むしろ楽だったとも聞きます。

東大よりも京大が人気？

B　東大の合格者数ですが、一時期持ち直してきたと思ったら（2006年には現役で10人合格）、最近また下がってきていますよね。以前なら東大を受験したであろう層が、京大に流れている。京大志向は近年のトレンドです。

井上　OBとしてはうれしいトレンドです。東大より易しいから選んだと言われると癪ですが（笑）、昔から「あえて京大」という人は一定数いましたよね。京大の「自由の学風」は深志と相性がいいのではないですか。また、東大が「何が何でも行きたい大学」ではなくなってきた、ということも考えられます。

A　京大に行った卒業生はよく言いますね。「俺には合っていたんだ」と。それは受験の動機というよりは、後付けの解釈かもしれませんが。

B　それもあるのですが、東大を目指して頑張ってきたのに「東大がC判定で京大がB判定だから、京大にします」という人が本当にいるのです。そして受験校を直前に変えても合格するぐらい、京大は易化しています。

浪人のリスクを回避する現役志向は、確実に強まっています。それに加えて東大、京大などが後期日程をやめたことも大きい。例えば、今までなら前期が東大なら、後期も東大か東工大、一橋などがありました。いまは、後期日程の受け皿が北大や九大になります。だから、東大が五分五分ならば、京大の方が可能性があると判断しているのではないでしょうか。

井上　東京の私立中高一貫校でも、みんなが現役合格するわけではない。ただ、C判定なら（E判定でも）平気で東大を受験するというメンタルが違うのだと思います。あんなに成績の悪かった先輩でも合格したし、まあ何とかなるのでは……という（笑）。予備校が提供する統計的なエビデンスよりも、伝統校に蓄積された「武勇伝」の厚みというか。ずうずうしさというか、ふてぶてしさというか。深志もかつてはそうだったのではないですか。

B　それが伝統校の良さでもあるので、そういうのは持っていてほしいですね。肌感覚でいえば、上位10番に入る実力があれば、国内で行けない大学なんかないと思うのですが。過去のデータも見せて自信をもたせようとしても、自分たちで信じきれない。もう少し天狗になってもいいと思うのですけれども「いや、私は……」と、できる子ほど謙虚なのですよ。自分たちの実力をもっと信じてほしいですね。

井上　その意味では、冒頭にも話題になりましたが、自治活動ではリーダーシップを発揮し、大学受験でも攻めの姿勢を貫く女子たちの存在は、とても頼もしく感じます。男子も女子も、お互い敬意をもちながら切磋琢磨できる環境を大事にしてほしいですね。

――本章は２０２２年12月29日に深志高校で行った座談会を基に作成した（構成＝井上義和）。

10 【座談会】深志の自治と未来の学校　共同研究を振り返って

深志の自治は未来の学校のモデルになりうるか

林　深志の教育哲学は「自治の精神」という言葉で表されます。「生徒主体／生徒に大きな決定権を与える教育理念」と言い換えてもいいと思います。それはどのように培われ醸成されてきたのか。ここを皆さんに検証していただくのが共同研究の目的でした。

これからの未来の学校にとって、深志の自治はモデルとなりうるか。深志の向かうところに未来の学校の姿がある、と言えるのか。そういえるための根拠はどこにあるのか。「自治の精神」を基幹とした学校運営の、何を可視化し、引き継ぎ、自覚していくべきなのか。共同研究を振り返りながら、皆さんに議論していただきたいと思います。

井上　林さんがよく言う「周回遅れのトップランナー」というのが、伝統校の屈折をうまく捉えています。

ここには二つの意味があります。「先頭のつもりが、実は周回遅れだった」が本来の意味。伝統的な名門校のつもりが、進学実績では都会の中高一貫校に差をつけられ、県内でも新興勢力に追いつかれつつある。しかし、林さんが強調するのは「周回遅れのはずが、実は先頭にいた」という逆の意味。時代遅れに見える伝統校にこそ見いだせる未来の教育の可能性があるのではないかと。「はじめに」の〈伝統校に眠る「隠れ資産」を掘り起こす〉というのは、この後者の意味を言い換えたものです。

それをふまえて、あらためて問います。深志の自治は未来の学校のモデルになりうるでしょうか。

教師たちの暗黙知をどうつなぐか

加藤　「深志モデル」というのを、生徒の活動だけで捉えると間違えると思います。

深志の自治は、教師たちの職人技（見えざる手）で支えられている（☞第5章後半）。深い信頼関係に基づき、教師は生徒を導いている。ただ、それは個々の教師の暗黙知にとどまるもので、明確に言語化して教師集団として意識的に共有・継承しているわけではない（☞第8章）。「深志モデル」になりうるかどうかは、その暗黙知の言語化にかかっていると思います。

私は、3年間の参与観察とさまざまな関係者への聞き取り調査によって、ようやくそれがわかってきました。最初のころ、卒業生に深志の自治とは何かを尋ねても、応援練習の思い出ばかりを語られて（笑）、まったく意味がわからなかった。つまり「自治の伝統」を誇らしく思っている卒業生自身、「自治」が具体的に何を指すのか、言葉にできなかったということです。

冨岡　戦後、1950年代ごろまでは教師たちが深志の教育を積極的に言語化していました。新制高校の理念を体現する「実験学校」として特別教育活動を含む教育課程自主編成の研究を行い、文部省用語を自分たちの言葉として使いこなしていたと思います。50年代半ばからは、こうした言語化は岡田甫（はじめ）校長の「人格」概念とも結びついて独自の深化を遂げていきます。

暗黙知化が進行するのは70年代ごろからではないでしょうか。それでも、岡田校長の影響を受けた教師たち（岡田チルドレン）が健在だったときは、職員雑誌『ふかし』を中心に言語化の努力がなされていました。

井上　敗戦後、深志の教育を立て直すときに、自治を中心に据えたのですよね（☞第3章後半）。ある意味、生徒以上の熱心さをもって、校長や教師たちが積極的に取り組んだともいえます。

冨岡　はい。小西謙校長、岡田校長は、敗戦前後の混乱のなかで何とかして学校を立て直さなければという危機意識、さらに原爆が投下された広島にいた岡田校長は学問による人間形成を再建しなければ人類の未来はないという深刻な危機意識を持っていました。60年代初めごろまでは、そうした危機感の中で、生徒の自治を学校立て直しの原動力として明確に位置づけていました。

　生徒や卒業生の考える「伝統」としてだけでなく、学校の教育方針の中心に自治が据えられたということは、戦前期の松本中学校には、恐らくなかったことだろうと思います。そうした意味で、深志は戦後に大きな変貌を遂げたと言えます。

　小西、岡田両校長が持っていたような危機意識は、いわゆる戦後民主教育の発想とも重なるところがありますが、70年代以降は次第に教師たちに共有されることが難しくなっていったのかもしれません。もしそうだとすれば、教師たちは何をよりどころにして、生徒の自治を尊重できるのかということに大いに興味を持っています。

西村　「岡田チルドレン」の時代（80年頃まで）は、教師の間で、いわば阿吽（あうん）の呼吸で暗黙知の共有ができていたように思われます。そしてそれは、当時の文部省の方針とも、また戦後民主教育の理念とも微妙に異なる、かなり固有のものであったように思われます。生徒として漠然と感じていたことを、山本伍朗先生へのインタビューである程度確認できたと考えています（☞第5章前半）。

　しかし、80年代に県教委の人事方針が変わって、同じ学校には最長10年しかいられなくなり、教師の流動性が高まります。恐らくこれにより、暗黙知を共有・継承していくことが難しくなった。言語化されないものについていけない教師も出てくる。これがその後の危機につながっていくのではないでしょうか。

話し合いと手続きが自治の基盤

林　ただ、教師の流動性「にもかかわらず」深志の自治が維持されてきた理由を考えることも大事です。私は、校則の有無が大きいと思います（深志では校則がないのは当たり前すぎて、本書ではほとんど取り上げられていませんが）。校則があれば、管理する側とされる側の上下関係になる。校則がなければ、人間同士の横の関係になる。理詰めで話し合い納得し合う必要が出てくるので。

水村　麻布にも校則がありません。70年代の「学園紛争」の結果、生徒が校則撤廃を含めた「自由」を勝ち取ったのです。そういう歴史があるので、生徒・教師の関係性も、深志のような信頼関係よりは、ライバル関係に近い。麻布生は、教師との対立や葛藤の中で、自由や自治といった言葉の意味を体感していくといえます。

加藤　自由な社会の担い手を育てるという意味でも、校則がないことは大きいですね。校則に従わせるのではなく、生徒に決定権を与えて自立性を育てる。一般には自治と自由は大学生の「特権」のようにみなされているけれども、それを前倒しで実践する意義は大きいと思います。ただ、深志や麻布ではそれを長い歴史のなかで試行錯誤して自分たちの伝統にしてきたわけで、それをそのまま他校で真似（まね）するのは難しいかもしれません。

冨岡　規則については、旧制松中と新制深志のあいだに不連続がありました。松本中学時代も、学校としては校則を定めなかったけれども、その代わりに、生徒組織である矯風会が「風紀取締ニ関スル決議事項」として細かな規則をたくさんつくってきました（46年に全廃）。戦時中に在学していた卒業生によれば、配属将校の存在も大きかったといいます。それに逆らう先輩もいたそうですが。

堤　小林有也初代校長の「御三訓」は、校則ではなく校訓ですね。生徒手帳の表紙を開くと、真っ先に目に飛び込んできます。

一、諸子はあくまでも精神的に勉強せよ
一、而（しか）して大に身体の強健を計れ
一、決して現代の悪風潮に染み堕落するが如き
　　事のあるべからず

松本深志高校図書館資料室で保存している歴代の生徒手帳（井上義和撮影）

加藤　深志の生徒手帳には、校則ではなく、生徒会の規則が書かれていますね。問題に対しては禁止ではなく、組織と手続きを通して解決していくという姿勢が明確です。

冨岡　戦前の矯風会も手続き重視です。生徒をしばる規則も手続きにのっとって生徒自身が決定する。戦後の生徒手帳は、最初だけ教師が作り、その後は生徒会が作るようになりました。

浅川　私が生徒会長のときも、生徒大会に提案して規則をいろいろ変えました。それに伴って生徒手帳の改訂が必要になります。印刷業者との交渉も含めて全部生徒がやるので大変でした。結局、入学式に配布が間に合わず(笑)、新入生に謝りましたけど。

加藤　生徒会の規則はなんども見直され、改訂される。それがとても素晴らしいと思えるだけに、男子中心の校歌やバンカラな応援練習などの伝統行事にはなかなか手をつけられない、というコントラストが際立つのです。

浅川　確かにそうですね。校歌の歌詞に疑問を抱き「歌わない」という女子はいました。それでも、生徒会長だった当時の私には校歌を見直すという発想はありませんでした。

「死者の領域」という難問

西村　鼎談深志や折衝会のような実践は、市民性（シチズンシップ）教育のわかりやすい事例になると思います。

けれどもそのときに、井上さんが第4章で提起している「表と裏の二元制」の構図や「死者の領域」という概念が、実は決定的に重要である気もしています。

市民性を育てる教育というのは、戦後の深志もそれに積極的にコミットしたように（☞第3章後半）、既に戦後教育改革で志向されていたことでした。

にもかかわらず、いまだに日本の学校や社会に根付かないとすれば、それはなぜなのか。そこには日本の戦後の啓蒙リベラルの、どこか上滑りな性格があったのではないか。教育哲学には、共同体のメンバーを育てる社会化としての教育は、共同体の外部や他者に開かれる経験に支えられて、初めて可能になる、という見方があります。ところが戦後教育は後者を切り捨ててしまったのではないか。

「死者の領域」という概念は、そこを鋭く突いているように私には思えます。深志の「自治」が、その部分も併せ持ってこそモデルとなりうる、という議論は魅力的です。

ただ、共同研究の中で異論があったこともたしかです。

「死者の領域」を引き受けるとされる應管のスタイルというのは、加藤さんが一貫して「わからない」とおっしゃっていたように、やっぱりアナクロニズムの色彩が強いですよ。それは、外部に開く経験ではなく、共同体の内部を統制する暴力になってしまいかねない。《中の人》でも、生徒時代は啓蒙リベラルだった（笑）私なんかには、そう映っていた。だから、なかなか、なり手が出てこないで、近年では義侠心（ぎきょうしん）に富んだ（?）女子が手を挙げることになる。

加藤　應管については、いまだに大いなる謎ですね（笑）。

冨岡　今回調査した資料の範囲でいえば、岡田校長が應管について何らかの方針を明確に示した形跡は確認できませんでした。岡田校長の『校友』での生徒への言説や、九十年史の職員会議での記述を見る限り、応援活動自体を推奨するというよりは、生徒に人格の完成や学問的態度を求めるという印象が強く、應管との関連は今のところよくわかりません。

西村　井上さんの描くような應管のあり方というのは、現実にはいつの時代も存在していなかった。歴史研究の立場からいえば、そうなのだろうと思います。井上さんの議論は、いわば理念型ですよね。理念型としてこそ、意味がある。

井上　ご指摘の通り、表と裏の二元論は、理念型です。もともとは映像作品内で第22代應援團長・水野好清が語る「生徒会長は表の顔、應援團長は裏の顔」という見立てがヒントになっています。それを敷衍（ふえん）したのが「表＝生者の領域／裏＝死者の領域」という解釈枠組みです。当事者にとっては無意識の構造なので、卒業生にさえなじみがないのも、歴史的資料の裏付けがないのも当然で、これは「そう考えるといろいろなものがスッキリ整理される」という仮説にすぎません。

浅川　應管を「表と裏」や「生者と死者」という二元論から捉えることには、アナクロニズムとは異なる理由で、違和感があります。二元論で捉えるということは、「教育という目的に対して合理的であるかどうか」という目的合理的な観点からの把握の仕方であるように思えるからです。應管の存在は果たして、そうした秤量（ひょうりょう）軸で捉えられるものなのでしょうか。

私は「現場知」(Local knowledge) には、目的合理的に秤量できる実践知や経験知とは別に、それらの秤量軸では捉えられない「伝統知」があることを指摘したいと思います。目的合理的には説明がつかないけれども大切にされてきたものがある。そうした意味で、應管は「伝統知」に当たるのではないでしょうか。

西村　今の浅川さんのご指摘もとても重要です。私なりに言い換えると、外部や他者にかかわる本質的に非合理的な経験は目的合理的に仕組むことはできないし、逆にまた非合理的なイデオロギーによって駆動された合理性の恐ろしさというのは、例えば20世紀の戦争の歴史が教えるところですよね。その意味で「死者の領域」は、モデルにはなり得ない。あるいは、モデルにしてはならないのかもしれない。

だとすると、私たちがすべきこと、できることは――井上さんが論じたような「表と裏」の理念型を念頭に置きつつ――応援練習に始まってとんぼ祭に至る「深志生になる」一連の「表の」プロセスについて、例えば加藤さんが初年次教育論に照らして分析したように（☞第6章）、あるいは井上さんが第1章で自治の論理を再構成したように、できる限り暗黙知を可視化することなのだろうと思います。

伝統を通して見えない先輩と対話する

堤　西村さんの懸念はよく理解できます。そのうえで、学校のアイデンティティーの観点から、伝統・歴史・現在の関係を整理しておくことが必要です。「いま・ここにはいない先輩たち」の視線を内面化する、その声なき声に耳を傾ける仕掛けというのは、伝統と上手につきあえる今「現在」生きている主体を育てるのに重要だと思います。伝統を「無批判に従うべきもの」ではなく、「見えない先輩たちと対話しながら更新するもの」として捉えること。「死者の領域」という概念は、伝統への向き合い方を考えるうえでヒントになるかもしれません。

生徒が自分たちの学校の歴史を知ること、伝統の成り立ちをさかのぼって知ることに、もっと積極的な意味を見いだしてもいいと思います。

井上　「死者の領域」の可能性を擁護してくださり、ありがとうございます（笑）。伝統をどのようにポジティブに捉え直せるか、というのは今回の共同研究におけるチャレンジのひとつでした。伝統は学校のアイデンティティーになりますが、それは伝統が神聖不可侵の存在だからではない。現在を生きる私たちが問いかけ、また私たちに問いかけてくる「見えない先輩たち」が常にそこにいる、ということです。死者というとギョッとされますが、自分たちを歴史の主体として位置づけるためのよりどころだと思ってほしい。

堤　伝統はコミュニティーへの帰属意識の根拠や裏付けになる。伝統はそれを共有するであろう誰かを（たとえ会ったことがなくても）味方に付けたことにする便法、と言い換えてもいい。いずれにせよ、伝統は過去ではなく現在の問題です。

「伝統だから従え」という抑圧的な作用も「伝統が背中を押してくれる」という促進的な作用も、どちらも現在の私たちの問題です。だから、伝統の成り立ちを知ることは、そのときどきの生徒や教師が何を「現在」の課題としてきたのか、その課題にどのように向き合ってきたのかの歴史を知ることにほかなりません。

行事を通して伝達される暗黙知

加藤　暗黙知の言語化の話に戻します。先に述べたように、教師の生徒へのかかわり方は、個別の試行錯誤のなかで身につけた属人的な暗黙知にとどまっています。これを脱属人化された集合知として未来に伝えていくためには、暗黙知を形式知にする必要があるのではないか。ただ、形式知にすることでかえって形骸化するかもしれない。悩ましいところです。

井上　先ほどの林さんの言い方にならえば、形式知になっていない「にもかかわらず」伝達されてきた理由が大事です。暗黙知は、折衝会やとんぼ祭などの具体的な行事と切り離せません。つまり行事とそこへのかかわり方とセットで伝達される。形式知ももちろん大事だけれど、マニュアルや研修で伝達されるものではない。

浅川　行事に「かかわる」ことは、その行事に付随する「暗黙知」を無批判に受け入れることではありません。「伝統とのつき合い方」で堤さんが指摘してくださったように、「見えない先輩たちと対話しながら更新するもの」として捉えることこそが、「かかわる」ことだと思います。

この「かかわる」ための第一歩の背中を押してくれるのは、「そこにかかわるとこのような意義・意味があるから」というような合理的な理解・了解ではなかったのだろうと思います。むしろ「伝統」という、目的合理的には説明がつかないけれども大切にされてきたものに背中を押されてきたのではないでしょうか。私としては、この「大切にされてきた」という感覚の共有が大切ではないかと思います。大切にされてきたものには自分も乗ってみたい気が湧きますが、どうでも良い扱いを受けてきたものには乗っかりたいとは思いませんから。

かかわってみたけど、あれはダメだねという批判はもちろんありです。ですが、そのような批判を起動するためにも、まず「かかわる」ことこそが大切だと思います。そしてその背中を押してくれるひとつの力が「伝統」なのではないでしょうか。

このように伝統に背中を押されて行事にかかわることで「暗黙知、現場知、伝統知」が共有され、「自治」すなわちガバナンス（共治）が起動すると解釈できるのではないか、そのように考えてみました。

水村　行事へのかかわり方を通して暗黙知が伝達される、というのは麻布でも当てはまります。麻布の場合は文化祭の実行部隊としての「文化祭実行委員会（文実）」がタテ割りの先輩・後輩関係による強固な団結を示し、文実活動の中でさまざまな麻布生としての立ち居振る舞いを学んでいきます。

教師はその世界にまったく混ぜてもらえないので私は外から見える現象面しかとらえることができませんが、文化祭の実務のみならず、集団の盛り上げ方とか、ヤンチャの仕方とか、さらには教師とのけんかの仕方までを体感的に学んでいくのだろうと思います。

しかし、その暗黙知の伝達が、中身を伴わない非常に表面的なものになってきたというのが、ここ20年スパンでみたときの麻布の自治の状況かと思います。その結果、不祥事や事件が目立つようになってきた。それを生徒・教師が「麻布の自治の危機」と捉え、改革してきたのがここ10年といえます。

加藤　なるほど。暗黙知というのは、伝達されなくなると何らかの形でほころびが表面化してきますが、やはり暗黙知としての直観が働いて「危機」として認識され、修正される。行事への参加があるところでは、浅川さんや水村さんが指摘されるような形で、「危機への対処」も「自治」の一環として起動するのでしょう。ですから、深志の自治も、西村さんが5章前半で問題提起されているように、失われた、「不在の理念としての自治」が、行事の中で継承され残っている「自治」と共存している、とも考えられますね。

新しい共同体に移行するための通過儀礼

堤　ところで、私がいた愛媛県の中高一貫校では当時6割程度が寮生でした。初めての寮生活に戸惑いながら4月を過ごし、やっと帰省できた5月のGWでの感覚は、加藤さんがアメリカの大学について指摘されたような「実家はもう帰る場所ではない」というものでした（☞第6章）。帰っても滞在する場所だなと。それで「自立・自律した個人」になったかどうかはわかりませんが。

乱暴な言い方をすれば、寮だと何はともあれ、入ってしまえばほぼまちがいなく生活環境やそれまでの価値観から切り離されるわけですが、深志では生活環境はそのままに、さまざまな行事を通じて、学校空間の中でだけ学校内外を切り離す（そして深志共同体に統合する）ことができている。どちらも、通過儀礼としては同じ機能を持っている。

そうすると、学校での通過儀礼が発達段階に規定されるというわけでは必ずしもなさそうですね。アメリカでは大学の初年次教育、深志生は高校入学後の半年間で経験するのと近いことを、私のような寮生だと中学1年生で経験することもある。

ただ、私の寮生活にはとんぼ祭のような高揚感や達成感が得られる行事はなかった。少なくとも記憶していません。あればもっとガチガチに帰属意識を持っていたのでしょうかね（笑）。

加藤　私は最初、こうした移行（transition）教育がどのタイミングで必要になるかは、教育制度上の断絶がどこにあるかに依存すると考えていました。アメリカだと、大学とそれ以前の教育課程に圧倒的な断絶がある（歴史的な成立過程や進学実態などを含めて）。それに対して日本では、近代教育制度の立ち上がりから、高等教育（旧制高等学校など）に加えて、中等教育（旧制中学校など）とそれ以前の課程の間にも大きな断絶がある。深志が生活環境と切り離さずに分離する仕組みを備えているのも、旧制中学校時代、旧制高校・帝国大学に進学して国家エリートになるだけでなく、地元に残り、しかし親とは別の近代的な職業についてリーダーになっていく生徒たち、例えば教育者になったりビジネスエリートや政治家になったりして、地元を率いていく生徒を育てるという社会的な機能も担っていたからだと考えました。

幼稚園から小学校へ、小学校から中学校へと、学校段階を移動していく際には、どの段階でも児童・生徒は移行を経験します。これまでは高校から大学への断絶に注目した研究に限られていましたが、中学校から高校へ、小学校から中学校へ、などの段階で、どのような移行が経験され、どのような教育的な意味があるのか、研究する価値があるかもしれません。例えば、ヨーロッパの複線型教育制度では、（職業教育ではなく）大学に接続する中等教育において、中学校から完全寄宿舎制を採用しているエリート校も少なくありません。エリートをつくる装置として、この段階で強い移行を経験させる教育が想定されているのかもしれませんね。

井上　加藤さんも指摘しているように、通過儀礼には「強い痛みや衝撃」がともないます。深志ではこれを4月の対面式や応援練習など應管関係の行事で経験します。7月のとんぼ祭には、圧倒的な高揚感や達成感によって最初の「痛み」の記憶を消去する機能があるのかもしれません。

「中学までの古い自分」が壊された痛みや不安、喪失感を、「深志生としての新しい自分」の承認と自信によって埋め合わせ、上書きする。ここには数ヵ月間のタイムラグがありますが、アメリカの大学の初年次教育の場合は、できるだけタイムラグが生じない工夫をしていると感じました。親元や伝統社会からの分離にともなう痛みを、寮生活やキャンパス全体での包摂と承認によって、上書きする。

だから、堤さんの言うように、寮生活があるような学校は、新しい価値観や愛校心を育む絶好の条件が備わっているはずなのです。どこまでそれに自覚的かは別として。

堤　加藤さんの移行教育と制度上の断絶の関係はうなずけるところがありますが、エリート教育で重要なのは「分離」なのでしょうか。むしろ、井上さんのおっしゃる「痛み」と「上書き」の経験が必要なんじゃないかと思っています。

分離があっても親元や地域がなくなるわけではないので、愛着のある新旧の環境を行ったり来たりする経験こそが所在なさと同時に自主的な社会の担い手としての感覚を生み出すのではないかと。その新旧の区切りとして通過儀礼が必要で、親元や生育環境から離れないままの通学形態をとるならば、新しい仲間との一体感を抱く高揚感や達成感が重要になるのではないでしょうか。

加藤　確かにその通りですね。分離した後、統合する先がなければ、移行教育は成立しません。痛みだけではどこにもたどり着けません。そう考えると、確かに、アメリカの大学の初年次教育でも、最初の学期の終わりに大きな達成感と充足感が経験されます。入学から4ヵ月続く痛みと苦しみの後、統合儀礼としての学期末の試験に合格し、名実ともに大学生になるのです。

入学当初はホームシックになり、1ヵ月後には最初の試験があって、生まれて初めて成績に「C」をつけられてショックを受ける。試験が終わると歴史や生物で進化論の授業があり、文学では同性愛文学が課されて、議論をしなくてはならない。比較文化論や人類学などで、自分とは別の宗教の教師や学生を見つけてインタビューしてこいといった宿題が出ることも。アメリカ南部で、福音派の敬虔な信者として育った学生の中には、ユダヤ教やイスラム教、仏教などの他宗教はおろか、キリスト教でも他宗派の信者と会ったことのない学生が多くいます。聖書と異なる説明（人間は、神が自分の姿に似せてつくったのではなく、サルから進化した）を受け入れることは、教会や家族、友人を裏切ることでもあり、自分は地獄に落ちるのではないかと悶々と悩むのです。その間も、自分の大学進学を機に親が離婚したり、高校からの恋人とうまく行かなくなったりと、波乱万丈です。

心が乱れて勉強が手につかなくなるとすぐに成績が落ちるので、そうすると奨学金が打ち切られる。最悪のシナリオは退学です。アメリカにいたとき、私のオフィスアワーは週8時間でした。もちろんレポート指導はしますが、半分は悩み相談でした。

この過酷な1学期を乗り切って単位を取り、年明けにキャンパスに戻ってくる学生たちの晴れ晴れとした、自信に満ちた顔は、忘れられません。井上さんが指摘するように、こういった経験をした学生たちは、卒業後も大学を「第二の故郷」と呼ぶほど愛着を持ち、寄付などにも積極的です。下世話な話ですが。

とんぼ祭と受験勉強のせめぎあい

西村　とんぼ祭が、深志生となる通過儀礼の総仕上げである、という位置づけ（☞第6章）は、私も同感です。付け加えていえば、「深志」の終わりも、私にとっては卒業式ではなく3年生のとんぼ祭のファイヤーストームでした。そこで文字通り「憑き物」が落ちて、受験勉強モードに切り替わり、あとの半年はおまけという感覚です（☞第9章）。

とんぼ祭は1997年から7月開催になりましたが、96年まで夏休み後の9月ないし8月下旬の開催でした。その前にも、共通一次試験の導入（79年）を見据えて、77年に「7月開催」になりかけたことがあります。いったんは職員会で決まりましたが、それではとんぼ祭の準備ができない（特にステージ系にとっては夏休みの練習の有無は死活問題）と、生徒大会で再考要請決議がなされて、職員会が再検討した結果、「7月開催」は撤回されたのです。その経緯は、私が入学した78年には、深志の「自治」の神話として誇らしげに語られていました。

もちろん、その神話の裏で、生徒側がどこまで一枚岩だったのかはわかりません。3年生の夏休みから受験勉強に集中したいという意向だって、当時からあったのかもしれませんが……。

仙石　とんぼ祭が7月開催になった97年に私は在学中でした。当時を知る先生の話では、最終的に7月開催を主張して決定したのは生徒会、つまり教師側ではなく生徒側だったようで、これは私の記憶とも一致します。「夏休みを大学受験準備に使いたい」というのは77年と同じですが、90年代には他の学校が次々と文化祭の開催時期を早めるなど受験シフトへの社会的圧力がそれを後押ししたこともあるでしょう。ただ、生徒の間でも意見が分かれて、7月派と8月派の間で数年に渡る綱引きがあったようです。

井上　卒業生調査の分析結果（☞第2章）からは、１９７０年代から80年代にかけて、興味深い変化があったことがうかがえます。特に二つの点を挙げておきます。

まず、自治の精神を何に見いだすのかについて。とんぼ祭やクラブ活動は最高水準を保って不変ですが、注目したいのは、生徒会・ホームルーム用語が減って応援練習が増えて、後者が前者を上回ってきたことです。これはつまり、自治を体現するものが、戦後民主主義的な実践よりも、硬派な伝統行事のほうにシフトしてきたのではないでしょうか。

つぎに、生徒と教師の関係について。「進路」に関しては、生徒からの相談も教師からの推奨も、どちらも低下しています。これは80年代に受験産業の

松本深志高

伝統行事見直し

近く文化祭の日程変更案

県下の大学現役合格率の低迷を機に起きた「学力論議」に対し、やや距離を置いてきたとされる松本深志高校（中村磐根校長）が、伝統行事の見直しに取り組んでいる。中村校長は、長野市でこのほど開いた県高校長会秋季総会・研究協議会で、文化祭の時期変更案も示し、生徒との論議も近く始める。背景には大学進学実績にも目を配らなければならない時代への危機感もあるようだ。

伝統行事の見直しに取り組んでいる松本深志高校（松本市）

松本深志の職員会議は今月初め、「学習を確かなものにするための具体策」を決めた。同校OBの教師八人で五月に発足した学習研究委員会が二カ月かけてまとめた具体策をたたき台に、職員会議で討議を重ねてきた。

中身は五十数目。授業を大切にするため公欠を減らす－といった基本的な項目から、今年度から一年生を対象に自主参加形式で始めた学習合宿の定着化などのほか、生徒の自治と自由を最大限尊重してきた伝統行事である文化祭「とんぼ祭」の日程変更も含む。

七九年度（昭和五十四年度）に始まった大学入試共通一次試験（現センター試験）以降、県下のほとんどの「進学校」は受験対応を繰り上げ、文化祭を夏休み前に移した。が、同校は今も夏休み明けの八月下旬のまま。「本校の最大の個性は伝統。その中身は自治と

受験対策視野に

「自治と自由」生徒と論議

自由」（中村校長）との自負が、文化祭の時期も伝統の「形」として残してきた。

一方で、同校の現役合格率は最近、四〇%前後で推移。「伝統にあぐらをかいている」と批判も受ける。自身も卒業生で同校での教師経験も長い同校長は昨春の着任後、「伝統」の本質の変容ぶりに注目してきた。

「過去の形を生徒たちがよく守ってくれている。半面、時代が変わって生徒の負担も大きいと思う」「自由が社会にはんらんし、本校の自由と自治が生徒に喜びを与え、自学にスムーズに結びついた時代とは変わった」「大学進学では努力の結果浪人するならいいが、最近は浪人が当たり前という甘えがあって生徒の能力が伸び切っていないのではないか。その中で『形』だけが残っていないか」

文化祭には「夏休みは準備に使われ、文化祭後もしばらく余韻が残る。受験への対応が遅れがちな影響もあって、センター試験の結果は悪い」（同校長）との思いもある。が、何よりも「生徒の自治を優先する行事が、価値ある伝統として受け継がれているのか、自ら徹底的に反省してみたかった」という。

職員会議では、特に文化祭を夏休み前に移す案をめぐり、賛否両論が出た。「生徒の自治力がはっきり出てくる。たっぷりやらせてあげたい」「学力問題を生徒の姿勢の問題と仮定して対策を講じようとしていないか。教師自身の教授法に問題はないのか」…。

中村校長は「私自身、伝統的な形に愛着はある。しかしそこに安住せず、教職員内で論議をしたことは大いに意味があった」と、変革の空気が生まれたことを歓迎する。同時に生徒側から論議が起きることを期待し、三十日に文化祭の時期の移行案を示す。

論議の結果次第で「移行案が覆る可能性もある」（同校長）。大学受験対策を視野に入れながら教師と生徒、生徒同士で「伝統」「自由と自治」「自学自習」などを見つめ直す時、どんな高校像が浮かんでくるのだろうか。

深志高校がとんぼ祭などの伝統行事の見直しに着手したことを伝える信濃毎日新聞の記事＝1994年11月21日付

存在感が大きくなってきたからでしょう。それに対して「学校生活全般」では、80年前後、生徒からの相談は減るのに、教師からの推奨が増えています。これをどう考えるべきか。

浅川さんは「教師は生徒に対して指導・管理を行う者として現れていた」と書いています。80年代というのはいわゆる管理教育が問題になる時期ですが、自治を掲げる深志の場合、それと同じ文脈で考えてよいのかどうか。教師に期待される役割が、受験指導よりも、部活や生徒会などの自治活動の指導へとシフトしてきたとは考えられないでしょうか。

浅川　まず、自治の精神を何に見いだすのかについて。80年代前半の深志高校を経験した私の私見ですが、井上さん指摘のように、自治の精神を民主主義的な実践に見いだす生徒が少なくなりつつあったように思います。私の在籍中に、檄文(げきぶん)の掲示頻度も減りましたし、生徒会活動への関与も減少し生徒大会が流れることもよくありました。そのような傾向に抗(あらが)う気持ちがあって、勇み足で生徒会長選挙に立候補してしまいました（笑）。

次に生徒と教師の関係についてです。これについて私は、井上さんとは異なる見立てをしています。井上さんは「教師に期待される役割が、受験指導よりも、部活や生徒会などの自治活動の指導へとシフトしてきた」のではないかと指摘していますが、私の見立ては逆です。教師に期待される役割は、むしろ受験指導へとシフトしていたと考えています。

例えば、日本史の授業で使用される資料が穴埋め式になっており、定期試験はこの穴埋め式資料から出題されるようになりました。歴史について思考する能力を育てるのではなく、受験において出題される問題に解答できる即応力をつける教育へとシフトし始めた、というのが当時の私の実感でした（おかげで日本史の勉強が嫌いになりました）。

このように生徒の学習を管理し、効率よく受験に備えて進学実績を残すことが、生徒の親たちや、深志高校の外の人々からの期待となっていったと感じています。そのうえ、生徒自身も同じような期待を教師に向け始めていた、とさえも言えそうです。受験に関係ないドイツ語の話をされるより、受験頻出英単語を教えてくれた方が良いのに、とぼやく同級生もおりました。

仙石　70年代半ばに東大、医学部、難関大進学者数等の指標で絶頂期にあった深志は、共通一次試験の開始を挟んでその後急速に進学実績を悪化させ、80年代半ばにどん底と言って良い時期を迎えます（☞第9章）。原因はいくつも考えられそうですが、教師が進学実績を出すプレッシャーに晒されていたことは推測できます。実際80年代に入ると県議会でも県立高校の進学率の低さが議論の対象となっており、内だけでなく外からのプレッシャーが指導方法のシフトにつながって行ったのではないでしょうか。

井上　なるほど。やはり受験のプレッシャーが大きくなり、教師にも、学問への憧れよりも受験への対応が求められるようになり、それが生徒と教師の関係を割り切ったものに変えていったのかもしれませんね。

自治への女性進出

井上　1990年代から2000年代にかけて、女性比率が4割を超え、深志の自治の担い手としての存在感を増してきます。女子が生徒会長や應援團長になるというのは象徴的ですが、應管や舞装のような男子的世界でも女性進出が確実に進んでいます。第I部で取り上げた映像作品を見ても、女子の存在感の大きさは実感できます。

いまや深志の自治は女子が引っ張っている、と見ることもできるのではないか。ともかく自治への女性進出は喜ぶべきことだと思いますがいかがでしょうか。

田中　性別に関係なく自治を担えるようになったのは喜ぶべきですが、「性別に関係なくなった」では片づけられない問題もあると思います。入学直後、クラスから必ず應管を選出せねばならないのですが、その時の重苦しい空気を今でも覚えています。

義侠心に満ちた女子が手を挙げる、といえば聞こえはいいですが、そこには進んで自己を犠牲にしてしまう女子のジェンダー的な心性があるようにも思います。自分が手を挙げさえすれば皆が帰れる。自分さえ我慢すれば……といったものです。

加藤　女性進出の背景には、最初のころは、應管や生徒会役員の担い手がいなくなってきたからという事情もありますよね（男子の穴を埋める銃後モデル）。それだけでなく、應管になった女子が「女性であること（女子らしい服装など）を捨てた」と語っていたことに、私は最初すごくショックを受けました。女子のままではできないのか。應管になるとき男子は何かを「捨てる」ことはないのかと。

ただ、別の應管女子によれば、女子を捨てたわけではなく「異世界のキャラにコスプレしている」というのが実感に近いという。この見方は新鮮でした。

西村　男子にとっても、應管になるというのは相当な覚悟がいる、大変なことだったと思います。本人の内面はわからないけれど、それまでの自分を捨てた、人格豹変としか見えないケースを何人も見ましたね。通過儀礼の担い手として、敢えて異界に憑依される、という感じ。だから、コスプレ感覚というのは、ちょっと意表を衝かれました。そこに時代の変化を見るべきかどうか。けれども、加藤さんが問いたいのは、ジェンダー論的な問題ですよね。

應管をどう理解するか

加藤　應管については、最初は「男子的なバンカラを強制される女子」というジェンダーの問題なのかと思っていましたが、井上さんの應管論（☞第4章）を読んで西村さんのお話もきき、とんぼ祭論（☞第6章）のために通過儀礼を勉強しなおして、私の考えも少し変わってきました。

通過儀礼には、俗世を超越した権威が必要です。その権威のもとで、修験者の序列が無効化され、何者でもない者として平等の共同性が生まれるからです。深志の場合、とんぼ祭では教師も生徒と同列になる。だから、それ以外の何者かが、超越した存在

高校野球長野大会で、高下駄で仁王立ちする應援團長（中央左）と、その横で声を張る應管メンバー。この年の應管は16人のうち女子が9人＝2019年7月、松本市野球場（信濃毎日新聞社保存写真）

にならなければなりません。コスプレ解釈は、超越の圧倒的な重責を、いくらかでも軽くするための、防衛策なのではないでしょうか。

第6章でも紹介しましたが、教育がサービスになり、学校に市場原理が入ってくることで、その儀礼性が失われ、学校の背後にある社会をリアルに感じるための教育が成立しなくなるという分析があります。もし、この分析に有効性があるなら、應管と、恐怖の（かつ野蛮に感じられる）応援練習も、意味のある儀礼として、教育学的な再解釈が可能なのかもしれません。

ただ、それでも「大いなる謎」は解消しきれません。仮に応援練習の教育的な意義が認められるとしても、また、應管が深志の自治において果たす役割が認められるとしても、現代の市民社会の感覚からは相当距離があることは確かです。私自身、頭では理解できても、納得して受け入れるのは難しいのです。

西村　いや、後付けの説明で簡単に納得しない方がいいですよ。謎として置いておくことにも意味はあります。伝統なるものを、何でも後付けで合理的に説明しようとするのは、はしたないことかもしれない。

浅川　先ほども言いましたが、應管は、目的合理的には説明がつかないけれども大切にされてきた「伝統知」として捉えるべきだと思います。例えば入学式のあとの対面式は、應管が仕切るから意味がある。それまで馴染んできた価値観と全く違う先輩たちの存在感。中学生の理解や想像をはるかに上回る衝撃的な体験。あれが生徒会の仕切りだと、これまでの価値観はそのまま保たれ、また何が正解で何が権威か、という学校の秩序も、生徒会長を頂点に一元化されてしまうことになります。

林　應援團長の権威は、生徒会長の合理的・民主的な権威とは違いますからね。

井上　まさに「表と裏の二元制」（☞第4章）ではないですか（笑）。そのうえで、ちょっと問いをずらしてみます。加藤さんがこだわるのは「怖い應管」だと思うのですが、「そもそも應管はいつから怖くなったのか」を考えてみてはいかがでしょう。最初から怖かったわけではないと思うのですが。

冨岡　戦後の全校応援団制をつくった岡田甫校長は「怖い應管」は想定していなかったと思います。生徒側の資料からも、１９５０年代までは暴力的な雰囲気は感じられません。應管によるファイヤーストームの楽しい思い出などは語られますが。應管の存在感が変わってくるのは、もっと後の時代ではないですか。むしろ暴力的なのは郷友会だった。

林　70年安保のときに深志もだいぶ荒れたといいます。初代小林有也校長没後の「第一の危機」、戦後学制改革期の「第二の危機」に続く、「第三の危機」があったのかもしれません。危機に直面すると伝統が召喚される（☞第3章）のだとすれば、深志を立て直すために、ここで「怖い應管」という伝統が創造されたのでは。76年卒（28回生）の私のときには、すでに「怖い應管」でした。

冨岡　高校紛争では、学生運動の影響も受けて過激な思想や行動に走る生徒も出てきます。立場や意見の対立を乗り越える「理屈を超えた存在」が要請されたのかもしれませんね。だとすれば、単なる時代錯誤ではない必然性があります。

井上　「應管は70年代から怖くなった」という説、なるほどと思いながら聞いていましたが、やはり歴史を知ることは大事ですね。実際どうだったのかは、卒業生に丁寧に聞き取り調査をすることで確かめられそうですね。

制外の歴史と向き合う

浅川　應管の「怖さ」は「優しさ」とセットで機能したという点も重要かもしれません。84年卒（36回生）の私のときは、応援練習の終了後、任意参加の寮歌会というのがあり、そこでは肩を組んで一緒に旧制高校や大学の応援歌や寮歌を歌ったりして、應管の人が打ってかわって優しかったそうなのです（私は部活のため寮歌会は不参加でした）。普段は普通に優しい人が、儀礼的な場では豹変（ひょうへん）する。それはみんなわかっていたと思います。応援練習に不参加の人もいましたが、應管が怖いからというより「強制されるのがいやだ」という理由でした。

加藤　なるほど。深志生になる通過儀礼としては、大きくは対面式、応援練習が分離段階で、とんぼ祭が統合段階と位置づけられると思うのですが（☞第6章）、「怖い應管」と「優しい應管」が交互に現れることで、その都度、小さく統合していたのですね。

「優しい應管」がいるから、明日も応援練習を頑張ろうと思える。脱落者を出さないための包摂機能を担っている。

林　郷友会（出身中学を同じくする親睦団体）も試胆会など新入生にとって怖い行事もやったりしますが、同時に先輩が「これからこういうことがある」という心得を教えてくれたりする。良い悪いは別として、独特の包摂機能というか互助機能があった。應管と同じく、生徒会からは独立して、深志の自治を支えてきた重要な存在なのです。

井上　ただ、郷友会は地域や時代による違いが大きく、また、ある意味、應管以上に現代の市民社会の感覚に抵触することもやってきたので、位置づけが大変難しく、本書では取り上げることができませんでした。当事者には鮮烈に記憶されていますが、学校史にはまず書かれない。そうした、いわば制外の歴史への想像力も大事ですね。

さて、怖さと優しさの二面性というのは、洗脳や支配にも応用されうる危うい技術ですが、やはり圧倒的な「怖さ=痛み」というファーストインパクトには、通過儀礼として重要な意味があると思うのです。

加藤　通過儀礼としては理解できるのです。ただ、それと同時に、現代の市民社会で許容されるために必要な条件とは何かを考える必要もあります。《外の人》としては、参加を強制されないことや、心理的安全性の確保、議論する機会の保障などを思いつきますが、いかがでしょうか。「後付けの説明」や「大いなる謎」で終わらせるのでもなく、自分たちの大切な伝統として納得して継承していくために、深志生自身が議論していく余地は大いにあると思います。

深志の自治を更新する

加藤　この共同研究では《中の人》と《外の人》という対比を用いて、《中の人》に見えている世界を相対化しようとしてきました。《中の人》が間違っていて《外の人》が正しいということではありません。重要なのは、《中の人》に見えない問題は「なかった」ことにされてしまいがち、ということです。見えない問題に気づかせることは教師の役割ですが、その教師自身も、全てが見えているとは限りません。そのわかりやすい例として、第8章ではジェンダーの問題を取り上げました。

でも、仮に教師の意識的な働きかけによって、学校のなかでジェンダー規範が取り除かれたとしても、実は問題が卒業後に先送りされるだけなのかもしれません。

普通、どの学校でもケアの方法は教えられない。

ケアは大人の仕事であって、子どもの仕事ではないので。私は女子校に通いましたが、30年前でも、あなたたちは女子なんだから、裁縫も料理もして、人の気持ちを察して、ケア的な役割を担わないと生きていけないわよ、といった教育は受けなかったように思います。高校卒業後、大多数がエスカレーター式に附属の大学に進学し、結婚して家庭に入ることはうすうす予測はしていましたが、先生たちは「家庭に入れ」と表立っては言わなかった。「あなたたちには能力があるのだから、その力を人のために使いなさい」と一貫して言ってくれました。それは励みになりました。でも、それを外部受験組はある意味勘違いして、邁進(まいしん)してしまったのかもしれません。

田中　深志でもそうですが、そういうことを教えてもらわなかったというより、それは学校を卒業した後の社会が不平等だということですよね。学校と世間とのギャップが大きいということ。女子が卒業後に苦労するのは、社会の側にも問題があるのであって、それを全て（深志をはじめ）学校のせいにするのはちょっと違いますね。

加藤　せっかく高校まで男女関係なく伸び伸びやってきたのに、卒業後の社会には至るところ性別役割だらけで面食らう。まさか、自分の未来にこんなことが待っているなんて想像もしていなかった……と。男子と肩を並べて勉強して順位を競い、キャリアを目指してきた進学校・難関大学出身女子の「あるある」です。それで、社会で活躍する女性ほど心が折れてしまう、といったこともあるようです。

もちろん「男子だから／女子だから○○すべきだ」といった露骨な性別役割規範は、少なくとも学校現場ではほとんどなくなっていますし、社会の意識や仕組みもかなり変わってきたのは事実です。けれども、こうしたモヤモヤを抱えて「見える化」する努力をするのがもっぱら女性であるというのも事実です。

井上　いくら学校が伸び伸びできる理想空間でも、「与えられた」自由・自治を謳歌(おうか)するだけだと、学校の外で、不自由で抑圧的な現実に立ち向かえません。しかし、だからといって、学校が「不自由で抑圧的な現実」の縮図でいいわけがありません。大事なのは、自分たちで粘り強く試行錯誤しながら自由・自治を「勝ち取る」「行使する」という日々の実践の積み重ねではないでしょうか。

自由や自治、平等や多様性といった理想を取り下げる必要はない。ただそれは、現実と向き合いながら理想に近づけていくための方法論を、経験を通して学ぶこととセットでなければならない。

その意味で、深志の自治が「男女関係なく何でも自分たちでやり遂げる」だけでなく、「当事者意識を持って問題に向き合い他者と協働しながら取り組む」経験を重視するようになっている（☞第1章）のは、希望ではないかと思うのです。ここ30年の間に、深志の自治はバージョン1・0から3・0ぐらいに進化しているはずで、一番の「隠れ資産」はそこかもしれません。

田中　女子が積極的に組織的な活動に参加し、活躍することは、文句なしですばらしいことです。女子も男子も頑張ってほしい。私も深志の自治を謳歌した女子の一人でした。自分が教師や母親の導きとケアに支えられてきたことに高校生の時には気が付かず、むしろ自分の力でやり遂げたと思ってきました。しかし、親になった時に、深志で鍛えたスキルは、あまり役に立ちませんでした。ケアを必要とする存在にどう接するかも知りませんでした。自分の力でやり遂げたと感じられる教育はもちろん必要ですが、その後、自分たちを支えてくれた人々の存在に気づき、自分たちが今度は支える側に回ることを自覚できる教育も必要ではないでしょうか。井上さんが提案された、卒業後の不平等な社会を変えるための練習にもつながると思います。

加藤　賛成です。そのためには、まず、深志の中での男女の垣根を壊す必要があると思います。深志に入って参与観察をいくらかしてきた中で、いとも自然にジェンダー化された振る舞いを見ることがあり、これは課題だと思いました。

それは第8章に書いた通りですが、友人関係が基本的に性別を軸にして構成されており、学校行事に参加する際、着席の仕方が女子グループと男子グループできれいに分かれる傾向があります。組織的・社会的な問題を鋭く捉え、活躍する女子のありようと、とても自然にジェンダー化された振る舞いのギャップに、私はとてもショックを受けました。これは例えるならば、女子だけが学ぶ科目であった家庭科が男女共修になったところまではよかったが、当時は選択科目とされたために、結局のところ履修するのはほとんどが女子にとどまってしまったことに似ています。自由に選んだのだから、その結果が不均衡でも問題ない、ということにはなりません。

「自由」「平等」「多様」な社会を実現するには、放任していてはだめで、教育的な介入が必要なのです。この領域で、自治の「魔法の杖（つえ）」を扱える先生方が必要ですね。ただこれも、深志は長い間マジョリティーが男性で、教師も男性が多い。そのため、女子生徒が感じる違和感や課題は、男性教師に認識されたり共感されたりすることは少ないかもしれません。共感できる女性教師が、それを生徒の自治活動に導くだけの職人技を習得することも課題となってきます。

今後、外国をルーツとする生徒が入学してくることも十分に予想されます。長野県は世界的に人気の観光地ですし、国際企業もあり、一応総合大学もあるので、それなりの規模の外国人コミュニティーもあります。今以上に多様な生徒が深志に入学してくることを想定すると、どのような背景をもった生徒も、「自分で決めた、そしてやり遂げた」と自信を深めていけるような教育を準備していかなければならないでしょう。マイノリティーの学生は、自尊心が低い傾向があり、自分が共同体の正式なメンバーだと思うことが難しいことがあります。人権意識や平等意識を十分に持ち、かつ、教師の方も多様な人材を確保することが意識されると良いと思います。まさにリベラルアーツ教育です。

「隠れ資産」発掘プロジェクトのすすめ

加藤　さて、この共同研究では、深志の「自治の精神」によって継承され、更新されてきた教育実践が如何なるものなのかについて、できる限りの言語化をしました。そして、何が深志の課題なのかも提示しました。研究者としての私たちの仕事は、ここでいったん終わりです。あとは、深志の先生と生徒のみなさんが、「深志の自治」の何を守り、どう更新していきたいか、それはなぜなのかを、当事者として議論して決めて行ってください。深志の宿題として託します。

井上　そうですね。共同研究としては一区切りですが、「隠れ資産」発掘プロジェクトとしては「ここからが本番」なのかもしれません。また、深志以外の学校でも、自分たちの教育実践を捉え直す手がかりになればいいなと思います。

冨岡　小西校長や岡田校長のような危機感を共有していなくても、例えば今の文科省がいう「生きる力」を伸ばす教育を、スローガンに終わらせずに本当に取り組もうとするのなら、松本深志高校のように生徒自治を重視する学校は、「未来の学校のモデル」の一つになり得ると思います。私の卒業した愛知県の私立中高一貫校でも、かなり自治に力を入れていますが、幅広い分野で活躍できる人材を育てるための経験として自治を重視しているようです。

また、こうした生徒自治を重視する学校モデルは伝統校・進学校以外でも、成立する可能性があるのではないでしょうか。

例えば、志水宏吉『公立学校の底力』（ちくま新書、2008年）や大阪府立西成高等学校『反貧困学習――格差の連鎖を断つために』（解放出版社、09年）では、関西を中心とした複数の公立学校で、教師集団が地域の方々と連携して生徒を見守り、支え続けることで生徒たちが意欲的になっていった様子が紹介されています。そうした事例を見ると、教師集団と地域の支えによって、学校行事などにも積極的に取り組んで問題解決の経験を重ねる生徒が増え、自治が充実していく学校が増えるのではないかという可能性を感じます。

井上　深志の自治というのは、特定の教育プログラムに限定されるものではなく、隠れたカリキュラムを含むトータルな文化伝統に関わるものです。

だから、「深志モデル」を別の土地に移植しようとするよりも、今回の共同研究のように、それぞれの学校に眠る「隠れ資産」を掘り起こして、生徒と教師で一緒にその価値を吟味して、再生させてみることをお勧めしたい。自治や自由などの校是は、学校ごとにユニークな意味を持ち、さまざまな活動や行事、それへのかかわり方などのなかに暗黙知として埋め込まれていたりします。

「隠れ資産」発掘プロジェクトには《中の人》だけでなく、《外の人》にも参加してもらうのがいいと思います。可能性も課題も、《中の人》には当たり前すぎて見過ごされがちなところに埋まっていたりしますから。

堤　「隠れ資産」は「はじめに」で述べられていたような〈伝統派と市民派の対話可能性〉に関わる重要なポイントですよね。最初のハードルは「そもそも対話を試みること」ですが、さらに高いハードルが「対話を継続すること」です。既にあるものを発掘するだけでなく、対話のプロセスそのものが「資産」となりえるのだと思います。

井上　その通りです。私たちの共同研究も、決して予定調和ではなく、穴やズレが見つかっては対話を繰り返すという連続でした。対話のなかで穴やズレに気づくことも多々ありました。そうした痕跡はこの座談会でも見いだすことができますが、立派な「資産」です。私たちの試みが、それぞれの学校現場で「隠れ資産」をめぐる対話のきっかけになれば、メンバー一同これに勝る喜びはありません。

本章はSlackでの議論を基に草稿を作り、対面遠隔併用の討議をへて、Googleドキュメントで共同編集した（構成＝井上義和）。

資料

生徒手帳より（2022年度・抜粋）

第1部　本校の沿革

　我が校の起源は斯の如く遠く明治9年に遡る。当時本県民の教育に対する熱意は極めて強く、とくに東筑・南北安曇3郡の先覚者は資金1万円をあつめ、その利子をもって中学校を経営する事となり苦心はやがて結実、開智学校内に中学科が経営されるにいたったという。以後明治17年長野県中学校が設置されるまで、前記3郡の負担により維持経営されたのである。われわれはこの時代を組合立時代と呼んでいる。地域社会の要望が我が校の誕生を促し幾多の俊秀が育成されることによって、地域社会の要望が報いられ、ひいては国家社会の要望にも応えることができたのである。県立移管後も郷土の人士が校舎敷地はもとより、物心両面に援助協力を惜しまなかったことは顕著な事実であり、以来今日まで我が校はこのような気風に育てられつつ一世紀を経過してきたのである。

　このように常に郷土の教育的情熱を集めてきたことを我が校の一つの伝統と呼ぶことができるとすれば、今一つはより直接に教育そのものに関することである。即ちそれは、我が校に学ぶ者は社会の要望に応えうるという誇りと自信の所有者であり、澄みきった知性と高潔な心情とを希求する者であり更にまた自学自習、自治の気風を絶えず尊重し、実践していく生徒であるということである。この気風は31年間の長きに亘ってわが校幾千人の先輩を薫化しつづけた初代校長小林有也先生が教育理念としてその育成助長に格別の力をいたされたところである。

　太平洋戦争の敗戦を機に我が国が民主的文化国家として再出発するに当り、一切の精神的物質的体制は一大変革を加えられ、ここに伝統久しい我が校も昭和23年から松本深志高等学校として新しく発足するに至った。これは決して単なる名称の変更にとどまるものではなく、古き器に盛られるものは真に新しい内容であるべきことを忘れてはならない。しかし如上の伝統なり気風なりが、これを機会に放棄されるべきでないことは言うまでもない。それらは変わるもののうちにある変わらざるものとして、時の変遷を貫いて大きく強く我々を捉えて止まない。われわれはこれを更に発展させ自覚的に強めていかなければならないのである。

　小林有也先生が死の床から愛する生徒に与えられた遺訓として次の3条が伝えられている。

一、諸子はあくまでも精神的に勉強せよ
一、而して大に身体の強健を計れ
一、決して現代の悪風潮に染み堕落する
　　が如き事のあるべからず

　我々は、幾多の先輩諸士と同じく、この簡潔な語句の底を流れる清冽にしてひたむきな精神に深い共鳴を覚え、そこから我が道をどこまでも直進せんとする勇猛心が胸中に勃然と湧き起こるのを押え得ない。そして、この時、我々は我が校の伝統の一端に触れ得たのである。

　しかしながら、伝統を継承するとは、徒らに旧きを固守することではない。時の流れとともに、改めるべきは勇敢に改めていくのでなければならない。変革を恐れる悪しき伝統主義は停降を意味し、停滞は衰亡の道に連なるからである。日に日に新たならんとする烈烈たる気魄こそわれわれのものでなければならない。

百年の伝統の声に聴け、而して伝統とは絶えざる脱皮の過程たるを想え。

（注）この文章は、元校長平林六弥先生（故人）が、その昔、戦後まだ間もない頃に書かれたものである。
当時、平林先生は岡田甫校長のもとで生徒部長を務めておられたのであるが、先生の残された戦後の「松中自治」『深志自治』再生への功績は大きい。

先生が、その30代の気概と情熱を傾けられたこの文章の理念は、30年以上を経た今日においても不変であり、今なお、本校生徒の指針として生き続けている。

第2部　生徒会

はじめに

本校の前身旧制松本中学校では、明治23年頃から生徒の自治が故小林有也先生の教育信念として唱えられ、実現された。以来その校風は、伝統的に個人の自主性を重んじ、生徒自らの自治の場を認めている。しかし、この自治という言葉が誤解されて、学校当局と生徒との間に不幸にして衝突をみた学校があったことも事実である。

言うまでもなく生徒は、中正な教育を享受する権利を有するのみであって、学校を支配する権利は持たない。自治とは、生徒が生徒自らの問題を自主的に処理してゆくことであり、生徒による如何なる組織、結合といえども学校長から委任された権限を基礎として運営されるべきものである。

本校において、生徒の自治という言葉は久しく用いられて来たものであるが、現在に至るまで単に名目のみに止まらず、よくその実を発揮し得たのは、学園内における真の自治とは何かを洞察し、その体現に努力し続けられた先輩諸士の熱意によるものであった。我々もまたこの良き伝統を継受し、常住坐臥すべてにわたる自治の実践に努めねばならない。

ところで、静かに身辺を注視する時、我々は厳粛なる反省、猛省を必要とする諸事象を見逃すわけにはいかない。生徒会活動は今日なお単なる課外活動と考えられている点がありはしないか。一部の者のみの口論の場とされている兆しがないか。自治・自主独立を口に唱えつつ、実は「独善」に陥っている弊はないか。部活動では異常な熱意を示すものが生徒大会あるいは各種委員会においてその活動が極めて消極的になって真の奉仕の精神を忽ち忘れてしまうことはないか。一般に低劣なエゴイズムに毒されて、若々しい情熱と、深志生たる連帯感とを忘れてきている傾向はないか。「各人の自覚に基づいて」という合言葉が自分勝手な行動を弁護するための修辞となってい はしないか。

我々は常にかかる自戒の上に立ち、健全なる生徒会活動を通じてここに新たなる文化を創造せんとするものである。

とんぼ祭

今がまさに我々深志生に**〝とんぼ祭がどんな意味をもち、どんな位置にあるのか〟**が問われている時ではないだろうか。生徒の間にとんぼ祭をやりたいという意欲がみられなくなってきているように思われる。

このことはとんぼ祭に参加しない人が増えてきていることからもよくわかる。

本来、とんぼ祭とは我々の日頃の研究の成果や、友らと手をとり造りあげてきたものを思う存分に発揮する場であるように思われる。そして、何よりも強調したいことは、**とんぼ祭はすべてが我々生徒の手でおこなわれる**ということである。我々深志生にとってかけがえのない宝であるはずではないか。

しかし、前にもあげたように、今のとんぼ祭にはあまりにも問題が多すぎる。他にも、イベント化が叫ばれていること、生徒一人一人の関心・仕事量の格差、準備の疲れを理由とした授業のカットやいねむりなど次々にうかんでくる。こういった、とんぼ祭の現状は〝深志の今〟を象徴しているのではないだろうか。とんぼ祭が何たるかを、一度考え直すべき時がきている。そして、再び深志生ひとりひとりの胸の中に〝**求めてやまない智の聖火**〟がともることを願う。

第3部　応援団

生徒会と応援団

本校に於いては、生徒会と応援団は従属関係のない、互いに独立した機関である。従ってこれらに属する我々生徒は、各人が生徒会員であると同時に応援団員であるという二面性を持つことになる。

例えば、生徒会が自主的に活動を起こしたとき、それは生徒会活動となり、周りの生徒はそれに協力することにより、応援団的活動を行うことになるのである。こうして我々は、生徒会員と応援団の両面を常に持つものである。

生徒会と応援団はその性質を異とするが、只に究極的な目標は、自治の精神に基づいた理想的な学園の建設にある。そのために、我々は生徒である前に、一人の人間としての眼を開かなければならない。

応援団

同じ学園で共に学び、共に語り合う校友が、特別教育活動として運動に学芸に全力をあげて練習、研究に打ちこみ、その成果を天下に示さんとするとき、その実力を十分発揮できるように応援助力するのが、我々校友の義務であり責任である。この時応援団長及び各H・Rより選出された委員より成る応援団管理委員会は、全校友より成る応援団を統率する他、あらゆる日常的活動に協力し、その運営に潤滑油として、また縁の下の力持ち的存在となって努力し、我が深志高校の校風と士気の高揚のためには、その尽力を惜しまない。立派な応援団は、管理委員を枢軸とした全校友の一致団結によって生まれるのである。応援団とは、校友諸君のあらゆる活動を応援する存在であることを明確に認識してほしい。

第4部　郷友会

1　沿革

郷友会とは我が深志の生徒が、各郷土を母体とし、各々の出身地域、出身中学校を主たる範囲として誕生した団体のことをいうのである。が、それらは一度に全部出来たのではなく、極めて自然発生的に、先輩、後輩の友誼的、親睦的な雰囲気の中からいつからともなく形成されてきたものなのである。この自然発生的にできたというところに我々は意義を認めたい。即ち、旧制松中時代に松中生はその連帯感、協同意識などが非常に旺盛であり、その強烈な意識がいつとはなしに団体を形成するに至ったのである。それは当時の松中生の性格を浮き彫りにしているだけでなく、郷友会の基本的性格をも表しているものではないか。

現在郷友会は約30団体を数える。

校歌

松原　威雄　作詞
岡野　貞一　作曲

一、蒼溟（そうめい）遠き波の涯（はて）　黒潮たぎる絶東（ぜっとう）に
たてり大和の秋津洲（あきつしま）　光栄（はえ）の歴史は三千年
そのうるはしき名を負へる　蜻蛉男児（あきつおのこ）に栄えあれ

二、時の流れは強うして　この世の旅は長けれど
自治を生命（いのち）の若人は　強き「力」に生くるかな
山河秀でし此（こ）の郷（さと）に　礎（いしずえ）固し我が母校

三、暁こめて鳴り出でし　時代の鐘を身にしめて
世の先駆者（さきがけ）の名に恥ぢず　心を磨き身を鍛へ
移らふ星を数（かゞな）べて　守るも久し深志城

四、朝（あした）に仰ぐ槍嶽（そうがく）に　深き真理（まこと）を探りつゝ
夕（ゆうべ）筑摩（つかま）の野を行けば　胸に充ちくる想華（おもひ）あり
嗚呼（ああ）学術の香（か）に集ふ　契（ちぎ）りも深き友（とも）九百（くひやく）

五、古城空しく苔古（こけふ）りて　濁世（ぢょくせ）の波は高けれど
清き心のひとすぢに　志（こころざし）あるますらをは
自治の大旗翻（ひるが）へし　前途（ゆくて）遥（はる）かに望む哉（かな）

校章

応援歌「自治を叫びて」

一、自治を叫びて百年（いっぴゃくねん）
五色の大旗翻（ひるがえ）し
一千健児の熱血燃えて
城下に轟（とどろ）く鬨（とき）の声

二、忍辱茲（ここ）に幾星霜（いくせいそう）
今衝天の意気高し
戦はん哉蜻蛉（あきつ）の健児
勝鬨（かちどき）上ぐるは今なるぞ

「隠れ資産」発掘プロジェクトの舞台裏

加藤善子

私たちの研究成果をこうして発表できることは、何よりの喜びである。本書が、学校で重ねられてきた、豊かな教育実践の再発見と再評価のきっかけとなることを切に願う。さらには、今現在の高校生、過去と未来の高校生にも、手に取ってもらいたい。執筆者一同の願いである。

本書は、長野県松本深志高等学校が主催して公募した「『未来の学校』に関連した研究者との共同研究」の趣旨に賛同して集まった、有志の研究者と深志高校による共同研究の成果である。

県立高校「未来の学校」構築事業

「未来の学校」プロジェクトは、長野県教育委員会による事業である。先進的・先端的な研究開発に取り組む実践校を指定することで、長野県の高校教育をけん引する新たな学びの場、学びの仕組みを構築することが目的だ（県教委ホームページ資料より）。期間は２０２０（令和２）〜24年度の5年間である。指定されたのは国際教育プログラム研究校や高度産業教育推進校など6校で、深志は「その他――自治の追求により骨太のリーダーを育成する高校」として指定された。深志はこれまで守ってきた自治の精神の検証を、研究者に委託して進めていく方法を選択し、共同研究を公募したのだ。

その結果、以下の六つのプロジェクトが採択された。

1　『自治の精神』言説は如何に語られ、受容されている（きた）か　――在校生・教職員・卒業生

2 「深志の自治の精神を支える『深志共同体』の成立・維持・包摂メカニズムの解明」（共同代表・加藤善子、井上義和）
のナラティブの収集と分析を通じて――」（代表・西村拓生）

3 「『自治の精神』という学校文化の継承・変容過程に関する研究」（代表・浅川達人）

4 「『平和教育』と『民主教育』の交差：戦後中等教育における熟議空間の形成に関する研究」（代表・水島久光）

5 「部活動の主体的な学びをふり返るためのナラティブ実践と分析」（代表・土屋祐子）

6 「高校生における問題解決能力の獲得に対する探究学習の影響メカニズムの解明」（代表・清水優菜）

このうち、浅川チーム、西村チーム、加藤・井上チームが共同で研究を進めていくことになった。しかし、このプロジェクトには大変な困難が待ち受けていた。一つは20年2月から始まった、新型コロナウイルスの世界的流行だ。特に加藤・井上チームは、深志での参与観察を研究の中心に置いており、肝心の学校に入れない状況が1年以上も続いた。

徒歩30分圏にある異文化

それならばと、文献を読んだり深志の関係者に話を聞いたり……と、できることから始めたものの、《中の人》に見えている世界が《外の人》には全くわからない、という事実に直面することになった。

話を聞く限り、深志の自治とは、応援練習であり、とんぼ祭であり、自分で決めることである。放送部の映像作品を何度も見たが、なぜあの恐ろしい、強制参加の応援練習が自治なのか、さっぱりわからない。文化祭がなぜ自治の集大成なのか、自治活動というのならば、応援練習ととんぼ祭がどのような関係にあるのか、私の疑問に答えてくれる深志の卒業生は、誰もいなかった。深志以外の高校生も、自分のクラブや委員会を選び、3年間の目標を決めて勉学に励み、進路を選ばなくてはならない。誰にだって人生の重要な局面があり、自分で考え、自分で決めて生きてきたはずなのに、それがなぜ〝深志の専売特許〟なのかわからない。私は神経衰弱になるほど悩み、正直なところ、投げ出したいと思ったときもあった。

21年7月、とんぼ祭の参与観察にようやく入れたその初日に、これらの疑問は氷解した。教師の見えざる手を見た瞬間だった。意識化されていないものを、言葉で説明できるわけがない。ここに深志の自治の秘密が隠れている。プロジェクトが動き出した。

文化とは、こういうものなのではないだろうか。その中で育った人たちにとっては至極当たり前のもので、言葉にする必要などない。だが、それは異文化で育った人には全くわからない。最初に接した時には、怒りにも似たフラストレーションが生まれる。それが、対話を困難にし、共通理解を作るためには必要な、協力や努力を妨げる。深志高校には、私が勤務する信州大学から歩いて30分で行ける。深志から信大に進学する学生は多く、同僚にも卒業生が少なくない。そんな身近な深志が、これほど手ごわい異文化として立ちはだかるとは、夢にも思っていなかった。

「隠れ資産」発掘プロジェクトは、そういう意味では、簡単に始められるものでもないし、楽しく進めていけるものでもないのかもしれない。けれども、たとえ困難な状況でも、反対ありきではなく、双方が理解しあうことを目的にして、諦めずに真摯（しんし）に取り組もうとする限り、どこかに突破口はある。この共同研究で得た、もう一つの成果である。

チームメンバーの多様なリーダーシップ

さて、この三つのチームが共同で研究を進めることになった背後には、プロデューサーがいる。執筆者の一人、林直哉である。彼が、このプロジェクトの公募を考え、校長・教頭と共に内部の協力体制を整えて、研究チームを受け入れてくれた。受託研究であれば通常、委託者が研究経費を負担するものだが、このプロジェクトでは「研究費は出せないが、学校を研究者に開いて全面的に協力する」という形をとった。深志では教師の自由度が高く、「教師の自治」があるからこそ、こういったプロジェクトが可能なのだと林は言う。それに加え、伝統校はそれ自体が学問研究上の資産であることをこの名プロデューサーは見抜いていて、私たちはそれにまんまと乗せられたわけだ。私たちは手弁当で参加したが持ち出しという感覚はなく、参与観察が自由にでき、資料を閲覧し、多くの生徒・教師と語り合い、共に時間を過ごせたことに感謝している。

プロジェクトの開始後も、林は常に状況を把握していて、大事なタイミングでミーティングをセッティングし、関係者へのインタビューなどをさりげなく提案。そうしようということになると、林が一人ひとりに連絡を取り、日程調整も含めて尽力してくれた。熟練した見えざる手の、魔法のような導きによって、私たちは多くの関係者の話を聞き、理解し合い、今では別れを惜しむ共同体になった。

その見えざる手に触発されて、このチームでは複数の多様なリーダーシップが発揮された。まずは《中の人》から。筆頭編者の井上は、参与観察により研究が大きく動いた直後、出版しようと提案し、自身で企画書を作成してくれた。現役の深志生も巻き込んで、深志共同体のプロジェクトに仕立て直した手腕はさすがである。まさに「自分たちで決めて、自分たちでやり遂げる」、深志生の代表だ。

そして、執筆段階に入ると全ての原稿にくまなく目を通し、丁寧な助言をくれた。これに刺激され、メンバー同士で原稿を読み合い、忌憚なく意見や提案を出し合った。

調査班の浅川、片瀬一男による卒業生調査の分析は、戦後の自治の全体像をクリアに描き、メンバーそれぞれの担当箇所がどこに位置づくかをはっきりと示した。元生徒会長の浅川の、議論におけるアンカー的な手腕も見事で、とても勉強になった。さらに、元生徒会議長の西村は、教育哲学者としての深い見識と洞察力をもって大局を示してくれた。メンバーの気持ちに寄り添い、わだかまりも解消して高い次元の議論へと導いてくれる精神的支柱であった。自治の精神の中で青春を過ごした、深志の「骨太のリーダー」たちによるリーダーシップは、この共同研究でも遺憾なく発揮された。若手メンバーにとっても、貴重な経験になったと思う。

次は《外の人》である。歴史班の堤ひろゆき、冨岡勝は、緻密な史料分析を踏まえ、深志の神話をはじめ、私たちの思い込みや過度の一般化をも、絶妙なタイミングで相対化してくれる。水村暁人は、麻布の自治だけでなく、公立校での自身の自治の経験についてもバランスよく距離をとり、両者の本質的な違いも、共通する性質も言語化して、チームが深志の自治に切り込む視点を授けてくれた。何をおいても《外の人》たちは、私が深志の自治を理解できず苦しんでいた時に、ともに考え、支え励ましてくれる安全基地であった。《外の人》も皆、伝統校の出身である。深志をはじめとした伝統校の厚い歴史と底力を見たような気がした。

最後に本書の編集者、信濃毎日新聞社メディア局専門委員の内山郁夫。やはり伝統校である長野県屋代高校の出身である。22年1月に、井上、西村、加藤の3人で出版企画を持ち込んだ際、すぐに出版に前向きな姿勢を見せてくれた。メンバーがそれぞれのスタイルで原稿を書く中、より多くの読者に手に取ってもらえるようにと、紙面構成を提案し、不慣れな私たちに表記のルールや工夫を辛抱強く丁寧に説明、細やかな、校正の労をとってくれた。原稿が出そろったタイミングで、執筆者と印刷原稿（ゲラ）の検討会を開き、皆で確認し、納得して出版に臨むことができたのも、これまでにない経験であった。本書の隅々にまでクリエイティブな精神が宿っており「これぞプロフェッショナルの仕事」であると、髙﨑伸也によるブックデザインとともに、一同感銘を受けた。深く感謝したい。

謝辞

この研究プロジェクトに協力してくださった関係者の名前（敬称略）をここに挙げ、感謝の意を表したい。インタビューで伺った、魅力的な、かつ重みのあるお話の全てを紹介できなかったことは残念で仕方がない。それぞれの思いの詰まった深志での宝物を、私たちにも分けていただいたことに、心から御礼を申し上げる。

●**深志高校教員**（現職・元職）
石川裕之　井口智長　市原一模　伊藤広昭　今井義明　大久保孝洋　鎌倉貴久
蒲生博子　斉藤金司　塩野英雄　関正浩　馬場正一　松本純一郎　水野好美
水野鉄也　守屋光浩　山本伍朗

●**深志高校現役生**（2020〜22）
青木花衣　赤羽萌野　犬飼逸稀　大月まき　岡本京夏　荻久保結野　川崎映楽

藤原静乃　宮沢佳成　宮田怜　矢嶋愛子　矢野晶

●その他、インタビューや資料提供等でご協力いただいた方

井口弥寿彦（深志33回・信濃毎日新聞社取締役）　太田寛（深志27回・安曇野市長）

加藤二佐雄（長野県民新聞社社長）　熊井英水（深志6回・近畿大学名誉教授）

櫻井栄一（深志43回）　下平菜穂（深志30回・元信州大学教授）　鈴木路子（深志51回）

高橋秀彰（深志50回・信学会）　波多腰啓（深志57回）　村上春菜（深志53回）

柳沢真澄（深志36回）　山田光花莉（深志70回）

深志27回・36回・43回卒業生の皆さま

●外部資金

この研究の一部は、ＪＳＰＳ科研費20Ｈ０４４８２の助成を受けている。

最後に、松本深志高等学校同窓会（会長・太田寛）には、卒業生調査（第2章）への協力、同窓会関連の史料・資料の閲覧を許可いただいただけでなく、深志高校創立１５０周年記念事業の一環として本書をお認めいただいた。深く感謝申し上げる。

執筆者略歴　＊は編者

《中の人》

浅川 達人（あさかわ・たつと）
早稲田大学人間科学学術院教授。1984年深志卒（36回・サッカー部・生徒会長）。東京都立大学大学院社会科学研究科博士後期課程単位取得満期退学。博士（社会学）。専門は都市社会学、社会調査。

井上 義和＊（いのうえ・よしかず）
帝京大学共通教育センター教授。1991年深志卒（43回・陸上競技部）。京都大学大学院教育学研究科博士後期課程退学。専門は教育社会学、歴史社会学。

片瀬 一男（かたせ・かずお）
東北学院大学情報科学部教授。1975年深志卒（27回・地歴会）。東北大学大学院文学研究科博士後期課程単位取得退学。専門は教育社会学、社会階層論・若者論。

仙石　祐（せんごく・ゆう）
信州大学グローバル化推進センター専任講師。1998年深志卒（50回・音楽部・棋道部・舞装大将）。京都大学大学院人間・環境学研究科博士後期課程研究指導認定退学。専門はグローバル教育、留学生支援。

田中 亜以子（たなか・あいこ）
一橋大学大学院社会学研究科専任講師。2001年深志卒（53回・新聞委員会）。京都大学大学院人間・環境学研究科博士後期課程単位取得退学。博士（人間・環境学）。専門はジェンダー・セクシュアリティ研究、歴史社会学。

西村 拓生（にしむら・たくお）
立命館大学文学部教授。1981年深志卒（33回・音楽部・生徒会議長）。京都大学大学院教育学研究科博士後期課程中退。博士（教育学）。専門は教育哲学、教育思想史。

林　直哉（はやし・なおや）
松本深志高等学校教諭（2023年３月まで）。1976年深志卒（28回・書道部）。東京学芸大学教育学部卒。37年間、県内高校放送部を指導し優勝多数。東京大学情報学環MELLプロジェクトのチーフPDの一人として研究に従事。専門はメディア教育、学習環境デザイン。

《外の人》

加藤 善子＊（かとう・よしこ）
信州大学高等教育研究センター教授。1989年兵庫県私立中高一貫女子校卒（囲碁将棋部・図書委員会）。大阪大学大学院人間科学研究科博士後期課程修了。博士（人間科学）。専門は教育社会学、高等教育論。

堤 ひろゆき（つつみ・ひろゆき）
上武大学ビジネス情報学部専任講師。2005年愛媛県私立中高一貫校卒（柔道部）。東京大学大学院教育学研究科博士後期課程単位取得満期退学。専門は日本教育史、学校文化史。

冨岡　勝（とみおか・まさる）
近畿大学教職教育部教授。1983年愛知県私立中高一貫男子校卒（弓道部・生徒会長）。京都大学大学院教育学研究科博士後期課程学修認定退学。専門は日本教育史、大学アーカイブズ、教員養成。

水村 暁人（みずむら・あきと）
麻布中学校・高等学校教諭。1997年埼玉県立高校卒（サッカー部）。早稲田大学大学院文学研究科修士課程修了。専門は日本近世史、歴史教育。

有也先生の遺訓 三箇条

一、諸子はあくまでも精神的に勉強せよ
一、而して大に 身体の強健を計れ
一、決して 現代の悪風潮に 染み
堕落するが如き事の あるべからず

深志の自治
地方公立伝統校の危機と挑戦

2023年6月30日　初版発行

編　者　井上義和・加藤善子
発行社　信濃毎日新聞社
〒380-8546 長野市南県町657
電話026-236-3377　FAX026-236-3096
https://shinmai-books.com/
印刷製本　大日本法令印刷株式会社

ISBN978-4-7840-7417-4 C0037

旧制松本中・松本深志高校　略年表

参考文献
『長野県松本中学校・長野県松本深志高等学校九十年史』
『深志140年のあゆみ』

年	月日	できごと
明治9(1876)	7・10	開智学校内に第17番中学変則学校設置
明治17(1884)	9・1	長野県中学校設立(本校長野、支校松本・上田・飯田)、初代校長小林有也
明治18(1885)	11	松本支校の新校舎落成(松本城二の丸)
明治19(1886)	9	長野県中学校の本支校をすべて松本に移し長野県尋常中学校と改称
明治20(1887)	＊	相談会設立(生徒自治機関の始まり)
	＊	この頃から自治の気風が培われ始める
明治23(1890)	＊	この頃からトンボの校章が使われる
明治26(1893)	4	長野・上田・飯田に支校設立
明治28(1895)	＊	校内雑誌『校友』創刊
明治30(1897)	＊	矯風会設立(全校生による校風発揚機関)
明治32(1899)	4	長野県松本中学校に独立改称(長野支校も独立)
明治33(1900)	4	上田、飯田両支校もそれぞれ独立
明治34(1901)	4	大町分校新設
	＊	この頃から運動部の活動が始まる
明治35(1902)	10	第1回連合運動会(県内学校同士の対抗戦)
	＊	旧校歌「秋津島」作られるも定着せず
明治37(1904)	4	長野県立松本中学校に改称(大町分校が独立)
明治42(1909)	9	小林校長在職25年祝賀会、胸像建立
大正3(1914)	6・9	小林校長逝去(校長在任30年)
大正5(1916)	＊	本荘太一郎第2代校長に対する排斥運動
大正8(1919)	11	創立35周年記念式(当時は明治17年起算)
大正9(1920)	4	長野県松本中学校に改称
大正11(1922)	＊	新校歌成立(松原威雄作詞、岡野貞一作曲)
昭和10(1935)	7	蟻ケ崎の新校舎(現校舎)に移転、小林校長の胸像も改鋳
	11	創立50周年・新校舎落成記念式
昭和16(1941)	5	戦時体制により松中報国団結成(矯風会は校風部、応援団は鍛蛉班に改変)
昭和19(1944)	2	小林校長胸像供出につき壮行式
	10	小西謙、第8代校長に就任
昭和20(1945)	11	相談会復活第1回総会開催
昭和21(1946)	2	岡田甫、教頭に就任
	11	記念祭(松中オリムピア)
	＊	運動・学芸各部の復活・新興盛ん
昭和22(1947)	10	松中閉校記念祭
	12	全校クラス対抗合唱コンクール⇩以後恒例行事
昭和23(1948)	3	(旧制)松本中学校閉校
	4	(新制)松本深志高等学校発足。初代校長小西謙